_____ 님의 소중한 미래를 위해
이 책을 드립니다.

40만 구독 KBS 유튜브 머니올라가 제안하는

부의 설계

40만 구독 KBS 유튜브 머니올라가 제안하는

부의 설계

장한식 · 정인성 · 송승아 지음

메이트북스

메이트북스 우리는 책이 독자를 위한 것임을 잊지 않는다.
우리는 독자의 꿈을 사랑하고,
그 꿈이 실현될 수 있는 도구를 세상에 내놓는다.

40만 구독 KBS 유튜브 머니올라가 제안하는
부의 설계

초판 1쇄 발행 2021년 12월 20일 | 초판 4쇄 발행 2022년 1월 20일 | 지은이 장한식·정인성·송승아
펴낸곳 ㈜원앤원콘텐츠그룹 | 펴낸이 강현규·정영훈
책임편집 안정연 | 편집 오희라 | 디자인 최정아
마케팅 김형진·차승환 | 경영지원 최향숙 | 홍보 이선미·정채훈
등록번호 제301-2006-001호 | 등록일자 2013년 5월 24일
주소 04607 서울시 중구 다산로 139 랜더스빌딩 5층 | 전화 (02)2234-7117
팩스 (02)2234-1086 | 홈페이지 matebooks.co.kr | 이메일 khg0109@hanmail.net
값 18,500원 | ISBN 979-11-6002-360-2 03320

투자는 이성적이어야 한다.
이해할 수 없으면 투자하지 마라.

· 워런 버핏 ·

왜 '부(富)의 설계'인가?

야구경기에서 공을 던지는 투수가 갖춰야 할 조건은 생각보다 까다롭습니다. 좁은 스트라이크존에 공을 집어넣을 수 있는 제구력과 적절한 구속(球速)을 지녀야 상대 타자를 제압할 수 있습니다. 던질 투(投)에 재물 자(資), '돈을 던지는' 투자자도 강타자를 만난 투수의 처지와 비슷합니다. 언제, 어디로, 어떻게 던져야 스트라이크를 잡을 수 있을까요? 돈을 던져야[投資] 하는데 목표와 방향은 맞는지, 어떻게 던져야 상대(시장)를 이길 수 있을지 확신할 길이 없으니 답답합니다.

이 책은 돈을 어디로, 어떻게 던져야 할지 막막해하는 사람들을 위한 '투자경제학 개론서'라고 할 수 있습니다. 주식용어 설명이나 차트 읽기, 기술적 분석의 요령, 시장참여자의 심리 읽기, ETF 투자법 등등 특정분야나 특이한 기법을 다루는 기왕의 투자 관련서와 달리 전반적인 자산시장의 작동원리와 함께 구체적인 투자영역의 특징과 장단점을 설명하는 책입니다.

이해하기 쉽게 야구에 비유하면, 경기규칙 설명이나 투구궤적 등에 관한 기술적 분석을 하는 대신 경기가 지금 어떻게 진행되고 있는지, 어떻게 게임을 운영해야 이길 수 있는지를 설명해준다고 하겠습니다. 투수(투자자)의 개인기를 강화하는 문제보다 상대(시장)에 대한 이해와 분석에 주안점을 뒀다는 것이, 이 책이 지닌 뚜렷한 특징이자 차별성입니다. 한마디로 우리가 투자하고 있는 자산시장이 어떻게 구성되고 어떻게 작동하는지에 집중하는 책입니다. 동학개미를 비롯해서 투자의 경험이 길지 않은 개인들을 위한 최적의 자산시장 입문서라고 하겠습니다.

이 책에서 강조하는 '부의 설계'는 집짓기와 유사합니다. 기초석은 연금입니다. 국민연금과 퇴직연금, 개인연금 등 연금 3종으로 기초를 다진 후에 주식과 부동산이라는 두 기둥을 세워 '튼튼한 부의 집'을 짓는 방식입니다. 그런데 부의 집은 그 자체로 완결되는 것이 아니라 외부환경에 좌우됩니다. 주변 환경에 따라 집의 가치가 올라가기도 하고 내려가기도 하는 것처럼 부의 집도 외부변수에 민감하게 반응합니다.

글로벌 경제상황과 금리, 환율, 인플레이션, 부채 등 다양한 외부 변수들이 함께 작동하면서 부의 집을 더 가치 있게 만들기도 하고 무너뜨리기도 하는 환경요인이 됩니다. 그래서 글로벌 경제상황을 비롯한 외부 변수 역시 부의 설계도에 중요한 요소로 포함되게 마련입니다.

이 책은 모두 8장으로 구성되어 있습니다. 글로벌 경제환경과 금리의 특징을 기술한 다음 연금과 부동산, 이어 주식 실전투자로 나아가는 방식입니다.

우선 1장은 글로벌 경제환경에 대한 이야기로 시작합니다. 손오공이 제아무리 날뛰어도 '부처님 손바닥 안'이듯이 어떤 투자를 하

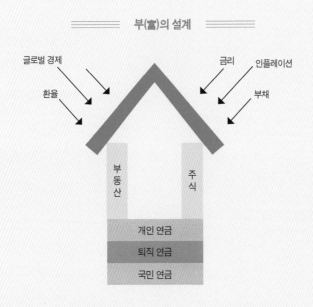

부(富)의 설계

글로벌 경제
환율
금리
인플레이션
부채

부동산
주식

개인 연금
퇴직 연금
국민 연금

더라도 글로벌 경제흐름과 무관할 수 없습니다. 주요 경제위기 때마다 해결사로 등장한 연방준비제도, 세계경제의 최대변수가 된 미중 패권전쟁, 장기간 우상향하고 있는 미국 주식시장, 강력한 통제로 방향을 튼 중국의 정책, 과거의 영광을 꿈꾸는 일본, 신흥국의 부를 빼앗는 양털깎기의 공포 등 글로벌 경제의 주요 이슈와 핵심주체들의 행보를 알기 쉽게 정리했습니다.

2장은 돈에 관한 얘기입니다. 돈의 흐름을 이끄는 금리의 종류와 역할, 대표적인 안전자산인 달러의 힘과 역할, 과거의 악몽을 떠올리게 하는 인플레이션의 부활, 암호화폐와 디지털 화폐, 걷잡을 수 없이 커진 부채의 실상 등을 차근차근 설명합니다.

3장부터는 본격적인 부의 설계로 들어갑니다. 노후에 월 500만 원 수입을 안정적으로 확보하기 위해 국민연금과 퇴직연금, 개인연금을 어떻게 운용해야 좋은지 그 비법을 알려드립니다. 연금과 관련된 세금을 아낄 수 있는 절세법과 노후의 건강보험료 부담을 줄이는 방법도 소개하고 있습니다.

4장은 자산의 절대적인 비중을 차지하는 부동산 이야기입니다. 집 한 채를 보유하는 것이 왜 유리한지, 우리나라 사람들은 왜 아파트를 유독 좋아하는지, 최근 몇 년간 집값이 폭등한 이유가 무엇인지 등을 흥미진진하게 설명합니다. 무주택자들이 효과적으로 집을 마련할 수 있는 전략과 집값 하락을 미리 알 수 있는 방법도 전문가들의 견해를 종합해 정리했습니다.

5~8장은 본격적인 주식투자에 관한 내용입니다. 산업과 기업을 알고, 시장의 특성을 파악하고, 전략을 공부하는 순서로 이어집니다. 5장은 실전투자의 대상인 산업과 기업에 대한 분석내용입니다. 국내와 세계의 모든 기업을 이해하기란 사실상 불가능하고, 모든 업종을 다 알아야 할 필요도 없습니다. 여기에서는 '다가올 3년의 투자유망 8대 종목'으로 한정하되 반도체와 전기차, 배터리 등 대형성장주의 가치사슬을 집중탐색하는 한편, 메타버스와 온라인유통, 엔터주 등 새롭게 떠오르고 있는 섹터들의 특징도 심층분석합니다. 유망종목 소개는 독자들로 하여금 적절한 투자대상을 발굴하는 데 도움이 될 것으로 기대합니다.

6장에서는 국내증시의 본질적인 속성을 분석·적시함으로써 성공투자의 길로 안내합니다. 국내증시의 특징과 한계, 투자시의 유의점을 정리했습니다. 5장이 산업과 기업에 관한 내용이었다면 6장은 시장에 대한 이해를 높이는 순서라고 하겠습니다. 외국인의 영향력이 강한 점, 높은 기업부채율과 재무제표 점검의 필요성 등을 소상히 공부하면 실패의 가능성은 줄어들게 마련입니다.

7장은 개별종목 투자와 차이가 있는 지수투자인 ETF의 세계로 독자들을 안내합니다. 패시브 투자와 액티브 ETF의 차이점과 함께 무섭게 성장해가고 있는 미국 ETF의 세계도 살짝 들여다봅니다.

8장은 주식세계의 고수들이 강조하는 투자의 본질과 전략에 관한 내용입니다. 머니올라에 출연했거나 경제서적을 통해 인사이트를 제시한 전문가들의 투자전략과 철학을 소개합니다. 글로벌 주식 천재들의 투자법도 중요하지만 국내증시에 밝은 전문가들의 조언이야말로 '부의 설계'에 깊은 영감과 통찰을 제공할 것으로 기대합니다.

에필로그에서는 머니올라 유튜브 채널의 성장기를 담았습니다. 요즘 유튜브에 관심을 가진 독자들이 많으실 텐데, 이런 분들을 위해 에필로그를 '보너스'로 마련했습니다.

우리 머니올라팀은 왜 이 책을 쓰기로 했을까요? 2020년 중반부터 시작한 경제 유튜브 채널 '머니올라'의 성과를 오롯이 활자로 담아내기 위해서입니다. 머니올라는 2021년 12월 기준 40만 명의 구독자와 함께하는 유력한 유튜브 채널로 성장했습니다.

머니올라 채널을 열면 무한한 콘텐츠와 수많은 투자 고수(高手)들의 지혜가 담겨 있습니다. 그러나 오래된 콘텐츠를 열어보는 시청자는 그리 많지 않습니다. 따끈따끈한 정보를 선호하는 시청자들의 관심과 구독형태로 볼 때 이는 당연합니다. 그래서 묻어두고 흘려버리기에 아까운 정보들을 충실히 포집해서 또 다른 수용자, 즉 이 책의 독자들에게 전하고 싶은 마음으로 마이크 대신 펜을 들었습니다. 한마디로 '종이책에 담긴 머니올라'라고 하겠습니다.

투자를 하지 않으면 내 돈이 녹아내리는 시대가 왔습니다. 주식과 부동산, 금과 은, 원자재, 암호화폐 등에 투자하는 인구는 가파르게 늘어나고 있습니다. 이에 발맞춰 주식과 부동산 투자요령을 담은 정보들도 넘쳐나고 있습니다.

하지만 국내외 경제상황과 자산시장 전반에 대한 건강한 이해를 돕는 입문서는 찾아보기 어렵습니다. 이 책은 이런 답답한 상황에 대안을 제시하고자 합니다. 그런 의미에서 우리가 투자할 대상을 둘러싼 환경을 폭넓게 이해하는 데 초점을 맞췄습니다. 이 책은 특별한 투자기법이나 기발한 돈벌이 공식을 소개하지 않습니다. 우리 시대의 자산시장이 어떻게 구성되고 어떻게 변화하는지, 그에 따라 어떻게 행동해야 하는지 큰 그림에 주력합니다.

결론적으로 이 책이 담고 있는 메시지는 '일확천금식 투자란 없으며 지혜로운 투자자가 건강한 경제를 만든다'는 철학입니다. 동학개미운동을 비롯한 건강한 주주운동과 연금·보험·부동산시장에 대한 올바른 이해가 대한민국 경제의 중심을 잡아가고 나라의 부강을 이끌 것으로 확신합니다.

이 글은 출판사 메이트북스와의 공감 속에 진행되었으며, 이 책에서 다루는 분야는 머니올라 채널 구독자들의 댓글 반응을 감안해 추출했습니다. 한마디로 이 책은 머니올라 유튜브 제작진과 출연자, 구독자들의 공동작품이라고 하겠습니다.

머니올라에 출연한 각 분야 최고전문가들의 식견을 구체적인 사례나 이해하기 쉬운 비유, 읽기 편한 문체로 녹여내고자 노력했지만 아쉽고 모자란 부분이 적지 않습니다. 책에 문제가 있다면 모두가 공동저자들의 책임입니다. 부족한 글이지만 경제와 시장에 대한 독자들의 식견을 높여주고 성공투자의 길로 안내하는 데 작은 도움이 되기를 희망합니다.

저자 일동

CONTENTS

2부

부의 설계 2단계
산업과 시장, 전략을 알아야 돈을 잡는다

 5장

다가올 3년의 주식투자, 투자유망 8대 업종에 주목하라

6장

한국증시, 약점 알아야 실패도 없다

거대한 인플레이션 시대, 투자를 하지 않으면 가만히 앉아서 돈을 잃습니다. 하지만 글로벌 경제와 돈의 흐름을 알지 못하면 이기는 투자가 어렵습니다. 때때로 실패할 수 있습니다. 성공한 사람들은 실패를 딛고 재기했습니다. 3층 연금은 재기할 수 있는 힘의 원천입니다. 자, 금융문맹을 벗어나 부를 발견하는 긴 여정을 떠나봅시다.

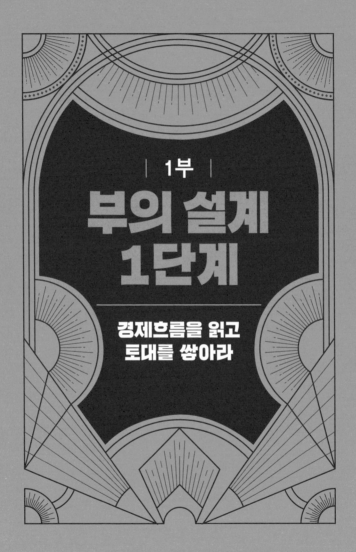

1부

부의 설계
1단계

경제흐름을 읽고
토대를 쌓아라

1장

파도 뒤 바람을 보라

"나는 사람의 얼굴을 봤을 뿐 시대의 모습을 보지 못했소. 시시각각 변하는 파도만 본 셈이지. 바람을 봐야 하는데...파도를 만드는 건 바람인데 말이오."

영화 '관상'에서 주인공이 마지막에 한 말인데요, 앞에 드러난 모습만 보고 판단했다가 자식까지 잃은 회한이 담겨 있습니다. 세상 대부분 일이 이와 비슷합니다. 표면에 드러나기 전에 저 멀리서부터 영향을 미치는 뭔가가 있는 경우가 많습니다. 경제 현상도 마찬가지라고 생각합니다. 누적되어 있는 문제점들이 어떤 작은 현상을 계기로 폭발하는 경우가 많습니다.

2008년 8월 우리나라 상황도 그랬습니다. 당시 펀드 열풍이 불면서 주식형 펀드에 모인 돈이 144조 원이나 되었습니다. 2021년 기준 고객 예탁금이 70조 원도 안 되는 상황과 비교하면 엄청난 돈이 모인 것이죠. 은행들은 고객들을 적극 유도해 주식형 펀드에 가입시켰고 자산운용사들은 그 돈으로 주식을 샀습니다. 그런데 얼마 뒤 미국에서 금융위기가 터졌습니다. 주가가 폭락하면서 많은 사람들이 큰 손해를 입었습니다. 태평양 건너 미국에서 시작된 사건이 우리나라뿐 아니라 전 세계를 흔들었던 겁니다.

글로벌 경제는 국가와 국가, 산업과 산업별로 긴밀하게 연결되어 있습니다. 특히 반도체와 2차 전지, 친환경, 5G 등 미래를 선도할 산업은 특정 나라가 독점하지 않고 분업화되어 있습니다. 소재, 부품, 장비부터 완성품까지 각각을 주도하는 기업들이 전 세계에 흩어져 있습니다. 기업들은 글로벌 분업화를 통해 제품가격을 안정적으로 유지할 수 있었고 지난 10여 년간 저물가 시대를 이어올 수 있었습니다. 그런데 기존 질서가 흔들리고 있습니다. 세계 1,2위 경제 대국, 즉 미국과 중국의 패권 전쟁이 갈수록 치열해지면서 각자 공급망 구축 체제로 재편되고 있기 때문입니다. 당장 공급망 병목이 유발한 인플레이션이 거의 모든 나라에 나타나고 있습니다. 자산가격의 거품이 계속 커지고 있고 뭔가 계기만 있으면 터질 우려까지 나오고 있습니다. 특히 한국은 지정학적으로 두 대국 사이에 위치해 있고 경제적으로도 밀접하게 연결되어 있습니다. 두 나라에서 악재가 발생한다면 직접적인 영향을 받는다는 얘깁니다.

여기에 세계 3위 경제대국 일본도 근거리에 있습니다. 미국과 중국, 일본의 경제 상황과 향후 정책을 정확히 읽어야 우리나라 경제와 자산시장의 변화를 예측할 수 있고 투자전략도 세울 수 있습니다. 거시경제 구조와 돌아가는 흐름을 이해하는 것이 부의 설계의 기본이자 투자의 첫걸음입니다. 그래서 이 책의 첫 번째 장은 글로벌 경제 흐름을 주제로 잡았습니다.

세계경제를 떠받치는
아틀라스

코로나라는 블랙스완이 나타났고 부채라는 회색코뿔소가 날뛰면서
글로벌 경제는 붕괴 위험에 처했습니다. 연준은 기준금리를 내리고
양적완화를 단행해 금융시스템을 정상화시켰습니다.

글로벌 경제를 주도하는 나라는 미국입니다. 그 중심에는 미국의 중앙은행인 연방준비제도(이하 연준)가 있습니다. 연준은 기축통화인 달러를 발행하고 굵직굵직한 경제위기 때마다 해결사 역할을 하고 있는데요, 글로벌 경제의 흐름을 좌지우지하는 컨트롤 타워입니다. 그리스 신화에 나오는 하늘을 떠받치는 신, 아틀라스처럼 전 세계경제를 떠받치고 있는 셈이죠. 그래서 이 책의 시작점을 연준으로 잡았습니다. 코로나 사태를 극복하는 과정을 복기하는 방식으로 연준의 역할과 힘을 설명하겠습니다.

회색코뿔소를 깨운 블랙스완

도저히 일어날 것 같지 않은 일이 일어나는 것을 '검은 백조(이하 블랙스완)'라고 합니다. 그리고 발생할 개연성이 있고 파급력도 크

지만 사람들이 간과하는 위험을 '회색 코뿔소'라고 합니다. 2020년 1월부터 시작된 코로나 사태는 이 2가지가 맞물린 경우입니다.

다들 흥겹게 놀고 있는 파티장에 어디선가 검은 백조 한 마리가 날아들더니 한쪽에 자고 있던 회색코뿔소를 깨웁니다. 열 받은 코뿔소가 미친 듯이 뛰어다닙니다. 테이블이 엎어지면서 술병과 술잔이 깨지고, 사람들은 공포에 질려 여기저기 피해 다닙니다. 파티장은 난장판이 됩니다.

블랙스완은 코로나를, 회색코뿔소는 부채를 상징하는데요, 전 세계 금융시장이 무너졌고 곪을 때로 곪은 부채가 터지기 일보 직전까지 갔습니다. 미국의 대표적인 S&P500지수는 30%P나 하락해 2500대까지 떨어졌고, 한국 코스피도 1450선까지 폭락했습니다. 투자자들 모두 공포에 질렸습니다. 1929년의 대공황이 재현될 수도 있다는 우려까지 나왔습니다.

이 같은 초대형 경제위기가 닥치면 경제 주체들은 미국달러부터 확보하려고 합니다. 비교적 안전자산인 국채까지 팔아서 달러를 챙기기에 바쁩니다. 달러를 확보한 다음에는 눈치만 봅니다. 달러를 쥐고 있을 뿐 투자하거나 소비하려고 하지 않습니다. 기업이나 은행, 개인이 현금을 갖고 있기만 하고 돌지 않는다면 어떻게 될까요?

연준이 꺼내든 4가지 카드

자본주의 시스템에서 돈이 혈액이라면 은행은 심장입니다. 은행이 멈추면 돈(혈액)이 돌지 않아 금융시스템이 붕괴됩니다. 2008년

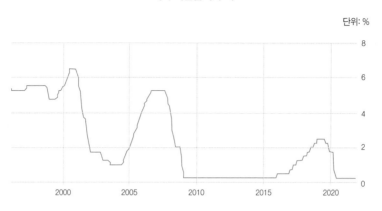

출처: 연방준비제도

금융위기를 통해 이 사실을 잘 알고 있던 연준은 우선 은행 살리기에 나서는데요, 은행에 달러를 공급한 게 핵심입니다. 다음으로 정부가 재정정책을 통해 중소기업이나 서민들을 지원하는 것에 직접 나설 수 있을 때까지 시간을 벌어줘야 합니다. 이런 절체절명의 상황에서 연준은 과거 금융위기 때 사용했던 통화정책뿐 아니라 새로 도입한 정책들까지 선보이며 신속히 위기를 해결해갑니다.

연준은 우선 기준금리를 바로 0퍼센트까지 낮춥니다. 기준금리가 0퍼센트라는 것은 돈을 빌리더라도 이자부담이 거의 없다는 의미인데요, 시중 경제주체들의 이자부담을 최소화해주기 때문에 시장을 안정시키는 효과가 있습니다.

그런데 과거에 효과가 있었던 이 정책이 이번에는 통하지 않았습니다. 금융위기 이후 너무 많은 부채가 쌓여 약발이 먹히지 않은 것입니다. 그러자 증시는 계속 추락했습니다.

연준은 두 번째 카드를 꺼냅니다. 무제한 양적완화(Quantitative Easing)입니다. 양적완화는 간단히 말해 연준이 장기국채를 사서 시중에 돈을 공급하는 정책입니다.

그 원리는 다음과 같습니다. 은행들이 보유하고 있는 장기국채가 있습니다. 이해하기 쉽게 미국정부에서 발행했던 10년물 장기국채로 하겠습니다. 연준이 달러를 주고 이 국채를 사줍니다. 그러면 시중은행에 달러가 쌓이게 되고 달러가 모자랄까봐 불안하던 은행들은 안심하고 시중에 달러를 공급하게 되겠죠. 2020년 3월과 4월 두 달 사이에 3조 달러(3,500조 원)를 공급했습니다. 우리나라 GDP의 2배 가까운 돈을 짧은 기간에 집중적으로 쏟아부은 것입니다.

연준은 세 번째 카드도 빼듭니다. 민간기업에 직접 돈을 지원하는 사상 초유의 방식입니다. 투자등급 BBB- 이상 기업의 회사채를 사서 해당 기업에 직접 달러를 줍니다. 자금 부족을 겪는 기업들이 파산하기 전에 돈을 지원한 거죠. 이 지원금은 7,500억 달러(900조 원) 규모로 책정했는데 2020년 말까지 137억 7천만 달러(약 16조 원)가 풀렸습니다. 안전자산인 미국 국채를 사들이는 '양적완화'에서 한 걸음 더 나아가 위험도가 높은 '질적완화(Qualitative Easing)'를 도입한 것입니다. 당시 〈월스트리트 저널〉은 "이번 조치로 연준이 사상 최초로 중앙은행에서 상업은행으로 전환한 셈이 되었다"라고 평가했습니다. 연준은 이어 6천억 달러 규모의 '긴급중소기업대출 제도'에 이어 9,450억 달러 규모의 '직원급여지원 프로그램'도 도입했습니다. 직원에게 급여를 주지 못하는 기업들에 긴급

대출까지 해준 건데요, 이런 조치 덕분에 많은 기업들이 도산을 면했습니다.

자, 이렇게 미국 국내의 급한 불은 껐습니다. 연준의 네 번째 카드는 취약한 신흥국들로 향했습니다. 자체적으로 달러를 찍지 못하는 신흥국들은 달러 부족으로 인한 유동성 위기를 맞았습니다. 과거 우리나라가 외환위기를 겪었던 것처럼 어디서라도 달러를 빌려와야 하는 상황에 처한 거죠. 연준은 주요 신흥국 중앙은행들과 '통화 스와프'를 전격 체결합니다. 해당 국가의 통화를 담보로 달러를 주는 건데요, 쉽게 말해 우리나라 한국은행이 원화를 찍어서 연준에 주면 그에 해당하는 달러를 준다는 것입니다. 나중에 경제가 안정될 때 다시 달러와 원화를 교환한다는 조건이죠. 2020년 3월 당시 연준은 9개 신흥국과 통화스와프를 맺었습니다. 한국은 600억 달러 통화스와프를 체결했는데, 그 소식이 알려지자마자 국내 주식시장은 급속히 안정을 찾았습니다.

통화정책과 재정정책

연준의 통화정책은 돈을 빌려주는 개념입니다. 공짜로 주는 게 아닙니다. 국채를 사고 그에 대한 대가로 돈을 주는 건데요, 시중은행들은 보유하고 있던 국채를 연준에게 팔아 달러를 받게 됩니다. 이 돈을 받은 은행들은 대출을 통해 시중에 돈을 확산시켜야 하는데요, 문제는 은행들이 신용도가 높은 기업이나 개인에게만 돈을 빌려주려 한다는 데 있습니다.

쉽게 말해 애플이나 구글 같은 대기업이나 돈이 많은 부자들에게만 돈을 빌려준다는 것입니다. 게다가 제로금리까지 적용되니까 대기업과 부자들은 아주 적은 이자만 내고 돈을 빌리게 되는 것입니다. 이들이 주식이나 부동산에 투자해서 더 큰 대기업과 부자가 되는 이상한 현상이 생기는 거죠. 연준 통화정책의 한계로 지적받는 대목입니다.

그렇다면 정작 돈이 절실한 중소기업이나 자영업자들, 서민들은 어디서 돈을 받을 수 있을까요? 정부의 재정정책을 통해서입니다. 정부는 국채를 발행해 이 국채를 산 중앙은행으로부터 돈을 받습니다. 미국의 경우 연준이 달러를 무제한 찍어낼 수 있기 때문에 국채를 사면서 정부에 돈을 주는 것입니다. 다만 정부가 국채를 발행해서 돈을 받기까지 시간이 필요합니다. 의회의 동의 절차가 있기 때문입니다. 어쨌든 연준이 시간을 벌어준 덕분에 미국정부의 재정정책도 순조롭게 진행되었습니다.

미국정부의 지원은 3단계로 집행되었습니다. 2020년 3월에는 1조 7천억 달러(2천조 원), 2020년 12월에 91억 5천만 달러(10조 원), 2021년 3월 1조 9천억 달러(2,200조 원)이 차례로 집행되었습니다. 특히 2020년 3월에 집행된 건 미국 구조 계획법으로 명명되었는데요, 전 국민의 약 90%에 1인당 월 1,400달러(160만 원)가 지급되었습니다.

돈 꼭지를 잠그는 '테이퍼링'

경제 정상화를 위한 연준의 출구전략 1단계는 추가 프로그램 중지,
2단계는 테이퍼링을 통한 양적완화 축소,
3단계는 기준금리인상과 양적긴축을 통한 달러의 회수입니다.

앞에서는 연준이 코로나19 사태로 촉발된 글로벌 경제위기를 어떻게 진정시켰는지 살펴봤는데요, 이번 파트도 연준 얘기입니다. 코로나19 사태 이전으로 경제를 정상화시키기 위한 연준의 단계별 출구 전략과 실행 과정을 알아보겠습니다. 연준은 코로나 사태 초기 3개월 동안 3조 달러가 넘는 돈을 투입했습니다. 이후에도 매달 1,200억 달러씩 시중에 공급했습니다. 방식은 국채와 주택담보증권(MBS) 매입입니다. 800억 달러는 국채를, 400억 달러는 주택담보증권을 매입했습니다. 그러면서 3단계 출구전략에 착수했습니다.

출구전략 1단계 : 추가 지원 프로그램 중지

연준의 출구전략 1단계는 2020년 5월부터 시작되었습니다. 트럼프 대통령이 요구한 마이너스 금리를 도입하지 않은 것입니다. 파월

의장은 피터슨국제경제연구소 주최 화상연설에서 "마이너스 금리의 실효성에 대한 의견은 엇갈린다. 우리는 다른 좋은 도구를 갖고 있다"라며 선을 그었습니다. 마이너스 금리를 도입하고 있던 일본과 유럽의 사례를 봤을 때 실효성이 없다고 판단한 것입니다.

2020년 6월에는 시장에서 요구하던 일드 캡 컨트롤(YCC: Yield Cap Control)을 시행하지 않았습니다. YCC는 쉽게 말해 장기국채 금리의 상한선을 정해놓고 이 선을 넘으면 연준이 국채를 매입해서 금리를 그 선에 맞추는 건데요, 이유는 다음과 같습니다. 미국정부는 재정정책 자금을 마련하기 위해 국채를 발행해서 시중에 팔아 자금을 확보합니다. 시중에 국채가 많아지면 상대적으로 금리가 올라가겠죠. 금리가 올라가면 정부의 이자부담이 늘어납니다. 이 대목이 핵심인데요, 이자부담을 줄이기 위해 장기국채 금리의 상한선을 정해놓자는 것입니다.

2020년 9월에는 2% 평균물가목표제*를 제시합니다. 경기회복 과정에서 다소 높은 물가상승이 나타나더라도 몇 년치 평균으로 2%를 유지하면 용인하겠다는 건데요, 금리인상을 최대한 늦추겠다는 의미입니다.

2020년 말부터는 민간기업에 대한 긴급대출 프로그램들을 순차적으로 중단합니다. 2020년 12월까지 3개, 2021년 3월까지 4개를 정

2% 평균물가목표제

미국 연방준비제도가 경제를 부양하기 위해 2020년 10월 도입한 정책이다. 물가상승률이 높게 나타나도 몇 년치 평균으로 계산해 2% 수준만 유지하면 용인하겠다는 내용이다.

2020년 5월	마이너스 금리 도입 거부
2020년 6월	일드캡 컨트롤(ycc) 도입 거부
2020년 9월	2% 평균물가목표제 제시
2020년 12월	기업 긴급대출 프로그램 종료
2021년 1월	오퍼레이션 트위스트 도입 거부

리한 데 이어, 2021년 6월에는 마지막 남은 소상공인 대출 프로그램도 종료합니다. 2021년 1월에 늘어나던 일자리 숫자가 크게 줄어들었습니다. 그러자 시장금리가 올라가면서 불안한 장세가 나타났습니다.

시장에서는 오퍼레이션 트위스트(OT)를 원합니다. 오퍼레이션 트위스트는 연준이 장기국채를 사들이고 단기국채를 매도함으로써 장기금리를 끌어내리는 공개시장 조작방식인데요, 과거 금융위기 극복과정에서 이 방식을 사용했던 연준이었지만 이번에는 도입하지 않았습니다.

양적완화와 질적완화를 통해 엄청난 돈을 쏟아부은 연준은 일단 금융시장을 안정시키는 데 성공했습니다. 오히려 주가는 코로나19 사태 이전보다 훨씬 더 올랐습니다. 부동산 가격도 급등했습니다. 유동성의 힘으로 자산시장이 과열된 것이죠. 그에 따라 연준은 추가 지원 프로그램들을 도입하지 않으면서 1단계 출구전략을 끝냈습니다.

출구전략 2단계 : 가속 페달에서 발 떼는 '테이퍼링'

출구전략 2단계의 핵심은 풀고 있는 돈의 규모를 줄이는 것입니다. 여기서 등장한 것이 2021년 내내 경제계의 이슈가 되었던 테이퍼링(tapering)입니다.

테이퍼링은 수도꼭지를 잠근다는 뜻으로, 양적완화로 풀고 있는 돈을 조금씩 줄인다는 말입니다. 즉 돈 꼭지를 잠근다는 건데요, 쉽게 말해 운전할 때 속도를 줄이기 위해 가속페달에서 발을 조금씩 떼는 원리와 같습니다. 발을 떼면 속도가 서서히 줄어들겠죠.

현실 상황으로 연결해보겠습니다. 테이퍼링의 대상은 연준이 월 1,200억 달러씩 사주고 있는 국채와 모기지 채권입니다. 그런데 이 1,200억 달러를 한꺼번에 줄이면 시장에 엄청난 충격을 주겠죠. 그래서 매달 조금씩 줄이는 단계적 긴축이 필요한 것입니다. 고용지표와 물가상승률이 본격적으로 호전되는 기미가 보인 2021년 6월부터 연준은 본격적인 테이퍼링 신호를 보내기 시작합니다. 6월 연방공개시장위원회(FOMC)에서 의미 있는 4가지 메시지가 나왔습니다.

첫째, 140억 달러 규모의 회사채를 매각했습니다. 긴급대출 프로그램 차원에서 매입해 보유하고 있던 1조 달러 규모의 회사채 물량 중 극히 일부인데요, 2년 이내에 만기가 되어서 자연 소멸하는 채권을 굳이 매각한 건 시장에 대한 긴축 신호로 해석되었습니다.

둘째, '점도표'를 통해 조기 금리인상을 경고했습니다. 점도표는 연준위원 18명 각자의 기준금리 전망을 보여주는 도표인데요, 위원 각자가 도표 상에 자신의 전망치를 점으로 표시한다고 해서 '점도표

(Dot Plot)'로 불립니다. 위원 18명 가운데 7명이 2022년에 기준금리를 인상할 것으로 전망했습니다. 매번 점도표에서 나온 대로 결과가 나오는 것은 아니지만 기준금리 인상시기가 앞당겨질 수 있다는 메시지를 시장에 던진 효과는 있었습니다.

셋째, 처음으로 테이퍼링을 언급했습니다. 파월 연준 의장은 회의 결과를 설명하면서 "테이퍼링 문제를 논의할지 여부에 대한 논의가 있었다"고 말했습니다. 조심스러우면서도 희미한 긴축 메시지를 시장에 보낸 것입니다. 2021년 8월 테이퍼링 연내 시행이 처음으로 확인됩니다. 세계중앙은행장들의 연례회의인 잭슨홀 미팅에서인데요, 파월 의장은 "2021년 말부터 자산 매입정책의 축소를 시작할 수 있다"고 언급했습니다. 물가와 고용 측면에서 테이퍼링을 할 수 있는 조건이 조성되었다고 설명했습니다.

넷째, 연준은 테이퍼링 도입을 앞두고 신흥국들의 발작에 대비한 조치도 했는데요, 이 내용을 보면서 연준이 참으로 섬세하게 준비한다는 생각이 들었습니다. 첫 번째는 FIMA레포 제도(Foreign and International Monetary Authority Repo Facility)인데요, 간단히 말해 미국 장기국채를 갖고 있는 전 세계 중앙은행들이 이를 담보로 연준으로부터 달러를 빌릴 수 있는 제도입니다. 두 번째는 국제통화기금(IMF)에서 6,500억 달러 규모의 특별인출권(SDR/Special Drawing Rights)을 마련했고, 이 가운데 2,700억 달러를 신흥국에 배정했다는 것입니다. 우리나라는 117억 달러를 확보했습니다. SDR은 IMF가 만든 국제준비자산으로 달러·유로화·위안화·엔화 등의 가치와 연동되어 국가 간 교환 통화로 사용할 수 있습니다.

연준은 11월 연방공개시장위원회(FOMC)에서 테이퍼링에 돌입하겠다고 발표했습니다. 국채 100억 달러, 주택담보증권 50억 달러 등 월 150억 달러씩 줄이겠다고 했는데요, 11월부터 시작해서 2022년 중반에 마무리될 것으로 보입니다. 미리 충분히 경고를 준 탓인지 금융시장의 충격은 없었고 주요국들의 주가는 오히려 올랐습니다.

출구전략 3단계 : 기준금리인상과 양적긴축

출구전략 3단계는 기준금리인상과 양적긴축입니다. 쉽게 말해 풀고 있는 돈을 다시 회수하는 건데요, 연준은 긴축시계를 작동하는 과정에서 과거와는 달리 매우 신중한 행보를 보였습니다. 시장에 사전경고를 충분히 한 뒤 시기를 타진하는 모습이었는데요, 2013년에 겪었던 트라우마 때문입니다.

트라우마의 전말은 다음과 같습니다. 2008년 금융위기를 극복하는 과정에서 연준은 3차례의 양적완화를 통해 4조 5천억 달러를 시장에 공급했습니다. 1차 양적완화는 2009년 3월부터 2010년 3월까지, 2차 양적완화는 2010년 11월부터 2011년 6월까지, 3차 양적완화는 2012년 9월부터 2014년 10월까지 진행되었습니다. 어느 정도 마무리된 시점인 2013년 5월, 버냉키 당시 연준 의장이 테이퍼링 방침을 발표했습니다. 풀던 돈을 줄이겠다는 지극히 상식적인 발언이었는데도 세계경제는 바로 출렁거렸습니다. 특히 남아공, 브라질, 인도, 인도네시아, 터키, 이 5개국의 경기가 크게 휘청거렸습니다. '발작(텐트럼)'이란 표현까지 나올 정도로 충격이 컸습니다. 이 때문에 테이퍼링 시작 시점이 당초 2013년 9월에서 2014년 1월로 늦춰졌습니다. 2014년 10월까지 테이퍼링이 마무리되었고 기준금리가 인상된 건 2015년 12월, 1년이 지난 후였습니다.

테이퍼링 다음 단계인 기준금리인상 시점은 2015년 당시를 참고한다면 테이퍼링이 마무리된 이후가 될 텐데요, 연준의 점도표를 고려할 때 2022년 중반이 될 가능성이 높습니다. 다만 2021년 6월부터 치솟고 있는 물가가 최대 변수입니다. 인플레이션 장기화 우려까지 제기되었는데요, 물가를 억제하기 위해 기준금리인상 시기가 앞당겨질 수도 있습니다.

기준금리인상 다음 수순은 뭘까요? 이 단계를 이해하려면 연준의 자산변동을 봐야 합니다. 엄청난 규모의 돈이 풀린 만큼 연준의 자산도 크게 늘어나 있습니다. 2007년 8,700억 달러이던 연준의 자산이 금융위기를 거치며 4조 달러로 늘었고, 2021년 8월 기준 8조 3천억 달러를 넘어섰습니다. 14년 만에 10배나 증가한 것입니다. 시장에는 너무 많은 돈이 풀려 있고, 연준은 너무 많은 자산을 갖고 있습니다. 과도한 불균형이죠.

과거 사례를 보면 연준은 이 자산을 줄이기 위해 2017년 10월 양적긴축을 단행했습니다. 보유하고 있는 국채를 시장에 팔아서 돈을 회수하는 것입니다. 2017년 당시에는 4조 5천억 달러(약 5,310조 원)에 이른 보유자산 중 3,700억 달러(약 436조 5천억 원) 정도의 미국 국채를 팔았습니다. 이번에도 비슷한 단계를 거칠 것으로 예상됩니다.

미중 패권전쟁 2라운드, 최전선에 반도체가 있다

미국은 반도체와 전기차 등 미래 핵심 분야에서 중국을 배제한
글로벌 공급망을 구축하려고 합니다. 이에 중국은 자금과 자원을 총동원해
기술력을 끌어올려 자체 공급망을 만들겠다는 것입니다.

2016년 11월, 트럼프 대통령이 당선된 직후 시진핑 중국 국가 주석은 축하 메시지를 보냈습니다. 첫 구절은 "我(나)"로 시작했습니다. 반면 4년 후인 2020년 바이든이 당선되었을 때는 문구가 바뀝니다. 첫 구절이 "我们兩國(우리 양국)"으로 시작했죠. 트럼프에게는 개인적인 친밀도를 표시한 반면, 바이든에게는 형식적인 표현을 사용한 것입니다.

시진핑이 트럼프와 바이든을, 다시 말해 중국이 미국의 공화당 정부와 민주당 정부를 어떻게 바라보는지 보여주는 상징적인 표현인데요, 중국이 민주당 정부를 껄끄러워 한다는 얘깁니다. 실제로 미중 관계는 악화일로를 걷고 있습니다.

미국의 아프칸 철수, 그 속내는?

2021년 8월 미국은 20년간 주둔해온 아프가니스탄에서 철수했습니다. 2001년 알카에다의 9·11 테러로 촉발되어 20년을 끌어온 아프간 전쟁을 끝낸 것입니다. 미국이 아프가니스탄에서 철수하게 된 배경은 크게 다음의 3가지 이유로 분석됩니다.

첫째, 아프간 주둔이 장기화되면서 악화된 국내 여론 때문입니다. 2조 달러를 쏟아부었고 사망 2,600여 명, 부상 2만여 명 등 인명 피해도 계속 늘면서 '제2의 베트남'을 우려했기 때문입니다. 둘째, 미국이 원유 순수출국이 되면서 중동의 전략적 가치가 낮아진 점입니다. 셋째, 중국 대응에 힘을 결집하기 위해섭니다. 바이든 대통령은 2021년 8월 대국민연설에서 "미국 대통령으로서 나는 우리가 어제의 위협이 아닌 오늘 2021년 마주한 위협에 집중해야 한다는 점에 단호하다"라고 밝혔습니다. 와칸 회랑을 통해 중국 신장위구르의 이슬람세력과 탈레반을 연결시켜 중국을 흔들겠다는 속내가 있다는 분석도 있습니다.

중동 개입을 축소하고 중국에 힘을 쏟겠다는 전략은 오바마 행정부에서부터 시작되었습니다. 오바마 정부는 2011년 아시아 중시 전략을 내세우면서 미국 외교안보정책의 중심을 중동에서 아시아로 옮겨가겠다고 선언했습니다. 이런 기조는 트럼프와 바이든 정부를 거치면서 구체화되었습니다. 2020년 말 미국 의회는 여야 합의로 '국방수권법'을 통과시킵니다. 핵심은 중국을 견제하기 위한 '태평양 억지구상'에 22억 달러(약 2조 3,800억 원)를 배정한 것입니다. 이와 함께 미국·일본·인도·호주 등 4개국 협의체인 쿼드(Quad)를 결성해 해상 합동훈련을 하며 중국을 압박하고 있습니다. 미국은 또한 영국, 호주와는 안보동맹 '오커스(AUKUS)'를 결성했는데, 중국에 날을 세우면서 미국편에 붙은 호주는 오커스 합류 대가로 핵잠수함 기술을 전수받기로 했습니다. 2021년 12월에는 민주주의 정상회의를 소집했는데요, '권위주의, 부패척별, 인권존중'을 주제로 신흥 민주주의 국가까지 100여 개국을 참여시켜 반중 전선을 넓히고 있습니다.

"외세가 중국 괴롭히면 머리가 깨지고 피를 흘릴 것"

중국 시진핑 국가주석은 2021년 7월 1일 공산당 창당 100주년 기조연설에서 예상치 못했던 강경 발언을 합니다. "누구라도 중국을 괴롭히거나 압박하거나 노예로 삼겠다는 망상을 품는다면 14억 중국 인민이 피와 살로 쌓아올린 강철 만리장성에 부딪쳐 머리가 깨지고 피를 흘릴 것(外勢欺負 頭破血流)"이라고 경고했습니다. 필자는 2006년부터 2009년까지 중국 특파원을 지냈고 이후 외교안보를 담당하며 줄곧 중국을 관찰해왔지만 중국의 최고 지도자가 이런 거친 발언을 하는 것은 처음 봤습니다.

미국의 압박에 대해 중국은 투트랙 전략으로 맞서고 있습니다. 내부결속과 첨단 제조업 집중육성입니다. 내부결속을 위해 인민들의 지지를 얻기 위한 조치들을 잇달아 내놓고 있습니다.

우선 공산당 창당 100주년을 맞아 샤오캉(小康) 사회를 달성했다고 대대적으로 선전했습니다. 샤오캉 사회는 의식주 걱정 없는 초기

중산층 사회를 말하는데요, 덩샤오핑이 1987년 공산당 제13기 전국 대표대회에서 제시한 온바오(溫飽)-샤오캉-다퉁(大同)*의 3단계 경제발전 목표 가운데 두 번째 단계입니다.

이어 공동부유(共同富裕), 즉 분배를 향후 정책 목표로 제시합니다. 사교육 전면 폐지, '정신적 아편'으로 규정한 게임규제, 부동산 규제 모두 인민들의 지지를 얻기 위한 조치였습니다.

다른 갈래로는 주요 첨단기술을 해외에 의존하지 않고 자체적으로 해결하겠다는 '과학기술 자립자강 전략'을 본격화했습니다. 이를 위해 반도체, 2차전지, 5세대 이동통신(5G), 인공지능(AI), 빅데이터, 광역고속철도망, 신에너지자동차(전기, 수소차) 분야를 핵심 전략산업으로 지정했습니다.

미중 패권전쟁의 최전선, '반도체'

미국과 중국의 패권전쟁 2라운드의 최전선은 '반도체'입니다. 중국이 반도체 자립을 하느냐, 미국이 이를 저지하느냐를 놓고 사활을 건 싸움이 진행중입니다.

온바오(溫飽)-샤오캉(小康)-다퉁(大同)

덩샤오핑은 1987년 공산당 제13기 전국대표대회에서 온바오-샤오캉-다퉁의 3단계 경제발전 목표를 제시했다. 유교경전 예기(禮記)의 예운(禮運)편에 나오는 말을 차용한 것이다. '온바오'는 개혁·개방이 시작된 1978년부터 2000년까지 먹고 사는 기본 의식주를 해결하는 빈곤해소 단계이다. '샤오캉'은 2001년부터 2020년까지의 초기 부유한 중산층 단계를 의미한다. 이어 '다퉁'은 문명화된 부강한 사회주의 국가인데, 신중국 성립 100주년이 되는 2049년까지의 달성 목표다.

미국의 반도체 전략은 두 갈래로 진행되고 있습니다. 우선 미국 국내에 반도체 공급망을 구축하고 있습니다. 기존에는 설계는 미국 업체들이, 생산은 한국과 대만업체들이, 소재는 독일과 일본업체들이 맡는 이른바 세계 분업 체계였는데 미국 내에 생산 시스템까지 갖춰 공급 체인망을 완성하겠다는 것입니다. 반도체 공급망 구축에는 인텔을 선봉에 내세웠는데요, 인텔은 대만의 TSMC와 삼성전자가 양분하고 있는 파운드리*에 뛰어들었습니다. 2021년 6월에는 미국 의회에서 '미국 혁신경쟁법'을 통과시켰는데요, 반도체 생산과 연구개발 지원에 5년 동안 520억 달러를 편성했습니다.

미국은 동시에 중국의 첨단 반도체 자립을 적극 저지하고 있습니다. 2021년 4월 백악관에서 반도체 공급망 회의가 열렸는데, 바이든 대통령은 이 자리에서 반도체 웨이퍼를 직접 들어보이며 "중국 공산당이 반도체 공급망을 재편하고 지배하려는 계획을 갖고 있다"면서 중국 반도체 육성을 저지하겠다는 뜻을 노골적으로 밝혔습니다.

미국의 대중국 규제는 치밀하게 진행되고 있습니다. 우선, 수출통제 기업 리스트를 활용해 미국의 기술이 포함된 소재·부품·장비 등이 중국 반도체 기업에 수출되지 않도록 막고 있습니다. 특히 네

파운드리(foundry)

팹리스로 불리는 설계 전문업체가 상품을 주문하면서 넘겨준 설계 도면대로 웨이퍼를 가공해 반도체 칩을 전문으로 생산하는 사업이다. 종류가 다양하고 생산원가가 비싼 반도체 특성상 설계와 생산을 동시에 하기 어렵다는 점에 착안해 대만계 미국인 모리스 창이 1987년 최초의 파운드리 TSMC를 설립했다.

덜란드 회사인 ASML을 압박해 첨단 반도체 핵심 장비인 극자외선 노광 장비가 중국 업체에 들어가는 것을 차단하고 있습니다. 또한 중국기업의 미국 반도체 기업 인수도 적극 저지하고 있습니다. 2015년 마이크론, 2016년 웨스턴 디지털, 2018년 퀄컴 등 중국 기업들의 인수합병 시도가 좌절되었습니다.

이에 맞서는 중국의 전략은 무엇일까요? 2020년 말 기준 중국의 반도체 자립률은 15.9%에 불과하고 대부분 해외에 의존하고 있습니다. '중국제조 2025'에서 목표로 한 2020년 자립률 40%에 한참 모자랍니다. 이에 제2의 반도체 굴기를 선언하고 집중 육성에 나섰습니다. 제14차 5개년 계획(2021~2025년)에서 반도체를 중점 과학기술 분야로 선정했습니다. 소프트웨어와 고순도 소재, 제조장비뿐만 아니라 실리콘카바이드 등 3세대 반도체 개발에 주력하고 있습니다.

자금지원은 3가지 경로를 통해 이뤄지고 있습니다. 첫째, 2019년 10월 290억 달러 규모의 '국가반도체 기금'을 설립해 집중지원을 하고 있습니다. 둘째, 중국판 나스닥인 커촹반(科創板)*을 통해 자금을 조달하고 있습니다. 2020년 중국 주식시장에 상장된 반도체 기업의 약 70%가 커촹반에 상장되어 있습니다. 셋째, 세금혜택입니다.

커촹반(科创板)

중국판 나스닥으로 불리는 기술·창업주 전용 주식시장이다. 우리나라 말로 과학혁신판이라 부른다. 시진핑 국가주석이 2018년 11월 중국국제수입박람회 기조연설에서 "미국의 나스닥과 같은 기술·창업주 전문시장을 추가로 개설하겠다"고 밝혔고 8개월 뒤인 2019년 7월 22일 25개 종목으로 출범했다.

2020년 8월부터 첨단 반도체 기술을 보유한 기업에 대해서는 기업소득세와 수입관세를 면제하거나 감면해주고 있습니다.

중국의 히든카드, '희토류'

중국이 절대적으로 우위를 점하는 분야가 있습니다. 바로 희토류[*]인데요, 첨단 소재용으로 쓰이는 희토류는 전 세계의 80%가 중국에 매장되어 있는 것으로 알려져 있습니다. 중국은 자국내 희토류 기업들을 통합시켜 골리앗 국영기업을 추진하고 있습니다. 희토류 자원을 무기화한다는 전략입니다.

이에 맞서 미국은 희토류 공급망에서 탈중국화를 선언했습니다. 캘리포니아에 있는 희토류 광산인 '마운틴 패스' 시설을 재가동하고 미국, 호주, 캐나다의 희토류 생산기업과 합작사 설립을 추진하고 있습니다. 중국산 희토류에 대한 무역규제 카드도 꺼내들 태세입니다.

미국은 반도체와 전기차, 2차전지 등 미래 핵심 분야에서 중국을 배제한 글로벌 공급망을 구축하려는 전략이고, 이에 대해 중국은 자금과 자원을 총동원해 기술력을 끌어올려 자체 공급망을 만들겠다는 것입니다. 현재 상황은 미국이 압도적으로 우세합니다. 글로벌 시가총액 상위 20개 기술 기업을 보면 미국은 애플과 마이크로소프트 등 14개나 속해 있는데, 중국은 텐센트와 알리바바뿐입니다.

희토류

원소기호 57번~71번까지의 란타넘(란탄)계 원소 15개와 21번인 스칸듐(Sc), 그리고 39번인 이트륨(Y) 등 총 17개 원소를 총칭하는 용어. 첨단 부품을 만드는 데 필수적인 요소이다.

이미 밀접하게 연결된 빅2, 장기전으로 가나?

미국과 중국, 세계 빅2 국가 간의 패권전쟁은 앞으로 어떻게 진행될까요? 필자는 우선 두 나라 간 경제적 상관계수가 0.87이라는데 주목합니다. 이미 두 나라가 경제적으로 긴밀하게 연결되어 있다는 얘긴데요, 중국의 생산자물가지수가 올라가면 미국의 소비자물가지수가 올라갑니다. 중국에서 생산된 제품이 미국시장에서 소비되는 구조이기 때문인데요, 중국에서 시작된 인플레이션이 미국으로 전이되고 글로벌 경제로 확산될 수 있다는 얘깁니다.

두 번째, 미국이 일방적으로 공격하기에 중국경제 규모가 너무 커져버렸습니다. 2020년 말 GDP 기준으로 미국이 21조 달러, 중국은 15조 달러 규모로 중국은 이미 미국의 70% 수준입니다. 또한 중국경제는 다양한 분야에서 글로벌 공급 밸류 체인으로 밀접하게 연결되어 있어 중국의 충격이 전 세계로 파급됩니다.

세 번째, 양측의 전략입니다. 미국은 과거 패권경쟁을 할 때마다 달러를 마구 찍어내는 팽창전략을 썼습니다. 기축통화국이기 때문에 가능한 전략인데요, 소련은 이 페이스에 말려 같이 돈을 쓰는 전략으로 대응하다가 결국 한계에 이르러 붕괴했습니다. 중국도 이 점을 잘 알고 있어서 긴축전략을 유지하고 있습니다. 중국이 이런 전략을 세운 것을 미국도 잘 알고 있고 이 사실을 중국도 알고 있습니다. 상대의 패를 알기 때문에 섣불리 공격하기 어렵다는 얘깁니다.

미국 '주식시장' vs 로마 '노예제도'

미국 증시가 더 이상 오르지 않는다면 어떻게 될까요?
더 이상 돈이 들어오지 않으면 어떻게 될까요?
노예제가 붕괴된 후 멸망한 로마의 상황이 그대로 나타나지 않을까 싶습니다.

로마가 수백 년간 제국을 유지할 수 있었던 근간에는 노예제도가 있었습니다. 노예들은 농사와 가사를 전담했습니다. 로마 공화정 말기에 이탈리아 반도에만 200만 명의 노예가 있었던 것으로 추산됩니다.

로마는 계속 영토를 넓히며 정복지의 노예들을 공급받았습니다. 그러다가 팽창할 대로 팽창한 2세기 후반 더 이상 정복을 통해서는 노예를 확보할 수 없었습니다. 서쪽으로는 대서양, 북쪽으로는 스칸디나비아반도, 남쪽으로는 아프리카 사막까지 이르러서 동쪽으로밖에 진출할 수 없었는데 그곳에는 강력한 페르시아 제국이 있었기 때문입니다. 더 이상 노예를 공급받을 수 없게 된 로마는 급속히 쇠퇴하게 됩니다.

로마가 노예제를 기반으로 제국을 유지했다면, 미국은 주식시장을 통해 유입되는 돈으로 유지되는 체제입니다. 미국 주식시장의 시가총액은 56조 달러(6.5경 원) 규모로 전 세계 주식시장의 60% 가량을 점유하고 있는데요, 실제로는 90% 이상의 영향력이 있는 것으로 분석됩니다. 전 세계에서 미국 주식시장으로 자금이 유입되고 있으며, 이 자금을 바탕으로 미국의 기업들은 투자와 성장을 이어가고 있습니다.

2021년 9월 기준 전 세계 시가총액 상위 15개 기업 가운데 미국 기업이 무려 11개나 차지했습니다. 우리가 잘 아는 마이크로소프트, 애플, 아마존, 구글, 테슬라 등 세계경제를 이끌고 있고 미래 산업을 선도할 기업들이 포진해 있습니다.

미국 증시는 왜 계속 오를까?

미국 주식시장은 계속 성장해 왔습니다. 과거 10여 년을 보면 S&P500이나 나스닥 지수를 추종한 ETF인 SPY나 QQQ에 투자했을 경우 연평균 12% 이상의 꾸준한 수익을 올려왔습니다. 예를 들어 1억 원을 20년 동안 QQQ에 투자했으면 16억 원으로 늘어났다는 얘깁니다. 지수가 꾸준히 오른 데다 복리 효과도 작용했기 때문입니다.

미국 증시는 왜 계속 오를까요? 여러 가지 요인들이 있는데요, 크게 4가지로 나눠서 설명하겠습니다.

첫째, 미국 증시에는 영업이익률이 높은 회사들이 많습니다. 즉 실적이 좋다는 것입니다. 우리에게도 잘 알려진 '비자'라는 회사가 있습니다. 시가총액이 우리 돈으로 550조 원가량인데요, 매년 50%

넘는 영업이익률을 기록하고 있습니다. 애플, 코카콜라, 스타벅스 등 최종 소비재 기업들도 많은데요, 경기가 좋건 좋지 않건 꾸준히 매출이 발생하는 장점이 있습니다. 이런 기업들에 투자자금이 몰리는 건 당연합니다.

둘째, 주주친화적인 기업정책인데요, 배당을 주는 기업들이 많고 배당률도 높습니다. S&P500 기업 중 약 80% 이상인 400여 개 기업들이 배당을 하고 있습니다. 또한 자사주를 매입해서 소각하는 기업들도 많습니다. 2021년 1월부터 7월까지 6,830억 달러(약 790조 원) 어치를 매입했는데요, 미국 기업들은 이렇게 매입한 자사주를 소각한다고 합니다. 이 경우 주식 숫자가 줄어들기 때문에 주가는 상승하게 되고 주주들에게 이익이 돌아갑니다.

셋째, 미국 주식을 갖고 있다는 건 미국달러를 보유하는 것과 같은 의미입니다. 달러는 대표적인 안전자산으로 꼽히는데요, 외환위기, 금융위기, 유럽재정위기 등 글로벌 경제위기가 발생할 때마다 예외 없이 달러가 강세를 보였습니다. 너도나도 달러를 찾기 때문입니다.

여기에 미국경제만 지난 10여 년간 계속 독보적인 성장을 해왔습니다. '차별적 성장'으로도 불리죠. 그렇기 때문에 전 세계 자본이 미국 주식시장으로 몰리고 미국 기업들은 이 돈으로 신산업에 투자하면서 더욱 덩치가 커지는 선순환 구조가 형성된 것입니다. 2021년에도 미국 기업들은 예상을 뛰어넘는 실적을 냈습니다.

미국 증시를 떠받치는 401K

넷째, 다른 나라에서 찾아볼 수 없는 401K라는 제도 역시 주식시장의 핵심 자금 공급원입니다. 401K는 1980년부터 시작된 미국의 퇴직연금 제도입니다. 근로자가 급여의 일정액을 401K 계좌에 넣고 회사에서 비슷한 액수만큼 추가로 넣어주는 건데요, 이 자금을 위탁받은 자산운용사는 주식과 채권 등에 투자합니다. 미국 주식시장이 계속 오른 만큼 수익 역시 늘어났고 중산층 확산에 결정적으로 기여했습니다.

글로벌 금융회사인 피델리티의 자료를 보면 401K 연금자산이 100만 달러(약 12억 원)가 넘는 가입자는 2020년 3분기 기준으로 26만 명을 넘었습니다. 2009년 연금 백만장자는 2만 1천 명에 불과했지만 10여 년 만에 13배 증가한 것입니다. 401K 전체 규모는 2021년 1분기 기준으로 6.9조 달러(약 8,073조 원)가 넘는데요, 우리나라 코스피의 4배 정도입니다. 해마다 상당한 규모의 신규 연금자산이 미국 증시로 계속 유입되고 있습니다.

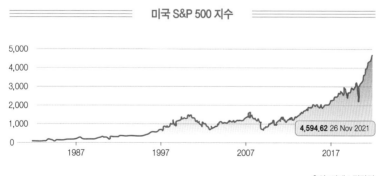

미국 S&P 500 지수

4,594.62 26 Nov 2021

출처: 인베스팅닷컴

401K를 통해 미국 퇴직자들의 삶은 주식시장과 연동되어 있습니다. 주식시장이 망가지면 퇴직자들의 삶도 망가지는 구조입니다. 그렇다면 미국정부에서는 당연히 주가가 꾸준히 오르게 해야 하겠죠? 증시가 계속 오르는 한 미국 국민들의 노후는 문제가 없기 때문입니다. 생활이 안정되면 현 정부를 지지하는 사람들도 늘어날 테고, 그러면 선거에도 유리하겠죠.

미국 증시는 실적 좋은 기업과 주주친화적 정책, 달러자산이라는 측면 때문에 전 세계에서 자금이 유입되고 있습니다. 주가가 꾸준히 상승하고 있기 때문에 투자자 입장에서도 돈 벌 확률이 높은 곳에 투자하는 게 당연하겠죠. 돈은 돈을 벌 수 있는 곳으로 흐르기 마련이니까요. 게다가 401K 퇴직연금을 통해서 신규 자금이 안정적으로 들어오고 있습니다. 미국 증시에 유동성을 끊임없이 공급하는 마르지 않는 2가지 우물이 있는 것입니다.

그런데 미국증시가 더 이상 오르지 않는다면 어떻게 될까요? 더 이상 돈이 유입되지 않으면 어떻게 될까요? 노예제가 붕괴된 후 멸망한 로마의 상황이 그대로 나타나지 않을까 싶습니다.

새장보다 큰 새는 용납하지 못한다

중국 주식시장은 당과 정부가 통제한다는 점을 꼭 염두에 두시길 바랍니다.
중국 자산시장에 투자할 때 3가지 변수가 있다고 합니다.
첫 번째는 정책이고, 두 번째도 정책이며, 세 번째도 정책입니다.

2020년 11월 초 전 세계 경제의 눈과 귀는 알리바바 자회사인 앤트그룹의 상하이와 홍콩 증시 상장에 쏠렸습니다. 조달액은 345억 달러(약 39조 원)로, 역대 최대 규모 상장이었기 때문입니다. 그런데 이 역사적인 상장이 불과 사흘을 앞두고 돌연 연기됩니다.

상장 연기 이유에 대해 당시 여러 가지 추측이 나왔지만 알리바바 마윈 회장이 중국 당국의 괘씸죄에 걸렸다는 데 무게가 실렸습니다. 앞서 마윈은 2020년 10월 24일 상하이에서 열린 '와이탄 금융서밋' 기조연설에서 "중국 당국이 지나치게 보수적인 관리·감독을 하고 있다"면서 "대형 국유 은행들은 충분한 담보를 잡고 대출을 해주는 '전당포 영업' 관행에서 벗어나지 못하고 있다"고 정면으로 비판했습니다.

이 발언 직후 마윈은 공식석상에서 자취를 감췄습니다. 3개월 후인 2021년 1월 말 농촌교사 시상식에 모습을 드러냈습니다. 기가 죽은 모습으로 '공동부유'정책을 언급하며 농촌 교육 공익사업에 전념하겠다고 밝혔습니다. 마윈이 이때 언급한 '공동부유'가 2021년 중국 사회뿐 아니라 세계경제를 뒤흔들 이슈가 될지 당시에는 대부분 몰랐습니다. 앤트그룹 상장 무산은 중국경제정책의 대전환의 시작을 알리는 신호탄이었습니다.

'공동부유', 성장에서 분배로

6개월 뒤인 2021년 7월 17일 시진핑 중국 국가주석은 공산당 제10차 중앙재경위원회 회의에서 '공동부유'(共同富裕)를 전면에 내세웁니다. "공동부유는 사회주의의 본질적 요구이며, 중국식 현대화의 중요한 특징으로 공동부유를 촉진해야 한다"고 강조합니다.

공동부유는 다 함께 잘살자는 것으로 부의 분배를 강조하는 개념입니다. 마오쩌둥의 공부론(共富論)에서 뿌리를 찾을 수 있습니다. 분배를 중시하는 사회주의 본질과 맞닿아 있는 개념이죠. 하지만 중국은 덩샤오핑 체제 이후 성장을 통한 경제발전에 무게를 두는 이른바 '선부론(先富論)' 노선을 걷습니다.

이 덕분에 중국경제는 GDP 규모 세계경제 2위에, 구매력 평가지수(PPP)는 이미 미국을 추월할 정도로 급속히 성장했습니다. 반면 빈부격차, 도시와 농촌의 격차, 거대기업과 중소기업의 격차 등 부의 불균형이 곳곳에서 문제를 일으키고 있습니다. 리커창 총리가 공식 기자회견에서 "월소득이 1천 위안(18만 원)이 안 되는 인구가 6억 명 이상"이라고 언급할 정도로 중국 지도부도 빈부격차를 심각하게 인식하고 있었습니다. 바로 이 시점에서 중국은 선부론에서 공부론으로 정책을 전환한 것입니다. 시진핑 체제가 공부론으로 정책을 전환한 이유에 대해서는 후반부에서 상세히 설명하기로 하고, 우선 '공동부유'정책에 따른 2021년 중국경제의 흐름을 짚어보겠습니다.

사교육부터 게임까지 규제, 중국은 '유모' 국가?

중국 당국은 2021년 7월 23일 초중고교생의 사교육을 전격 금지하는 조치를 발표했습니다. 국·영·수 등 교과목을 가르치는 사교육 업체 설립을 금지하고 기존업체를 모두 비영리 기관으로 전환토록 했습니다. 교육업체의 증시 상장을 통한 자금 조달이나 상장한 업체에 대한 투자도 금지했습니다. 연 1,200억 달러(약 140조 원) 규모의 사교육 시장이 얼어붙었고, 1천만 명이 일자리를 잃게 되는 것으로 추산되었습니다. 교육부는 초등학교 1, 2학년에 대해 시험을 금지시켰습니다. 초등학교 고학년과 중학생은 시험은 볼 수 있지만 성적을 공개하지 말라고 지침을 내렸습니다.

게임 규제도 착수했습니다. 2021년 8월 초 한 관영매체가 온라인 게임을 '정신적 아편'으로 규정하면서 시작되었는데요, 이 기사가 게재된 지 며칠이 지나 온라인 게임 규제 방침이 발표되었습니다. 오후 10시부터 오전 8시 사이에 온라인 게임이 금지된 것입니다. 규제는 점점 강화됩니다. 만 18세 미만 청소년, 즉 고등학생까지는 금요일과 토요일, 일요일 그리고 공휴일에만 하루 1시간씩 온라인 게임을 할 수 있게 되었습니다. 시간도 저녁 8시부터 9시까지 한 시간으로 정해졌습니다.

공동부유의 또 다른 타깃은 부동산 시장이었습니다. 중국 당국은 도시의 주택 임대료 인상률을 연간 5% 이하로 통제하겠다고 발표했습니다. 시세보다 싸게 공급하는 임대주택을 중점적으로 공급하겠다고 했고, 대규모 재건축 역시 부동산 기업이 아닌 정부가 주도하겠다고 선을 그었습니다. 부동산 시장으로 흘러가는 자금을 조이는 정책도 전격 시행되었습니다. 부동산 개발업체에 대한 대출 비율을 최대 40%로 제한했는데요, 이 때문에 '헝다' '화양넨' '당다이' 등 메이저급 부동산 개발업체들이 잇따라 파산위기에 빠졌습니다. 중국 당국이 집값을 강제로 끌어내리면서 주택 분양을 통한 현금 확보가 어려워진 데다 은행 대출까지 막혔기 때문입니다. 이들 부동산 개발업체들에 대한 파산 절차는 질서 있게(?) 진행중입니다.

새장보다 큰 새는 용납하지 못한다

규제의 또 다른 칼날은 빅테크 기업과 인기 연예인을 향했습니다. 우선 빅테크 기업들 가운데 알리바바가 초반 집중 타깃이 되었습니다. 앤트그룹 상장 무기한 연기에 이어 모기업인 알리바바도 사상 최대 규모의 3조 원의 과징금을 얻어맞습니다. 반독점 위반 혐의였습니다. 마윈도 금융당국에 불려가 질책을 듣고, 본인이 제작하고 출연한 TV 프로그램에서도 하차했습니다.

텐센트도 잇따라 규제대상에 올랐습니다. '중국판 카카오톡'인

위챗이 청소년보호법 위반 혐의로 중국 검찰로부터 소송을 당했는데요, 중국 빅테크 경쟁력이 미국에 밀리고 있다는 보고서를 내놨다가 급히 삭제하기도 했습니다.

중국판 우버인 차량공유 기업 '디디추싱'은 미국 뉴욕 증시 상장 직후 제재를 당했습니다. 중국 당국은 개인정보 수집에 문제가 있다며 앱 스토어에서 디디추싱 앱을 삭제했고, 이후 주가는 급락했습니다. 중국 당국은 빅테크 25개 기업들을 소집해 "단속 전에 스스로 잘못을 바로 잡으라"고 경고했습니다.

기업들은 납작 엎드렸고 자발적 기부가 잇따랐습니다. 알리바바는 1천억 위안(18조 원), 텐센트는 500억 위안(약 9조 원) 규모의 자금을 공동부유 프로젝트에 쓰겠다고 밝혔습니다. 전자상거래 기업 '핀둬둬'는 100억 위안(약 1조 8천억 원)을 농업과학기술기금에 기부한다고 발표했습니다.

연예인 등 대중에 영향력이 있는 인플루언서들도 타깃이 되었습니다. 유명 배우 정솽(鄭爽)이 탈세로 벌금 2억 9,900만 위안(약 539억 원)을 맞았습니다. 인민일보, 신화통신 등 핵심 관영매체들이 공평

2021년 중국 정부의 주요 규제들

- **게임** 미성년자 1주일 3시간으로 제한
- **데이터** 개인 데이터를 민간에서 국유시설로 이동
- **대중문화** 연예인 직업 윤리 준수 강화
- **교육** 사교육 금지

과 정의를 강조하는 논평을 게재했습니다. 음악가와 영화인, 방송예술가 등 중국 내 최소 12개 연예 관련 협회들도 긴급 좌담회를 열고 직업윤리 준수를 강조했습니다.

정리하자면 중국의 규제는 두 갈래로 파악됩니다. 첫째, 민심을 다독이기 위한 규제입니다. 사교육 금지와 게임규제는 대부분 부모들이 좋아할 조치입니다. 사교육비로 가계가 휘청이고 게임중독에 빠진 아이들 때문에 스트레스를 받던 부모들은 환호하고 있습니다.

둘째, 주인이 누구인가를 확실하게 보여주기 위한 규제입니다. 당과 정부가 기업들 위에 군림하는 구조가 만들어졌습니다. 연예인들에 대한 규제 역시 마찬가지입니다. 거물급 연예인들이 인민들의 정신세계에 영향을 미치는 걸 차단한 것입니다. 시진핑 주석보다 연예인들의 메시지에 열광하는 젊은 층들의 정신적인 반란을 차단하는 포석으로 보입니다. 새가 너무 커지면 새장을 바꾸는 대신 새를 잡는 게 중국의 방식입니다.

'공동부유'를 내세운 시진핑의 속내는?

그러면 시진핑이 '공동부유'를 통해 궁극적으로 얻고자 하는 것은 뭘까요? 우선 시진핑 주석의 장기집권 포석과 맞물려 있습니다.

시진핑은 2012년 가을 18차 중국공산당 전국대표대회(이하 당대회)에서 국가주석으로 선출된 이후 지난 10년간 '샤오캉 사회', 즉 '의식주 걱정 없는 풍요로운 사회'를 구호로 내걸고 중국을 이끌었습니다. 그리고 2021년 7월 공산당 창당 100주년 행사에서 드디어

'샤오캉 사회'를 실현했다고 선언합니다. 10년 목표를 달성한 것입니다.

시진핑은 2022년 가을 20차 당대회에서 3번째 연임을 계획하고 있습니다. 순조롭게 3번째 연임을 하기 위해선 향후 10년을 이끌 새로운 구호와 목표가 필요하겠죠. 그래서 사회주의 본질에 부합하는 '공동부유'를 전면에 앞세운 것입니다. 분배를 강조해서 인민들의 지지를 이끌어낸다는 의도로 보입니다.

두 번째 이유는 미국과의 패권 결전을 벌이기 위한 힘을 축적하겠다는 것입니다. 금융통제와 제조업 육성의 두 갈래로 진행되고 있습니다. 우선 해외에 상장한 기업들을 통해 자본이 해외로 빠져나가는 걸 통제합니다. 집중적인 규제를 당하고 있는 알리바바, 텐센트, 디디추싱 등 플랫폼 기업들과 사교육 업체들의 공통점은 미국 증시에 상장되었다는 거죠. 이들 기업들의 대주주를 당이 장악해 국유화시키면서 통제합니다.

대신 반도체와 전기차, 5G 등 첨단 제조업 분야에 돈과 인력을 쏟아부어 미국과 맞서겠다는 것입니다. 필요한 자금은 중국 자본시장의 덩치를 키워서 마련하겠다는 전략입니다. 그래서 나온 게 베이징증권 거래소입니다. 시진핑 주석이 상하이, 선전에 이은 제3의 증권거래소 신설을 직접 밝혔습니다. 정리하자면 중국 자본시장으로 돈이 모이게 해서 이 자금을 첨단 제조업에 투자해 경쟁력을 갖춘 후 미국과의 패권전쟁에 임하겠다는 것입니다.

중국에 투자할 때 꼭 봐야 할 3가지 변수는?

중국경제정책의 향후 10년간 큰 흐름은 정해졌습니다. 시진핑 장기집권과 미국과의 패권전쟁을 염두에 둔 포석입니다. 분배를 강조하는 '공동부유'를 전면에 내세우고 당과 정부가 빅브라더로서 경제를 총괄하겠다는 건데요. 인민들의 지지를 얻기 위해 사교육과 게임 등을 규제하고 영향력이 커진 빅테크 기업들과 인플루언서들을 통제하고 있습니다. 미국의 팽창전략에 대해선 긴축전략으로 맞서고 있습니다.

중국은 일단 방향이 정해지면 상당기간 지속하는 특징이 있습니다. 과거 대약진 운동이나 문화대혁명, 개혁개방 등 굵직굵직한 정책들이 그랬습니다. 이번에도 그럴 것입니다. 다만 세계 2위 규모의 경제와 첨단산업을 당과 정부가 효율적으로 통제할 수 있을지는 지켜봐야 할 것 같습니다. 투자자 입장에서도 이런 점을 주시하면서 조심스럽게 투자전략을 세워야 합니다.

중국 주식시장은 당과 정부가 통제한다는 점을 꼭 염두에 두시길 바랍니다. 중국 자산시장에 투자할 때 3가지 변수가 있다고 합니다. 첫 번째는 정책이고, 두 번째도 정책이며, 세 번째도 정책입니다.

일본은 어떻게
'잃어버린 30년'을 맞았나?

기업은 투자를 안 하고 소득이 감소한 가계는 소비를 더 줄이게 되고,
그렇게 경제가 악순환에 빠져듭니다. 디플레이션이라고 하죠.
일본경제의 '잃어버린 30년'은 이렇게 시작되었습니다.

〈시마 과장〉이란 일본 만화가 있습니다. 1983년부터 연재를 시작해서 아직까지 이어지고 있는, 국내에서도 인기를 끌었던 만화인데요, 시마 고사쿠란 샐러리맨이 과장에서부터 시작해서 부장, 이사, 상무, 전무, 사장, 회장까지 차례로 승진하면서 벌어지는 사내 암투와 타사와의 경쟁 등 다양한 내용을 담고 있습니다. 시리즈 제목도 '시마부장' '시마상무' 등 주인공의 직함에 따라 계속 업그레이드됩니다. 그런데 중간에 시마부장이 속해 있는 일본 대기업이 미국의 영화사를 인수하는 대목이 있습니다. 일본 경제력이 전 세계로 뻗어가는 상징적인 내용인데요, 실제로 일본 기업 '소니'는 1989년 50억 달러에 컬럼비아 영화사를 인수했고, '마쓰시타'도 1990년 MCA영화사를 61억 달러에 사들였습니다.

1990년 무렵 글로벌 경제에서 일본 기업들의 위세는 대단했습니

다. 1990년 시가총액 기준 글로벌 상위 10대 기업 중에 일본 기업이 7개나 포함되었습니다. 도쿄증시의 시가총액은 2조 9천억 달러로 세계 주식시장 시가총액의 31.2%를 차지했습니다. 세계 1위 미국의 시가총액이 3조 1천억 달러로 33.3%를 점유했으니 일본의 경제력이 얼마나 대단했는지 실감할 것입니다.

그런데 말입니다. 이렇게 미국의 턱밑까지 다다랐던 일본의 경제가 한순간에 추락합니다.

'플라자 합의', 일본경제의 발목을 잡다

일본경제 추락의 시발점은 1985년 '플라자합의'입니다. 당시에 왜 이런 합의가 나왔는지 배경을 설명해보겠습니다.

미국은 1980년대 위축된 경기를 살리기 위해 세금을 줄이는 정책을 썼는데요, 세금이 덜 걷히다 보니 정부의 재정상태가 악화되었습니다. 여기에 인플레이션을 잡기 위해 높은 금리를 유지하다 보니 달러화의 강세로 수출산업이 타격을 입게 됩니다. 반면 당시 급격하게 성장하고 있던 일본과 독일(당시 서독)산 제품은 미국산 제품에 비해 싼 경쟁력으로 미국 내에서 인기를 끕니다. 일본과 서독은 엄청난 무역흑자를 기록했고 글로벌 경제의 강자로 부상했습니다. 반대로 미국은 재정적자와 무역적자가 심각한 이른바 '쌍둥이 적자'에 처해있는 상황이었는데요, 여기서 미국은 일본과 서독을 대상으로 칼을 빼듭니다.

미국은 서독과 일본을 1985년 9월 뉴욕으로 불러들입니다. 미

1985년 플라자 합의 이후 달러-엔 비교환율

1985.9
플라자 합의

1998.12
미 무역흑자 전환

달러

2005.7
중 위안화
평가절상

1987.10
뉴욕증시 대폭락

1995.4
역플라자 합의

엔

85년 9월 90.2 93.12 97.10 2001.8 2005.7

출처: 국제금융센터

국펀인 영국과 프랑스까지 포함된 G5 정상회담이 열립니다. 이 자리에서 이른바 플라자 합의가 도출되는데요, 핵심은 미국의 무역적자를 완화하기 위해 일본과 독일이 자국 통화가치를 높이는 것입니다. 제2차 세계대전의 전범국가로 몰락했다가 미국의 원조로 고도성장을 구가하던 일본과 독일은 미국의 요구에 따를 수밖에 없었겠죠. 어쨌든 이 조치로 달러에 대한 엔화 환율은 1985년 242엔에서 1988년 12월 124엔까지 떨어졌습니다. 엔화가치가 2배 이상 올라간 것입니다.

일본 버블, 부동산에서 터지다

엔화가치가 2배 올랐다는 건 수출 경쟁력이 약화되었다는 의미입니다. 1만 달러 하던 토요타 자동차가 2만 달러가 되었다는 건데요, 해외 수출부터 타격을 받았습니다. 경제성장은 수출과 내수, 이렇게 2가지가 핵심 축인데요, 수출이 타격을 받으니 일본 정부로선 내수 부양책에 무게를 둡니다. 부동산담보대출에 대한 규제도 대폭 완화해줍니다.

2.5%의 저금리로 풀린 돈 때문에 부동산과 주식의 가격이 상승하고 경기까지 좋은데도 물가는 낮게 유지되는 이례적인 상황이 지속됩니다. 돈이 부동산으로 몰리다 보니 주택 가격이 지나치게 급등했습니다. 도쿄 핵심지역에 있는 아파트의 소득 대비 주택가격 배율(PIR)이 1984년 6.9배에서 1988년에는 15.6배로 4년 만에 2배 이상으로 올랐습니다. 기업들도 설비투자 대신 쉽게 돈을 벌 수 있는 부동산 투자에 열을 올립니다.

1989년 일본 자산시장의 거품은 정점에 달합니다. 당시 일왕이 사는 부지를 팔면 미국 캘리포니아 땅 전체를 살 수 있다는 얘기까지 떠돌았죠. 참고로 캘리포니아 면적은 42만 3,970km²로 일본 전체 면적 37만 7,873km²보다 훨씬 넓습니다. 부동산과 주식 등 자산시장의 거품이 확대되자 위기감을 느낀 일본 중앙은행은 1989년 중반부터 기준금리를 올리기 시작했습니다.

기준금리를 올리면 자산시장의 과열을 식힐 수 있기 때문인데요, 문제는 속도였습니다. 1989년 초 2.5%였던 금리를 불과 1년 만에 6.0%까지 인상했습니다. 기준금리를 올리니까 주택담보대출 금리가 당연히 올라갔고, 대출이자부담도 급속히 커졌습니다. 당시 일본에서는 주택담보대출(LTV)을 120%까지 해줬다고 하는데요, 즉 당시 10억 원짜리 집을 담보로 12억 원까지 빌려줬다는 얘깁니다.

집값이 많이 오른 상황에서 이자부담을 느낀 사람들이 선택할 수 있는 길은 하나죠. 집을 파는 것입니다. 문제는 너도나도 집을 매물로 내놓았다는 점이죠. 수요와 공급 법칙은 집값이 오를 때나 떨어질 때나 비슷하게 작동합니다. 매물이 한꺼번에 쏟아지니 집값이 폭락했습니다.

집값이 폭락하면 어떤 현상이 벌어질까요? 자기 돈 4억 원에 은행에서 6억 원을 빌려 산 10억 원짜리 집이 5억 원으로 떨어집니다. 5억 원에 집을 팔면 5억 원의 빚이 그대로 남습니다. 많은 사람들이 빚더미에 앉게 된 거죠.

빚이 많아지면 사람들은 소비를 극도로 줄이게 됩니다. 소비가 줄어들면 제품 가격이 하락하고, 기업은 마진이 줄어들게 되겠죠. 그러면 투자를 안 하고 고용을 줄이게 되고 소득이 감소한 가계는 소비를 더 줄이게 되고, 제품 가격은 더 하락하고, 기업은 더 고용을 안 하고, 가계는 더 소득이 감소하고, 이런 식으로 경제가 악순환에 빠져듭니다. 디플레이션이라고 하죠. 일본경제의 '잃어버린 30년'은 이렇게 시작되었습니다.

일본 엔화는 왜 안전자산으로 평가받을까?

일본경제는 계속 추락했습니다. 세계 10대 기업에 포함된 기업이 하나도 없고 전 세계 주식시장에서 차지하는 비중이 6% 수준으로 쪼그라들었습니다. 국내총생산(GDP)도 2020년 말 기준으로 5조

1천억 달러로 22조 달러인 미국의 4분의 1 수준에 불과합니다. 특히 정부부채는 최악의 수준입니다. 2021년 3월 기준 1,216조 엔(약 1경 2,488조 원)인데요, GDP 대비 부채비율이 258%에 달해 베네수엘라에 이어 세계 2위입니다.

거품이 터지기 직전인 1989년 14%로 매우 건전했던 국가 재정이 경제가 망가지면서 함께 무너진 것입니다. 경기 진작을 위한 재정 투입과 물가상승을 이끌기 위한 통화 완화정책 등이 잇따라 실패하면서 부채규모는 계속 커졌습니다. 특히 초고령화로 복지 예산 지출이 급증한 점도 주요 원인으로 꼽힙니다.

그런데 천문학적인 국가 부채에도 일본경제는 버티고 있습니다. 그리스나 이탈리아처럼 부도가 날 가능성도 적다고 합니다. 일본의 엔화도 가장 안전한 자산 중 하나로 평가받습니다. 그 이유는 무엇일까요?

첫 번째 요인은 일본 정부 국채의 90%를 일본 국민들이 갖고 있다는 것입니다. 정부 빚을 대부분 일본 국민들이 떠안고 있다는 것입니다. 이 국채를 들고 있는 상당수가 노년층인데 디플레이션 때문에 팔지 않고 그대로 보유하고 있습니다.

두 번째 요인으로 일본은 대외순자산이 많다는 것입니다. 30년째 세계 최대 순채권국 지위를 유지하고 있습니다. 대외 순자산은 해외에 있는 정부, 기업, 개인의 자산에서 부채를 뺀 것으로, 말 그대로 일본이 해외에 갖고 있는 순자산입니다. 해외에 건설한 공장이나 해외 주식, 채권이 모두 포함됩니다. 2020년 말 기준으로 356조

순위	국가	규모(백만 US달러)
1	일본	3,247,701
2	독일	3,121,312
3	홍콩	2,152,768
4	중국	2,150,252
5	대만	1,371,420
13	한국	477,517
78	프랑스	-746,964
79	영국	-857,572
80	스페인	-1,160,494
81	미국	-14,092,102

* IMF자료 · 한국은 2021년 1분기 기준
출처: 매경 프리미엄 2021. 7. 10.

9,700억 엔(3,641조 940억 원)의 대외순자산이 있는 것으로 집계되었습니다. 빚도 엄청나지만 빌려준 돈도 많다는 의미입니다. 글로벌 경제가 불안해지면 해외에 풀린 돈을 거둬들이기 때문에 엔화가치가 올라갑니다. 미국 국채도 일본이 가장 많이 보유하고 있습니다. "썩어도 준치" "부자는 망해도 3대는 간다"라는 말이 있죠. 한풀 꺾이긴 했지만 일본은 여전히 세계 3위 경제강국입니다.

양털깎기는
계속 반복된다

"심각한 생산과잉과 자산의 거품이 급격히 증가하면 국제 금융재벌들이
중국 국민의 양털을 깎기 시작할 것이다. 그들이 가장 돈 벌기 쉬운 때는
언제나 경제가 붕괴하는 순간이었다." (『화폐전쟁』 중)

'양털깎기'란 쑹훙빈이 쓴 『화폐전쟁』이란 책에서 처음 등장한
용어입니다. 국제 금융재벌들이 자산의 거품을 유도해서 붕괴시킨
뒤 가치가 크게 떨어진 자산을 헐값에 사들인다는 시나리오입니다.
좀 더 구체적으로 살펴보겠습니다.

우선 1단계는 버블 형성 단계입니다. 금융당국이 대출 확대, 금
리인하 등 경기부양 조치를 시행합니다. 주식과 부동산 가격이 오르
면서 투기를 조장합니다. 일반 대중들이 너도나도 대출을 받아 뛰어
듭니다. 버블이 형성된 것입니다.

2단계는 양털깎기 준비입니다. 버블이 최고조에 달하면 국제 금
융재벌들은 버블경제에 대한 공포 분위기를 조성합니다. 금융당국
은 대출을 규제하고 금리인상에 나섭니다.

3단계는 버블 붕괴입니다. 빚에 대한 부담 때문에 대중들은 너도

나도 집을 헐값에 내놓습니다. 대중들의 피 같은 자산들을 금융재벌들은 헐값에 매입합니다. 대중들은 상처투성이의 맨몸이 된 양들처럼 빈털터리로 전락합니다.

한국의 외환위기도 양털깎기였다

쑹훙빈은 우리나라의 1997년 외환위기를 대표적인 '양털깎기' 사례로 들었습니다. 실제로 외환위기를 거치며 우리나라 상당수 기업들이 구조조정을 진행했습니다. 많은 부동산이 헐값에 시장에 나왔고, 외국계 자본이 이를 구입했습니다. 금 모으기 캠페인 등 전 국민이 똘똘 뭉쳐 위기를 극복했지만 후유증은 심했습니다.

당시 비슷한 외환위기를 겪었던 동남아 국가들이나 '잃어버린 30년'을 맞은 일본 역시 국제금융자본에 의해 이 같은 양털깎기를 당한 것이라고 쑹훙빈은 지적합니다. 일종의 음모론이긴 한데요, 자산의 거품이 계속 커지다가 최고조에 달했을 때 외부의 충격으로 일시적으로 자금이 빠져나가면서 자산가치가 폭락했다는 측면에서는 설득력이 있는 분석입니다. 다만 국제금융자본이 배후에서 조정했는지 여부는 밝혀진 바가 없습니다.

중국이 두려워하는 양털깎기

베이징 특파원을 했던 필자가 중국 인사들을 만나면 '양털깎기'를 언급하는 경우가 많습니다. 특히 미국과의 패권경쟁이 과열되고 있는 상황이어서 더 민감한 것 같았는데요, 중국 지도부 역시 이 점을 염두에 두고 있다고도 했습니다.

이런 점 때문인지 중국은 코로나 사태 이후에도 돈을 풀지 않는 긴축 기조를 이어가고 있습니다. 우선 기준금리 역할을 하는 1년물 대출우대금리를 2년 가까이 3.85%로 동결했습니다. 금리도 거의 제로 수준인 다른 나라들에 비해 월등히 높습니다. 위안화도 계속 강세를 보이고 있습니다. 환율과 금리, 이 2가지가 금융의 핵심인데요, 중국 당국이 절대 놓지 않을 것으로 보입니다.

중국은 특히 주식시장을 통한 해외 자본의 자유로운 유출입에 경계심을 갖고 있습니다. 지난 2006년과 2016년 두 차례 주식시장 버블 붕괴의 아픈 경험이 있기 때문인데요, 2016년 사례를 살펴보겠습니다.

중국 당국은 2014년부터 주식시장 부양책을 쓰기 시작했습니다. 기업으로 자금이 유입되도록 해서 투자도 늘리고 부채율도 낮추려는 의도였죠. 그래서 우선 대출우대금리와 지급준비율을 낮춰 시중에 유동성을 늘립니다. 위안화도 절상했습니다. 상하이 증시와 홍콩 증시 간의 교차 거래를 허용하는 '후강퉁'도 2014년 11월부터 실시했습니다. 외국인투자 자격이 없는 외국인도 홍콩 증시를 통해 상하이 A주에 투자할 수 있게 된 것입니다. 또 1인 1계좌 제도도 2015년 4월 전면 폐지했습니다. 주식투자를 하라고 장려한 건데, 당연히 주식시장도 뜨겁게 반응했습니다.

상하이 지수는 2014년 2500포인트에서 2015년 6월 5000포인트를 돌파합니다. 주가가 단기간에 너무 오르다 보니 중국 당국은 슬 슬 걱정이 되었습니다. 금융위기 당시 6000포인트에 육박하다 3분의 1 토막이 났던 아픈 추억이 생각났던 것입니다. 그래서 돌연 주식담보대출에 대한 규제를 강화했습니다. 반면 예정되었던 기업공개(IPO)는 빠르게 진행되었는데요, 주식시장에 엄청난 주식이 공급된 것입니다. 돈은 안 들어오는데 주식은 엄청나게 공급됩니다. 어떻게 되었을까요? 주가가 급락합니다. 불과 반년 후인 2016년 초 주가는

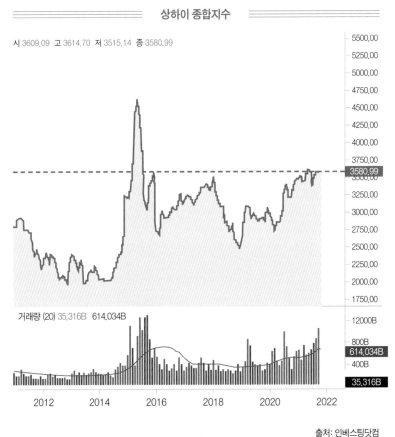

상하이 종합지수

시 3609.09 고 3614.70 저 3515.14 종 3580.99

출처: 인베스팅닷컴

3000포인트 선까지 떨어졌습니다. 사실상 반토막이 난 거죠. 2006년과 2016년에 10년 주기로 주식시장 버블 붕괴를 맛본 중국 당국은 주식시장을 통한 외국 자본의 유출입을 극도로 경계하게 되었습니다.

기준금리인상은 양털깎기의 시작일까?

향후 양털깎기의 시작점은 어디가 될까요? 일단 미국이 기준금리를 올리는 시점을 주목하는 전문가들이 많습니다. 미국이 기준금리를 빠르게 올리고 달러가 강세를 띠면 신흥국 자금이 미국으로 빨려 들어간다는 시나리오인데요, 재미있는 건 과거 사례를 보면 반드시 그렇지는 않았다는 것입니다. 미국이 기준금리를 급격히 올리더라도 달러가 약세를 보인 적이 있었습니다.

미국은 2004년초부터 2006년초까지 17번 연속으로 기준금리를 올렸습니다. 기준금리가 1%에서 5.25%까지 숨가쁘게 올라갔습니다. 그런데 이 시기 달러는 오히려 약세를 보였습니다. 달러-원 환율이 1,300원에서 900원까지 떨어졌습니다. 왜 그랬을까요? 성장의 축이 미국이 아니라 중국, 인도, 브라질, 러시아, 남아공 등 이른바 브릭스(BRICS) 국가들에 있었기 때문입니다. 미국의 고금리보다 신흥국들의 성장이 더 매력이 있었기 때문에 자금이 브릭스 국가들로 이동한 것입니다.

돈은 성장이 강하고 금리가 높은 곳으로 흘러가기 때문에 이 2가지가 양털깎기의 필요조건인데요, 다시 말해 미국의 고성장과 고금리가 함께 나타나야 미국으로 돈이 흘러들어가는 조건이 만들어진다는 얘깁니다. 그런데 코로나19 사태 이후 세계경제는 회복세를 보이지 못하고 있습니다. 미국 기업들의 실적만 역대 최고치를 기록하고 있습니다. 미국 증시도 신고가를 갱신하고 있습니다. 미국만 신나는 국면인데요, 이런 상황에서 미국이 기준금리를 올리기 시작한다면 신흥국 자금이 미국으로 흘러들어가는 양털깎기 상황이 재연될 가능성이 있습니다.

한국은 이미 양털깎기 2단계에 진입?

그러면 우리나라 상황은 어떨까요? 양털깎기 3단계 시나리오에 대입해보겠습니다. 코로나19 사태 이후 초저금리를 유지하면서 가계대출이 급증했습니다. 한국은행의 발표로는 2021년 3분기 기준 1,845조 원이지만 전세보증금과 자영업자 대출을 포함하면 3천

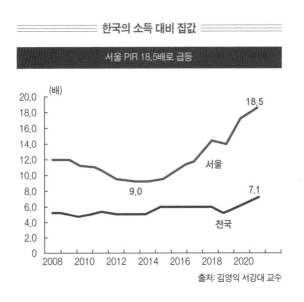

한국의 소득 대비 집값

서울 PIR 18.5배로 급등

출처: 김영익 서강대 교수

조 원을 넘습니다. GDP 대비 가계부채율이 세계 1위입니다. 기업부채율도 외환위기 당시를 넘어섰습니다. 집값은 더 심각합니다. 소득 대비 서울 집값(PIR)은 18.5배로 홍콩에 이어 세계 2위입니다. 일본의 부동산 거품이 정점에 달했을 때 도쿄의 PIR 15.6배보다 더 높은 수준인데요, '영끌'(영혼까지 끌어모아)이란 용어까지 등장한 걸 보면 일반 대중들이 너도나도 대출을 받아 자산시장에 뛰어든다는 1단계에 해당됩니다.

그러면 2단계도 해당될까요? 2단계에서는 버블경제에 대한 공포 분위기가 조성되고 금융당국이 대출을 규제하고 금리인상에 나선다고 했습니다. 현재 상황과 희한하게 맞아 떨어지네요. 실제로 금융당국이 강하게 대출규제에 나섰고, 기준금리도 올렸습니다. 2단계 상황까지는 맞는 것 같은데 3단계가 오면 안 되겠죠? 미국의 금리인상 시기에 우리나라 경제가 어떻게 버티느냐가 최대 고비가 될 것입니다.

2장

돈의 흐름을
읽어라

tvN에서 방영한 〈응답하라 1994〉라는 인기 드라마가 있습니다. 1990년대가 배경인데요, 은행에 돈을 예금하면 10%대 이자를 받을 수 있다는 대목이 나옵니다. 지금처럼 1%대 금리를 감안하면 상상하기 어려운 일이지만 실제로 당시에는 그랬습니다. 1980년대에는 무려 20%대였죠. 이 시기에는 굳이 주식 같은 위험자산에 투자를 할 필요가 없었습니다. 은행에만 잘 넣어놔도 돈이 불어나는 구조였으니까요. 하지만 이후 금리는 계속 내려서 지금은 1%도 안 됩니다. 인플레이션을 감안하면 오히려 마이너스죠.

물은 높은 곳에서 낮은 곳으로 흐르지만 돈은 낮은 곳에서 높은 곳으로 흐릅니다. 수익이 높은 쪽을 찾아서 간다는 얘긴데요, 예를 들어보겠습니다. 1억 원이 있습니다. 은행에 맡겨놓으면 10%의 이자를 줍니다. 매년 1천만 원의 수익이 생깁니다. 1억 원어치 A회사 주식을 살 수도 있습니다. 연말 배당이 5%여서 500만 원의 수익이 있고 주식이 오르면 별도 수익을 기대할 수도 있습니다.

또 1억 원짜리 상가가 있습니다. 월세 수입이 월 60만 원입니다. 1년에 720만 원 수입이 생기는 거죠. 은행에서는 1천만 원, 주식은 500만 원, 상가는 720만 원의 수익이 생깁니다. 상식적으로 판단한다면 당연히 돈을 은행에 맡겨놓겠죠. 이자로 환산할 때 은행 예금 수익률이 가장 높기 때문입니다. 물론 주식과 부동산은 가격이 오르면 은행이자 이상의 수익을 거둘 수도 있지만 가격변동이 없다는 전제하에 그렇습니다. 다시 강조하지만 돈은 금리가 낮은 곳에서 높은 곳으로 이동합니다.

돈에는 눈이 있다고 합니다. 돈을 벌어다주는 곳을 찾아서 흘러 들어갑니다. 앞에서 글로벌 경제 흐름의 바통을 이어받아 이번 장에서는 돈에 대한 이야기를 해보려고 합니다. 돈의 본질과 속성, 흐름을 알아야 부의 설계를 제대로 할 수 있기 때문입니다.

돈과 관련된 주제들을 분야별로 나눠봤습니다. 우선 대내적인 돈의 값인 금리인데요, 다양한 종류의 금리에 대해 기본 개념을 쉽게 이해할 수 있도록 예를 들어서 설명했습니다. 대외적인 돈의 값인 환율은 상대적이라는 특징에 주목했습니다. 특히 미국 달러가 왜 위기 때마다 슈퍼 안전자산으로 각광받는지 분석했습니다. 이어 최근 전 세계를 휩쓸고 있는 인플레이션이 왜 위험한지 과거 사례로 살펴봤습니다. 점차 관심이 집중되고 있는 암호화폐와 상용화를 앞두고 있는 중앙은행 디지털 화폐는 그 근간에 있는 블록체인의 원리를 통해 쉽게 설명했습니다. 과거 글로벌 경제 위기 때마다 부채가 어떻게 뇌관 역할을 했는지, 2021년 우리 사회에서 가계부채가 어느 정도 심각한 상황인지 구체적으로 살펴봤습니다. 지금부터 여러분이 꼭 알아야 할 돈의 세계로 들어가보겠습니다.

돈은 낮은 곳에서
높은 곳으로 흐른다

금리는 돈을 사용한 대가로 지불하는 일종의 사용료인데요,
수요와 공급 법칙에 따라 정해집니다. 금리가 낮으면 은행에 예금하는 대신
주식이나 부동산 등 수익을 더 낼 수 있는 곳으로 돈은 이동합니다.

중국고전인 '열자'의 '황제 편'에는 '조삼모사(朝三暮四)'라는 우화가 나옵니다. 송나라 저공이라는 사람이 자신이 기르는 원숭이들에게 도토리를 '아침에 3개, 저녁에 4개' 주겠다고 하니까 화를 냈고, '아침에 4개, 저녁에 3개'를 주겠다고 했더니 좋아했다는 얘기입니다.

같은 결과를 갖고 다른 사람을 속이는 잔꾀를 설명할 때 인용하는 우화인데요, 이는 경제적인 관점에서 보면 다르게 해석할 수 있습니다. 아침의 도토리 한 개와 저녁의 도토리 한 개는 그 가치가 다르기 때문인데요, 예를 들어 도토리 한 개를 100만 원이라고 하겠습니다. 아침에 100만 원은 이자가 붙어서 저녁 때는 100만 원 이상이 됩니다.

실제로 금융기관에서 이용하는 하루짜리 금리를 '콜금리'라고 하는데요, 연 5%라고 한다면 아침에 빌린 100만 원은 저녁에 100만

137원이 됩니다. 원숭이들이 화를 내고 아침에 4개를 받겠다고 한 것은 어리석은 게 아니라 똑똑한 거죠.

이처럼 돈을 누군가에게 빌려줘서 받는 대가가 이자이고, 이 이자는 금리로 계산합니다. 이제 금리를 주제로 얘기를 풀어보겠습니다.

기준금리의 비밀

금리는 돈의 값입니다. 돈에 대한 사용료죠. 다른 사람의 물건을 사용할 때 사용료를 내듯이 남의 돈을 사용할 때 사용료를 내는 건 당연하겠죠. 금리, 이자율, 수익률, 할인율 모두 같은 의미입니다. 다른 경제 현상처럼 금리도 수요와 공급의 법칙에 의해 정해집니다.

예를 들어 시중에 돈이 늘어납니다. 돈을 구하기가 쉬워지면 빌려주려는 사람은 많은데 빌리려는 사람은 적겠죠. 그러면 돈의 사용료, 즉 금리는 내려갑니다. 반대로 시중에 돈이 적으면 비싼 값을 주고라도 돈을 빌리려 하겠죠. 돈의 값인 금리는 올라갑니다.

이처럼 금리는 시장에서 수요와 공급에 의해 결정되는데요, 유일하게 중앙은행에 의해 정해지는 금리가 있습니다. 바로 기준금리입니다. 중앙은행의 정책으로 정해지기 때문에 '정책금리'라고도 하죠. 우리나라의 기준금리는 7일물 환매조건부채권(RP) 금리인데요, 2008년 3월부터 사용하고 있습니다. 환매조건부채권이란 시중은행들이 각자 보유하고 있는 국채나 통화안정증권 등을 한국은행에 팔았다가 일주일 후에 미리 정해진 가격으로 다시 사는 채권입니다.

그러면 한국은행은 기준금리, 즉 환매조건부채권 금리를 활용해 어떻게 시장금리와 통화량을 조절할까요? 시중에 돈이 많으면 금리는 내려갑니다. 기준금리는 0.75% 밑으로 내려갑니다. 이때 한국은행은 갖고 있는 환매조건부채권을 팔아 시중에 있는 돈을 흡수합니다. 시중에 돈이 부족해지면 금리는 다시 0.75%까지 올라옵니다. 반대의 경우도 마찬가지입니다. 시중에 돈이 부족하면 금리는 올라갑니다. 1%까지 올라갑니다. 이번에는 한국은행이 시중에 있는 채권을 사들입니다. 한국은행이 찍어낸 돈이 사용되죠. 시중에 돈이 풀리면 금리는 다시 0.75%까지 내려갑니다. 한국은행이 기준금리를 올리거나 내리게 되면 1개월, 3개월, 6개월, 1년, 3년, 10년 금리에 차례로 영향을 미치게 됩니다.

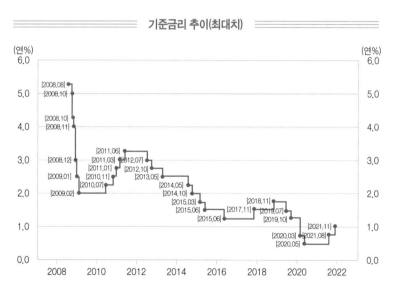

기준금리 추이(최대치)

* 2011년 11월 29일 기준
출처: 한국은행

기준금리로 물가도 조절한다

한국은행은 기준금리를 통해 물가도 조절합니다. 이해를 돕기 위해 좀 극단적인 예를 들겠습니다.

1천 원짜리 빵 한 개 값이 매일 천 원씩 오릅니다. 1개월 후에는 3만 원이 될 텐데요, 이렇게 계속 물가가 오르는 현상을 인플레이션이라고 하는데, 이 경우 빵을 미리 사두는 게 유리하겠죠. 즉 사재기를 하는 것입니다.

이것을 막기 위해 한국은행은 물가보다 더 높게 금리를 올립니다. 즉 매일 1,200원 비율로 금리를 올리는 것입니다. 예금한 1,000원이 한 달 후에 3만 6,000원이 된다는 것입니다. 은행에 돈을 맡겨놓으면 물가보다 오히려 더 돈이 많아지기 때문에 굳이 사재기할 필요가 없어지는 거죠. 그러면 물가가 안정됩니다.

대표적인 성공 사례는 1980년대 미국입니다. 당시 연준은 기준금리를 20%까지 급격히 올려서 살인적인 인플레이션을 잡았습니다. 수많은 기업들이 도산했지만 결과적으로 물가는 잡혔고 미국경제는 제자리를 찾았습니다. 대표적인 실패 사례로는 일본을 들 수 있습니다. 1980년대 후반 일본 중앙은행은 부동산, 주식 등 급등한 자산 가격을 잡기 위해 1년 만에 3.5%P나 기준금리를 올렸습니다. 하지만 너무나 급속히 올린 탓에 오히려 부동산시장과 주식시장이 붕괴하면서 경제가 주저앉아 버렸습니다.

기준금리는 국가 간에도 영향을 미칩니다. 미국이 기준금리를 올리면 한국은행도 기준금리를 올려야 합니다. 미국의 금리가 높으면 국내에 들어와 있던 자금이 이자를 많이 주는 미국으로 빠져나갈 테니까요. '돈은 금리가 낮은 곳에서 높은 곳으로 이동한다', 이 불변의 법칙을 반드시 기억해두세요.

우리나라의 기준금리는 7일짜리 '환매조건부채권 금리'이고, 미국은 연방기금금리(federal funds rate), 일본은 콜금리(1일물 overnight call rate), 중국은 대출우대금리가 기준금리 역할을 하고 있습니다.

기준금리, 시장금리, 명목금리, 실질금리의 차이

지금까지 중앙은행이 통제하는 기준금리가 무엇인지 설명을 했는데요, 실제로 시장에서 거래되는 금리는 한국은행이 정한 금리가 아닌 수요와 공급에 의해 결정됩니다. 이걸 시장금리라고 하는데요, 명목금리라고도 합니다. 은행에서 돈을 빌릴 때의 금리, 즉 신용대출금리나 주택담보대출금리 등 실제로 눈에 보이는 금리들이, 이 명목금리에 해당됩니다. 개인이 2% 금리로 1천만 원 대출을 받는다면 매년 20만 원씩 이자를 내는데요, 이때 2%라는 명확히 알 수 있는 명목금리가 적용된 것입니다.

그런데 명목금리만으로는 물가를 반영할 수 없습니다. 물가가

기준금리 ——————— 시장금리
‖
명목금리 - 물가상승률 = 실질금리

변하면서 화폐의 가치에 변화를 주게 되는데 대출을 받은 쪽의 실질적인 부담을 알 수 없는 거죠. 그래서 등장한 게 실질금리입니다. 명목금리에서 물가상승률을 뺀 건데요, 이해하기 쉽게 예를 들어보겠습니다.

A씨가 은행에 1천만 원을 예금합니다. 명목금리가 10%이고 물가상승률이 0%면 실질금리는 10%가 됩니다. A씨는 10%의 이자만큼 돈을 벌게 된 거죠. 그런데 명목금리가 10%에 물가상승률이 20%라면 실질금리는 −10%가 됩니다. A씨의 명목소득은 10% 늘었지만 물가가 훨씬 더 올랐기 때문에 오히려 10%의 손해를 본 것입니다. 반면 A씨가 1천만 원을 대출받았다면 오히려 이득을 보게 됩니다. 실질금리가 마이너스 10%이기 때문에 갚아야 하는 빚의 실질 가치가 줄어들었기 때문입니다.

마이너스 금리가
진짜 있다고?

일본은 시중에 유동성을 더 공급해서 경기를 활성화시키려는 의도로
마이너스 금리를 도입했지만 마이너스 금리 도입 효과는 없었습니다.
파월 연준 의장의 판단이 옳았던 것 같습니다.

코로나19 사태가 한창 진행되던 2020년 5월, 마이너스 금리*가
이슈로 떠올랐습니다. 당시 트럼프 대통령은 연준이 제로금리에서
한 걸음 더 나간 마이너스 금리까지 도입해달라고 요구했습니다.

하지만 연준은 받아들일 수 없는 상황이었습니다. 무제한 양적
완화를 통해 이미 3조 달러를 풀었고, 기준금리를 제로까지 낮췄기
때문입니다. 트럼프로선 나름대로 이유가 있었습니다. 미국정부가
추가로 돈을 풀어야 하는 상황이지만 이미 재정적자가 너무 심했기
때문입니다.

마이너스 금리(negative interest rates)

중앙은행이 시중은행의 지급준비금에 '보관료'를 부과하는 것이다. 시중은행이 적극적으로
대출을 하도록 유도하려는 목적이다.

정부가 자금을 조달하는 방법은 세금과 국채 발행을 통해서인데요, 당시 코로나 때문에 경기가 극도로 위축된 상황에서 증세는 말도 꺼낼 수 없었기 때문에 불가피하게 국채를 발행해 자금을 마련해야 했습니다.

그런데 기준금리가 마이너스면 어떻게 될까요? 돈을 빌려오면서도 오히려 돈을 받아야 하는 행복한(?) 상황이 만들어질 수 있습니다.

파월은 왜 마이너스 금리를 반대했나?

그런데 파월 연준 의장이 강하게 반대했습니다. 실효성이 없다는 이유에섭니다. 마이너스 10% 정도로 확 내리는 게 아니라 내려봤자 마이너스 0.1% 안팎인데 그 정도로는 의미 있는 효과를 거두기 어렵다고 판단한 것입니다.

파월 의장이 반대한 또 다른 이유는 마이너스 금리를 시행하면 시중은행들이 어려움에 처하게 된다는 것입니다. 경기가 좋지 않은 상황에서 시중은행들은 부실 위험이 있는 기업이나 가계에 대출을 하는 대신 중앙은행에 안전하게 돈을 맡기는 걸 선호하는데요, 이 돈에 마이너스 금리를 적용하게 되면 시중은행으로서는 손해를 보면서까지 맡겨야 하는 상황에 봉착하게 됩니다. 하지만 이 과정에서 시중은행들은 더 깐깐하게 대출 심사를 하게 되고, 오히려 대출이 위축될 수 있다는 것입니다. 마이너스 금리는 시중에 유동성 자금을 더 많이 뿌려주기 위한 정책인데 오히려 은행들의 수익성을 악화시킬 우려가 있는 거죠.

파월 의장은 금융시장의 질서를 뒤집으면서까지 효과가 불확실한 정책을 도입할 수 없다고 선을 그었습니다. 그렇다면 실제로 이 마이너스 금리를 도입했던 일본이나 유럽의 상황을 살펴봐야 할 것입니다. 그러면 파월 의장의 선택이 옳았던 것인지, 잘못되었던 것인지 알 수 있겠죠.

마이너스 금리, 덴마크가 첫 시동

마이너스 금리는 2008년 금융위기 이후 불어닥친 저성장을 극복하기 위해 도입한 기이한 정책입니다. 비유로존 국가인 덴마크가 2012년 7월 시중은행이 중앙은행에 예치하는 예금에 마이너스 금리를 도입한 것이 시작입니다. 2014년 6월에는 유럽중앙은행이 독일, 프랑스 등 유로존 19개국을 대상으로 도입했습니다.

마이너스 금리 도입의 목적은 각 나라의 사정에 따라 약간씩 달랐습니다. 스위스와 덴마크는 자국 통화가치의 급격한 상승을 막기 위해, 스웨덴은 저물가를 끌어올리려는 게 목적이었습니다.

하지만 결과는 엉뚱한 곳으로 불똥이 튀겼습니다. 주요 도시의 20년 만기 주택담보대출(모기지) 금리가 1% 아래로 내려가면서 부동산 가격이 폭등한 것입니다. 일부 국가에서는 은행이 주택담보대출을 받은 개인에게 오히려 이자를 지급하는 황당한 현상까지 나타났습니다.

두 마리 토끼를 모두 놓친 일본

일본은 2016년 1월 마이너스 금리를 도입했습니다. 시중은행이 중앙은행에 맡기는 예금 가운데 일부에 대해 0.1%의 수수료를 물렸습니다. 2012년부터 시작된 아베노믹스정책으로 살아나는 듯 보였던 경제가 엔화강세와 이로 인한 수출 부진으로 다시 침체에 빠질 것 같아 일본 정부가 초강수를 둔 것입니다.

일본 정부가 기대한 효과는 2가지였습니다. '첫째, 시중은행들이 중앙은행에 예치하는 대신 시중에 돈을 풀게 되면 경기가 살아날 것이다. 둘째, 낮은 금리에 실망한 외국 자금들이 빠져나갈 것이고, 그러면 엔화가치가 떨어질 것이다. 엔화가치가 떨어지면 수출에서 가격 경쟁력이 생기기 때문에 기업 실적이 좋아질 것이다.'

하지만 일본에서도 정부의 의도와는 다른 결과가 나타났습니다. 개인들은 소비 대신 현금을 금고에 저장했고, 외국인들은 상대적으로 안전한 일본에 계속 투자했습니다. 일본으로 돈이 계속 유입되면서 엔화가치는 오히려 올라갔습니다.

시중은행들, 국채 매입으로 돌파구를 찾다

마이너스 금리를 도입하는 건 시중에 돈이 많이 풀리게 해서 기업들의 투자를 촉진하기 위해서입니다. 시중은행들이 중앙은행에 돈을 맡기면 보관비용을 부담시켜 원금에서 오히려 손해를 보는 구조를 만들어 시중은행을 압박하기 위한 수단입니다. 그런데 대출도 못하고, 그렇다고 보관비용을 부담하면서까지 중앙은행에 돈을 맡

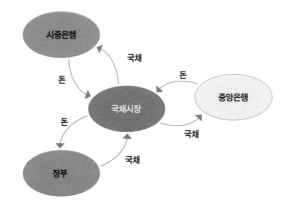

국채시장을 둘러싼 중앙은행-시중은행-정부 관계도

시중은행

국채

돈

돈

중앙은행

국채시장

국채

돈

국채

정부

기기 싫은 시중은행들은 머리를 굴려 다른 대안을 찾게 됩니다. 정부가 발행하는 안전자산 국채를 산 것입니다.

왜 그랬을까요? 기존의 국채시장에서는 정부가 국채를 발행하고 중앙은행이 국채를 매입하면서 돈을 공급하는 구조입니다. 그런데 시중은행들이 국채를 대규모로 매입하기 시작합니다. 당연히 국채 가격은 오르겠죠. 이 대목이 중요한데요, 투자의 핵심은 내가 산걸 다른 누군가가 더 비싼 가격에 사주는 것입니다. 그 역할을 중앙은행이 했습니다. 중앙은행은 양적완화정책에 따라 계속 국채를 사고 있었기 때문에 더 비싼 값을 주고 국채를 사들인 것입니다. 시중은행들은 이 틈을 파고든 것입니다. 결국 시중은행들은 산 가격보다 비싸게 국채를 팔아 이익을 얻습니다.

미국달러는
왜 슈퍼 안전자산인가?

미국달러는 글로벌 경제위기 때마다
모든 정부, 금융기관, 기업, 개인이 찾는 슈퍼 안전자산입니다.
위기를 대비해 평소 조금씩 모아두는 전략이 필요합니다.

2006년 필자가 베이징 특파원을 할 때 겪었던 일입니다. 다른 언론사 선배가 '캠리'라고 하는 일본 중형 자동차를 당시 우리 돈으로 2,500만 원에 샀습니다. 그 선배는 3년 동안 이 차를 잘 타다 귀국하면서 중고차로 팔았습니다. 그런데 팔 때 3,000만 원을 받았습니다. 3년 탄 중고차인데 오히려 살 때보다 500만 원을 더 비싸게 받고 판 것입니다.

어떻게 이렇게 마법 같은 일이 벌어진 걸까요? 마법의 비밀은 '환율'이었습니다. 새 차를 살 무렵 위안화-원화 환율은 1위안에 122원이었습니다. 그런데 2008년 금융위기를 겪으면서 환율은 크게 올라서 1위안에 220원까지 급등했습니다. 다소 진정되긴 했지만 1위안에 180원 가량으로 계속 유지했습니다. 3년 만에 환율이 거의 2배 가까이 올랐고 중고차 값으로 받은 위안화를 원화로 바꾸니 오히려

500만 원의 수익이 생긴 것입니다.

　계속 돈 얘기를 이어가겠습니다. 국가 간의 돈 거래에 영향을 미치는 것이 환율인데요, 미국달러가 그 중심에 있습니다.

환율은 상대적이다

　2020년 11월 말 무렵, 특이한 상황이 펼쳐집니다. 미국달러의 약세 국면이었는데요, 그게 그냥 약세가 아니었습니다. 달러가 위안화, 유로화, 원화에 대해서는 약세인 반면 터키 '리라화'와 브라질 '헤알화' 등에 대해서는 강세를 보였습니다. 위안화·원화·유로화 〉미국달러 〉 터키 '리라화'·브라질 '헤알화', 이런 모습이 나타난 거죠. 코로나19 국면에서 빠르게 회복된 순서대로 통화가 강세를 보인 것으로 해석되었는데요, 미국달러를 놓고 세계 각국 통화가 다른 환율을 보인 것입니다.

　불과 9개월 뒤인 2021년 8월에는 다른 양상이 나타났습니다. 미국달러가 모든 화폐에 대해 강세를 보인 것입니다. 달러 〉 유로화, 위안화, 원화, 엔화, 리라화, 헤알화, 이런 모습이었죠.

　여기에는 2가지가 원인이었습니다. 미국만 경기가 호조를 보인데다 테이퍼링이 임박하는 신호가 계속 켜지면서 미국 금리도 오를 것이란 기대감이 작용했기 때문입니다. 반면 다른 나라들은 자국 통화의 약세를 원하는 상황이었습니다. 유럽은 계속 양적완화를 하면서 수출을 위해 유로화 약세를 원했고, 일본 역시 도쿄 올림픽을 치렀음에도 경기 회복의 모멘텀이 살아나지 못했습니다. 중국 역시 내

달러-위안화 환율 추이

6,6500
6,6000
6,5500
6,5000
6,4500
6,3914
6,3500
6,3000

2020. 12. 1   2021. 2. 1   2021. 4. 1   2021. 6. 1   2021. 8. 1   2021. 10. 1   50.0K

0

| 1일 | 1주 | 1개월 | 3개월 | 6개월 | 1년 | 5년 | 최대 |

출처: 인베스팅닷컴

수가 흔들리는 상황이었기 때문에 수출을 위해 위안화 약세를 원했습니다. 다른 신흥국이나 우리나라의 원화 역시 다른 나라 통화와 궤를 같이 하면서 약세를 띠게 됩니다. 환율이 상대적이라는 얘긴데요, 글로벌 경제상황에 따라 다르게 나타났습니다.

환율은 속도가 중요하다

다이어트 할 때 무조건 굶어서 단기간에 살을 뺄 경우 어떻게 될까요? 1개월 만에 20킬로그램을 뺀 사람을 봤는데요, 얼굴이 쭈굴쭈굴해져서 폭삭 늙어보였습니다. 10명 가운데 7, 8명은 요요 현상 때문에 다시 원래의 몸으로 돌아가더군요. 반면 1년에 걸쳐 조금씩 식사량 조절과 운동을 병행하면서 다이어트 한 사람은 별도의 부작용

없이 계속 유지하는 모습을 봤습니다.

환율도 속도가 중요합니다. 너무 빨리 오르거나 너무 빨리 내리면 반드시 탈이 납니다.

우선 미국의 예를 들어보겠습니다. 미국은 소비로 지탱하는 나라인데요, 코로나19 사태로 소비가 위축되었습니다. 경제성장률을 올리기 위해선 수출을 늘리는 방법밖에 없는데요, 수출을 늘리기 위해서는 달러 약세가 필요조건입니다. 하지만 달러가 급속하게 약세를 보이면 문제가 발생합니다. 수입물가가 급등하면서 소비자물가 지수에 영향을 미칠 것입니다. 또한 달러 가치 하락은 달러의 패권이 약해진다는 걸 의미합니다. 그래서 미국은 완만한 달러 약세를 원합니다.

중국 역시 마찬가지입니다. 중국은 수출 의존도가 높기 때문에 점차 내수, 즉 소비 쪽으로 비중을 늘려가고 있습니다. 중국이 추진하고 있는 쌍순환 전략이라는 게 내수를 늘려 수출과 내수의 균형을 맞추자는 것입니다. 내수 진작을 위해선 위안화 절상이 유리한데요, 그런데 만약 단기간에 절상 속도가 빨라지면 어떻게 될까요? 수출기업이 다 망합니다. 그래서 중국 당국은 경제상황을 봐가면서 전략적으로 속도 조절을 합니다.

미국달러는 슈퍼 안전자산

그런데 미국달러는 글로벌 경제위기 때마다 강세를 띱니다. 닷컴 버블이나 금융위기, 가장 가깝게는 2020년 3월 코로나19 확산의

출처: 인베스팅닷컴

공포로 세계 증시가 폭락했을 때도 달러는 강세를 보였습니다. 위기가 미국에서 발생했을 때조차 달러는 초강세였습니다. 위기가 터질 때마다 전 세계가 달러를 원하는 상황이 전개되었던 거죠.

왜 경제위기 때면 전 세계가 미국달러를 찾을까요? 달러가 국제통화이기 때문입니다. 전 세계 금융 거래의 80% 이상이 달러로 이뤄지는데요, 위기상황이 닥치면 어느 국가건 기업이건 현금을 확보하려고 혈안이 됩니다.

그 현금이 바로 달러입니다. 더욱이 달러는 원유의 유일한 결재 수단이어서 가치가 더 올라갑니다. 너도나도 달러를 찾게 되고, 달러 품귀 현상이 벌어지게 되는 것입니다. 그래서 달러는 다른 통화 대비 초강세를 띠게 됩니다.

역사상 위기는 반복되었습니다. 어떤 위기가 언제 닥칠지 모를 뿐 위기는 계속 나타났습니다. 위기 때마다 주식시장, 부동산시장은 폭락했습니다. 달러만 반대의 모습을 보여줬죠.

달러가 왜 안전자산인지, 왜 평소에 달러를 보유하고 있어야 하는지, 그 이유가 설명이 될 것입니다. 다만 달러를 보유하는 전략이 필요합니다. 한꺼번에 매입하지 말고 평소에 조금씩 사모아야 합니다. 언제까지요? 위기가 터질 때까지입니다.

원화 약세면 왜 외국인은 주식시장을 떠날까?

2021년 8월 우리나라 코스피는 보름 동안 200포인트나 빠졌습니다. 외국인들이 7조 원 넘게 팔았기 때문인데요, 이 기간 동안 원화는 미국달러에 비해 약세를 보였습니다.

원화 약세, 즉 달러가 강세면 왜 외국인들이 주식을 팔고 떠날까요? 이해를 돕기 위해 약간 과장된 수치로 예를 들어보겠습니다.

국내 A기업 주식 1주가 1만 원입니다. 1달러에 1천 원일 때는 1주를 팔면 10달러가 됩니다. 원화 약세로 바뀌어 환율이 1달러에 2천 원이 되었습니다. 1주를 팔면 5달러밖에 손에 쥐지 못합니다. 원화를 갖고 있는 것보다 달러를 갖고 있는 게 유리하겠죠. 원화 약세 국면에서 외국인들은 국내 주식을 팔고 달러로 바꾸게 됩니다.

그런데 경제위기 등으로 인해 전 세계 통화가 모두 약세를 보이는데 원화만 강세를 보인다면 어떻게 될까요? 어깨에 힘을 줘야 할까요? 아닙니다. 오히려 독이 됩니다. 우리나라 수출기업의 실적이 빠르게 악화되면서 코스피지수가 주저앉을 수 있습니다. 실제 그런 사례가 있습니다. 2018년 3월 대북 리스크 완화 이슈 때문에 원화만 강세를 보인 적이 있었는데요. 얼마 못가서 다시 약세로 돌아섰습니다. 환율은 주변국과 함께 움직여야 안정적이라는 게 금융 전문가들의 공통적인 견해입니다.

빵 한 개가 3천만 원?
인플레이션의 악몽

인플레이션은 물가가 지속적으로 오르는 현상으로, 돈의 가치는 떨어집니다.
최근에는 친환경정책이 불러온 '그린플레이션'이
새로운 형태의 공급발 인플레이션으로 등장했습니다.

1999년 11월에 일본 여행을 갔습니다. 당시 미소라멘 한 그릇에 1천 엔이었는데 참 비싸다고 생각하면서 먹었습니다. 10년 후인 2009년에도 갔었는데 미소라멘은 여전히 1천 엔이었습니다. 그리고 10년 후 2019년에도 일본에서 미소라멘을 먹었는데요, 놀랍게도 여전히 1천 엔이었습니다. 20년 동안 물가에 변화가 없었던 것입니다. 버블 붕괴 이후 경제성장이 멈춰버린 일본의 상황이 피부에 와 닿았습니다.

같은 기간 우리나라 물가는 어땠을까요? 라면으로 비교해보겠습니다. 1999년에 분식집에서 라면 한 그릇이 1,500원이었는데 요즘은 4천 원 정도 합니다. 무려 2배 반 이상 오른 것입니다. 우리나라에서는 무슨 일이 일어난 걸까요? 지금부터는 물가 얘기를 해보려고 합니다.

착한 인플레이션은 가끔씩 온다

인플레이션을 국어사전에서 찾아보면 '물가가 지속적으로 오르는 현상'이라고 설명되어 있습니다. 경제가 성장하면 물가도 그에 맞춰 오릅니다.

물가가 오르면 사람들은 물건 가격이 더 오르기 전에 사두려고 할 것입니다. 그러면 소비가 늘어나게 될 것이고, 기업들은 물건을 더 팔기 위해 투자를 늘립니다. 인력도 더 필요할 테니 고용도 늘립니다. 고용이 늘면 소득이 증가해서 다시 소비가 늘어나겠죠. 소비가 늘어나면 제품 가격도 인상되겠죠.

경기가 좋아져서 소득과 소비가 늘고 물가도 오르는 인플레이션을 '수요 견인 인플레이션'이라고 하는데요, 바람직한 선순환 구조가 형성된다는 측면에서 착한 인플레이션이라고 부릅니다. 해마다 2% 정도 꾸준히 물가가 오르면 경제도 적당히 성장하고 자산가격과 주가도 적당히 오르는 이른바 골디락스[*] 상황인데요, 안타깝게도 이런 경우는 드물게 나타납니다.

```
소비↑ ⇨ 투자↑ ⇨ 고용↑ ⇨ 소득↑ ⇨ 소비↑
```

골디락스

영국 동화 〈골디락스와 세 마리 곰〉에서 유래한 용어로, 너무 뜨겁지도 너무 차갑지도 않은 딱 적당한 상태를 말한다. 인플레이션을 우려할 만큼 과열되지도 않고, 경기침체를 우려할 만큼 냉각되지도 않은 경제상태를 의미한다.

빵 한 조각이 3천만 원?

반면 바람직하지 않은 이른바 '나쁜 인플레이션' 사례는 다양합니다. 우선 대표적인 게 베네수엘라입니다. 전 세계 원유 매장량 2위인 베네수엘라는 한때 남아메리카의 경제 강국이었습니다. 하지만 2010년 원유 가격이 폭락하면서 정부 재정이 크게 줄어듭니다. 그럼에도 불구하고 복지 예산을 유지하기 위해 화폐를 마구 찍어냅니다. 감당할 수준을 넘어서면서 화폐가치는 폭락했고 살인적인 물가폭등을 이어가고 있습니다. 2019년 한 해만 물가상승률이 30,000%를 기록했는데요. 1천 원짜리 빵이 1년 후 3천만 원이 된 것입니다.

이러한 하이퍼 인플레이션은 1920년대 독일에서도 발생했습니다. 당시 독일은 1차 세계대전 패전 직후 막대한 전쟁 배상금을 물어야 했던 탓에 정부가 화폐 발행을 남발했습니다. 당연히 엄청난 인플레이션이 발생했습니다. 1922년 5월 1마르크였던 신문 한 부 가격은 1년여 후인 1923년 9월 1천 마르크로 1천 배나 뛰었고 불과 한 달 뒤 다시 1천 배가 뛰었습니다. 신문 1부 값이 100만 마르크라는 얘깁니다.

탄소중립의 역설, 그린플레이션

앞선 사례들이 수요측면의 원인이라면 공급측면에서 원인이 발생하는 경우도 있습니다. '비용 인상 인플레이션'인데요. 총수요는 변함이 없는 상태에서 원자재 가격 등의 비용 상승이 발생하면 기업들의 생산이 위축되면서 총공급이 감소합니다.

대표적 사례로 1970년대의 오일쇼크 사태를 들 수 있는데요. 당시 중동의 원유 생산국들이 원유 공급을 줄였습니다. 그러자 국제 유가가 상승합니다. 배럴당 2달러 하던 원유가 40달러까지 치솟습니다. 석유는 그 자체로 에너지원으로 사용될 뿐만 아니라 다양한 제품의 원료가 됩니다. 따라서 석유를 기반으로 만들어지는 모든 제품의 생산원가가 올라갑니다. 기업들은 제품 판매가격을 올려서 소비자들에게 전가시키는 건데요, 연쇄적으로 물가 전반이 오르면서 인플레이션이 나타나는 것입니다.

2021년 하반기에는 '그린플레이션'이란 새로운 형태의 공급 측면의 인플레이션이 발생했습니다. 친환경을 뜻하는 '그린(green)'과 '인플레이션(inflation)'의 합성어인데요, 친환경정책이 불러온 인플레이션으로 요인은 복합적입니다. 첫째, 풍력, 태양광 등 친환경 에

천연가스 가격 추이(1년치)

천연가스 선물 ▲ 5,724 +0.263 (+4.82%)

출처: 인베스팅닷컴

너지 발전량이 기존의 에너지 수요를 쫓아가지 못하는 점이 꼽힙니다. 특히 2021년 하반기 유럽에서는 황당한 상황이 발생했는데요, 바람이 평소보다 불지 않으면서 전체 발전의 16%에 해당하는 풍력 발전이 제대로 작동하지 못한 것입니다. 당연히 전력 공급에 차질이 발생했죠. 부족한 전력 생산을 위해 천연가스 발전소 가동률을 높였고, 이러다 보니 천연가스 가격이 폭등했습니다. 둘째, 나라마다 친환경정책을 급하게 추진하다 보니 재생에너지 발전과 전기차에 필수적인 알루미늄과 구리 등 원자재 가격이 폭등했습니다. 이런 요인들이 맞물려 전반적인 물가상승으로 이어졌습니다.

미국이 두려워하는 스태그플레이션

스태그플레이션은 영어로 스태그네이션(Stagnation)과 인플레이션(Inflation)을 합친 용어입니다. 스태그네이션은 경기둔화, 인플레이션은 물가상승이니 '경기불황 국면에서 물가가 지속적으로 오르는 상황'을 의미합니다.

스태그플레이션이 나타나면 극심한 경기침체로 기업의 영업이익이 줄고 부도율이 증가합니다. 고용도 줄어 경제상황 전반이 총체적으로 악화됩니다. 그런데 물가까지 오르고 있어 정부로서도 대책이 어려운 상황입니다. 경기침체를 막기 위해 금리를 인하하고 돈을 풀어야 하는데, 그러면 물가를 더욱 자극하기 때문입니다.

마치 한여름에 감기에 걸린 꼴입니다. 감기에 걸렸을 때는 따뜻한 음식을 먹고 이불을 뒤집어쓰고 땀을 흘려야 하는데 무더운 여름

날 그렇게 한다면 엄청난 고역이겠죠. 미국은 과거 1980년 전후로 이 스태그플레이션을 극복하기 위해 기준금리를 20% 넘게 올리는 극약처방을 한 끝에 간신히 정상화시켰던 악몽이 있습니다.

그런데 2021년 하반기 미국에서 스태그플레이션 공포가 나타났습니다. 우선 8월과 9월 신규 일자리 규모가 예상보다 훨씬 못 미치는 등 고용지표가 악화되어 경기불황이 우려되었습니다. 델타변이 바이러스가 빠르게 확산되면서 서비스업 쪽 고용이 감소한 건데요. 반면 소비자물가지수는 6월부터 5개월 연속 전년 대비 5%대를 기록했습니다. 여기에 임금까지 계속 올랐습니다. 임금은 하방경직성이 있어서 한 번 오르면 좀처럼 줄기 어렵습니다. 물가에 그대로 반영되는 것이죠. 경기는 좋지 않은데 물가상승은 지속되는 스태그플레이션 조건이 나타난 것입니다.

미국 연준은 인플레이션이 일시적이라는 입장이었다가 지속될 수 있다는 쪽으로 선회했습니다. 글로벌 공급망 회복이 더딜 것이란 분석 때문인데요, 5%대의 높은 물가상승이 지속될 경우 기준금리 인상을 앞당길 것으로 전망됩니다.

중국발 글로벌 인플레이션의 공포

이런 흐름과 맞물려 2021년 말 글로벌 인플레이션 공포를 몰고 온 또 다른 주체는 중국이었습니다. 중국의 10월 생산자물가지수 상승률이 전년도 같은 기간 대비 13.5% 상승했습니다. 통계 집계가 시작된 1996년 이래 25년 만에 가장 높은 상승률입니다. 5월부터 시작된 9% 이상의 역대급 상승률이 짧은 기간 동안 걷잡을 수 없이 치솟은 것입니다.

핵심 원인은 원자재 가격 상승입니다. 석탄, 석유, 천연가스 등 에너지뿐만 아니라 알루미늄, 리튬 등 친환경 업종에 필요한 비철금속 가격 모두 급등했고, 고스란히 제품 가격에 전이되었기 때문입니다. 또 다른 원인은 노동력 부족으로 인한 인건비 상승이 꼽혔습니다. 문제는 중국이 세계 최대 수출국이라는 점입니다. 중국 제품가격 상승은 다른 나라의 수입물가로 전이되어 각 나라의 물가에 영

중국 생산자물가지수(PPI) 상승률

단위: %

0.3 1.7 4.4 6.8 9.0 8.8 9.0 9.5 10.7 13.5

전년 동월 대비

1월 2월 3월 4월 5월 6월 7월 8월 9월 10월

출처: 매일경제 2021.11.10

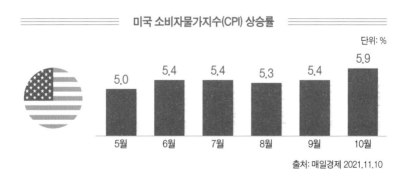

미국 소비자물가지수(CPI) 상승률

단위: %

5.0 5.4 5.4 5.3 5.4 5.9

5월 6월 7월 8월 9월 10월

출처: 매일경제 2021.11.10

향을 미칩니다. 특히 미국의 경우 약간의 시간차를 두고 소비자물가지수에 바로 반영됩니다. 앞의 그래프를 보면 앞서 언급했던 미국의 소비자물가지수 상승세와 중국의 생산자물가지수 상승세가 시기적으로 비슷하게 나타나는 점을 확인할 수 있습니다. 과거 10년간의 저물가를 지탱했던 핵심요인이 세계의 공장 중국에서 낮은 비용으로 제품을 공급했기 때문인데요, 이런 기조가 바뀌는 불길한 전조로 해석되고 있습니다.

비트코인,
1억 원 돌파할까?

비트코인은 사실상 법적으로 인정받았습니다.
미국에서도 증권선물거래위원회가 비트코인 ETF를 승인했습니다.
제도권으로 수용된 비트코인, 한 개당 1억 원을 돌파할까요?

2008년 11월 1일, 사토시 나카모토라는 사람이 〈비트코인 : 개인간 전자화폐 시스템〉이라는 제목의 9페이지짜리 논문을 수백 명에게 메일로 보냈습니다. 이 메일을 받은 사람은 컴퓨터와 암호학과 관련 전문가와 아마추어들이었습니다.

이 논문에서 나카모토는 중간 관리자 없는 화폐 시스템을 만들었다고 주장했습니다. 그리고 2009년 1월 실제로 이 시스템을 가동했고 최초의 비트코인이 탄생했습니다. 최초의 탈중앙화된 암호화폐 시스템입니다. 비트코인은 탈중앙 지급결제 시스템이라고도 하는데요, 비트코인을 가능하게 하는 기반인 블록체인부터 설명하겠습니다.

블록체인의 원리

블록체인은 한마디로 '탈중앙화된 컴퓨터 시스템' 또는 '데이터 분산 관리 기술'로 규정할 수 있는데요, 쉽게 말해 여러 대의 컴퓨터를 네트워크로 연결해 한 개의 컴퓨터처럼 작동한다고 이해하면 됩니다. 기존의 중앙집중형 시스템은 관리자가 필요합니다. 하지만 블록체인은 연결되어 있는 모든 사용자가 동의해야 작동하는 시스템입니다.

경제활동의 전제는 신뢰인데요, 기존 시스템은 관리자(중개자)를 둬서 제도적으로 보완합니다. 금융거래는 은행, 부동산 거래는 공인중개사를 두고 있죠. 반면 블록체인은 모든 사람이 동의하기 때문에 그 자체로 신뢰가 형성되는 것입니다.

예를 들어보겠습니다. 10명이 사는 한 마을이 있습니다. 10명은 모두 돈 거래용 장부를 하나씩 갖고 있습니다. A씨가 B씨에게 100만 원을 빌리면 10개의 장부에 이 사실이 기록됩니다. 돈을 갚을 때도 기록합니다.

이 마을 사람들 모두의 돈 거래가 같은 원리로 10개의 장부 모두에 기록됩니다. 위변조를 하려면 10개 장부를 모두 바꿔야 하는데 어렵지 않겠습니까? 이렇게 10개 위변조도 어려운데 10만 개, 100만 개, 1천만 개로 확장되면 당연히 불가능하겠죠? 하나라도 위변조가 발생하면 결제가 중단되도록 설계되어 있습니다. 이것이 바로 블록체인의 핵심 원리입니다.

그런데 마을 사람들이 10명만 있을 때는 거래가 많지 않습니다.

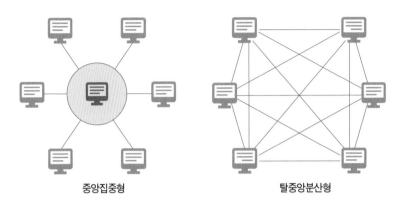

중앙집중형과 탈중앙분산형

중앙집중형   탈중앙분산형

일주일에 한두 번 거래가 일어나겠죠. 그래서 번거롭고 귀찮더라도 장부를 각각 보관하고 있다가 일주일에 한 번 정도 만나서 다 같이 장부에 거래를 기록해줍니다.

그런데 마을 사람들이 1천 명이라고 해볼까요? 거래도 훨씬 많아지겠고 매일 모여서 장부를 기입해야 할 것입니다. 사람들을 매번 불러 모으기 위해선 뭔가 대가를 줘야 합니다.

그래서 회의에 참가할 때마다 작은 돌(이 마을 공동창고에 2,100만 개의 돌이 있다고 가정합니다)을 줍니다. 이걸 모으면 달걀이나 닭, 돼지 등과 바꿀 수 있습니다. 돈처럼 쓰이는 일종의 토큰이죠. 사람들은 물건과 바꿀 수 있는 돌을 받기 위해 귀찮아도 매일 광장에 다 같이 모여 장부에 거래 사실을 기입합니다. 눈치 채셨겠지만 1천 명이 매일 모여서 장부에 기입하는 시스템이 블록체인이고, 이 사람들에게 주는 돌이 비트코인입니다.

비트코인은 피처폰, 이더리움은 스마트폰

비트코인이 1세대 암호화폐라면, 2세대는 이더리움부터 시작합니다. 부테린이라는 러시아 대학생이 만든 것입니다. 비트코인은 데이터만 오고갈 수 있는 단순한 시스템인데, 데이터 대신 여기에 프로그램을 넣은 것입니다. 위변조를 할 수 없는 프로그램을 온라인상에 올려놓고 참여자들이 거래를 할 수 있는 일종의 탈중앙 거래 시스템입니다. 비트코인이 통화와 문자 메시지만 되는 피처폰이라면, 이더리움은 앱을 설치해 원하는 프로그램을 활용할 수 있는 스마트폰으로 생각하면 이해하시기 편할 것입니다.

블록체인을 활용해 탈중앙화된 거래를 한다는 개념을 좀더 쉽게 설명해보겠습니다. 아까 마을에 있는 1천 명이 매일 모인다고 했죠. 돈 거래만 장부에 기입한다고 했는데요, 사람들은 생각합니다. '이왕에 매일 광장으로 다 모이는데 다른 거래도 해보는 게 어떨까?' 그래서 집을 사고팔 수 있는 매매 계약서를 만들어서 1천 명이 나눠 갖습니다. 다 같이 모일 때 집을 팔 사람과 살 사람이 나타납니다. 1억 원짜리 집을 팔려는 A씨와 집을 사려는 B씨가 이 계약서를 통해 매매를 하고, 마을 모든 사람들도 각자의 계약서에 이 내용을 적어 놓습니다.

앞으로 이 마을에서 집을 사고팔 때는 이런 식으로 하게 되면 마을 사람 전체가 인정해주는 것이기 때문에 공식적으로 인정받은 것입니다. 원래 이 마을에는 공인중개사가 있어서 이 일을 대행해줬지만, 앞으로는 필요가 없어진 거죠. 100만 원씩 내던 중개 수수료도 아낄 수 있게 되었습니다. 이 같은 탈중앙화된 거래 시스템을 '스마트 계약'이라고 부릅니다.

커피 한 잔 값으로 빌딩 소유주가 된다

이 탈중앙 거래 시스템, 즉 '스마트 계약'은 디지털 자산거래로 확산됩니다. 토지, 건물, 선박, 지하자원, 미술품, 주식, 채권, 지적재산권, 문화 콘텐츠, 데이터 등 가치가 있는 모든 자산은 수백 개, 수천 개, 수만 개로 쪼개서 토큰으로 전환될 수 있습니다.

토큰은 실제 가치를 지닌 화폐와 교환할 수 있는 증표인데요, 카지노에서 사용하는 칩이나 과거 우리나라에서 사용했던 버스토큰과 같은 개념이라고 이해하시면 됩니다. 50억 원짜리 빌딩을 100만 개 토큰으로 전환하면 5천 원으로 이 빌딩의 일부를 소유할 수 있습니다. 스타벅스 커피 한 잔 값으로 부동산을 갖게 되는 것입니다. 빌딩값이 오르면 그만큼 재산도 늘어납니다. 고흐의 '해바라기'도 1천만 개의 토큰으로 쪼개서 일부분을 소유할 수 있는데요, 이미 현실화된 얘깁니다.

무엇보다 플랫폼 기업들이 공짜로 사용하는 개인 데이터도 정당한 보상을 받을 수 있습니다. 네이버, 카카오 등 플랫폼 기업들은 무료 서비스를 제공하는 대신 이용자들의 데이터를 수집해 이를 바탕으로 막대한 수익을 창출하고 있습니다. 이용자들이 데이터 수집을 거부하면 서비스를 이용할 수 없기 때문에 어쩔 수 없이 데이터를 넘기고 있습니다.

이런 데이터 제공에 기업들은 대가를 지불해야 하지만 지금까지는 마땅한 방법이 없었습니다. 하지만 개인정보를 디지털 자산화할 수 있다면 개인정보 사용 한 건당 얼마씩 지급되도록 만들 수 있습니다.

변동성 심한 비트코인, 1억 원 돌파할까?

다시 비트코인으로 돌아가겠습니다. 비트코인은 한 번 결제하는 데 10분 정도 기다려야 하고, 완벽하게 되는 데는 한 시간 가량 걸립니다. 수많은 컴퓨터들이 거래를 검증하느라 시간이 필요하기 때문입니다. 양자컴퓨터가 나오게 되면 획기적으로 단축될 수 있겠지만, 적어도 현재 상황에서는 시간지연이 최대 약점으로 꼽힙니다.

가격 변동성도 큽니다. 2017년 2,500만 원대까지 치솟았다가 400만 원대로 추락한 뒤 2020년 다시 7천만 원까지 급등 후 3,400만 원대까지 추락했다 7천만 원대로 올라왔습니다. 그래서 화폐라기보다 디지털 자산으로 가치를 인정받는 추세입니다. 2021년 1,850만 개 정도의 비트코인이 발행되었는데, 실제로는 400만 개 정도가 거래되고 있습니다.

비트코인은 가치저장 수단으로서 금과도 비교됩니다. 금은 보관하기 위해 공간이 필요합니다. 갖고 다니기에도 불편합니다. 반면 비트코인은 USB나 컴퓨터에 보관할 수 있고 전송도 쉽습니다. 또한 금은 채굴량이 늘면 가치의 희소성이 떨어지지만, 비트코인은 프로그램에 의해 일정한 시간에 일정한 양이 만들어지게 프로그램화되

단위: 달러

68000.0
64000.0
60000.0
56000.0
52000.0
48930.0
48000.0
44000.0
40000.0
36000.0
32000.0
28000.0
24000.0
20000.0
16000.0
12000.0
8000.0
4000.0
0.0

2013   2015   2017   2019   2021   8월

출처: 인베스팅닷컴

어 있습니다. 게다가 4년마다 발행량이 반으로 줄어들게 설정되어 있고 2,100만 개까지 도달하면 생산이 중단됩니다.

비트코인은 해외로 돈을 보내거나 받을 때 기존 송금 시스템보다 훨씬 간편하고 비용도 저렴합니다. 우리나라에서 해외로 돈을 보낼 때 스위프트(SWIFT)라는 국제송금망을 이용하는 데 2~3일이 걸립니다. 반면 암호화폐 거래소를 통해 비트코인을 보내면 몇 시간 안에 상대편이 비트코인을 받고 그 나라의 화폐로 바꿔서 손에 쥘 수 있습니다.

게다가 신용 부족으로 은행계좌가 없는 사람들도 비트코인을 통해 돈을 송금할 수 있습니다. 전 세계에서 20억 명이 은행계좌가 없다고 합니다. 그들은 은행을 통해 돈을 송금할 수도 받을 수도 없습니다. 반면 비트코인은 전자지갑을 스마트폰에 설치하면 송금이 가능합니다.

우리나라에서는 2023년부터 암호화폐 투자로 연간 250만 원이 넘는 돈을 벌었다면 세금을 내야 합니다. 250만 원이 넘는 수익에 대해선 기타소득으로 분류해 20%를 과세하는 건데요, 지방세를 더하면 실제 세율은 22%입니다. 예를 들어 1천만 원의 수익이 발생하게 되면 750만 원에 대해 22%, 즉 165만 원을 세금으로 내게 됩니다. 국회에서 관련법이 통과되면 사실상 법적으로 인정받는 셈입니다. 미국에서도 증권선물거래위원회가 비트코인 ETF를 승인했습니다. 제도권으로 수용된 비트코인, 과연 한 개당 1억 원을 돌파할까요?

디지털 화폐 등장,
종이화폐 운명은?

결론적으로 금과 은으로 대표되는 실물화폐와
종이화폐, 디지털 화폐, 암호화폐가 공존하는 시대가
전개될 것이라는 점이 필자의 판단입니다.

서태평양 미크로네시아 제도에 속한 '야프'라는 작은 섬이 있습니다. 이 섬의 사람들은 돌로 만든 화폐를 사용했습니다. 이 돌은 너무 크고 무거워서 거래할 때 주고받을 수 없습니다. 그래서 마을 공터에 놓아두고 소유권의 변동내역만 겉표면에 새겼습니다. 이 커다란 돌이 화폐로 쓰인 건 희소성 때문입니다. 섬에는 이런 돌이 없었기 때문에 수백 킬로미터 떨어진 팔라우섬 등에서 배로 실어서 가져왔다고 합니다.

사회구성원의 합의만 있으면 어떤 것이든 화폐가 될 수 있다는 화폐의 본질을 알려주는 사례입니다. 과거에는 양이나 소금 등 다양한 것이 화폐로 쓰였습니다. 이어 금과 은 같은 실물화폐, 달러와 같은 종이화폐, 블록체인을 활용한 암호화폐가 차례로 등장했는데요, 최근에는 중앙은행 디지털 화폐(CBDC)가 상품화를 앞두고 있습니다.

디지털 화폐는 종이화폐와 다른가?

중앙은행 디지털 화폐(이하 CBDC)는 중앙은행이 발행하는 종이화폐와 본질은 같습니다. 국가에서 인정하는 법정통화입니다. 단지 종이라는 형태만 없을 뿐입니다. 예를 들어 우리나라가 1년에 찍어내는 돈이 100조 원이라고 가정하면 디지털 화폐로 50조 원, 종이화폐로 50조 원으로 구성된다는 얘깁니다. 디지털 화폐를 80조 원으로 늘린다면 종이돈은 20조 원으로 줄겠죠.

종이화폐에 홀로그램을 넣어서 진짜 돈이라는 점을 입증하듯이 디지털 화폐 역시 한국은행이 인증한 '전자 홀로그램'을 삽입해서 법정통화임을 입증하게 합니다. 다만 디지털 화폐의 비중이 늘어날수록 종이돈을 찍어내는 한국조폐공사의 역할은 축소되겠죠.

카카오 페이, 삼성 페이와 헷갈리실 수도 있을 텐데요, 이들 페이는 계좌가 있어야 지급이 가능합니다. 즉 다른 은행계좌에 돈이 있어야 결제를 할 수 있는 것입니다. 반면에 디지털 화폐는 그 자체로 돈이기 때문에 은행계좌에 이 돈을 입금할 수도 있고 다른 은행계좌나 증권계좌 등으로 이동시킬 수가 있습니다. ATM기를 통해 종이돈으로 뺄 수도 있습니다. 디지털 화폐는 종이 형태로 존재하지 않을 뿐, 실제로는 종이화폐와 똑같이 쓰인다고 생각하시면 됩니다.

디지털 화폐는 암호화폐와 본질적으로 다르다

CBDC는 중앙은행이 발행하는 법정 화폐입니다. 반면 비트코인과 같은 암호화폐는 탈중앙화된 화폐(자산)입니다. 서로 본질적으로 다릅니다. 이해를 돕기 위해 비트코인과 비교를 해보겠습니다.

비트코인은 블록체인 기술에 의해 중간 관리자 없이 만들어집니다. 결제되기 위해선 모든 컴퓨터의 동의를 얻어야 하기 때문에 시간이 10분 이상 걸립니다. 화폐로서의 역할을 하기에는 시간지연이 약점이죠. 또한 변동성이 큽니다. 비트코인 한 개 가격이 몇 년 동안 수백만 원에서 수천만 원 사이를 오르락내리락했습니다.

공통점도 있습니다. 디지털 화폐 역시 암호화폐처럼 블록체인 기술을 활용합니다. 위변조를 방지하기 위해섭니다. 이미 은행이나 정부기관, 기업 등에서는 블록체인 기술을 활용해서 토큰 개념의 상품들을 만들고 있습니다. 디지털 화폐는 블록체인의 암호화 기술을 사용해 중앙은행이 발행하는 법정통화입니다.

중국은 왜 중앙은행 디지털 화폐에 적극적인가?

CBDC 도입에 가장 적극적인 나라는 중국입니다. 이미 2014년부터 개발에 착수했습니다. 인민은행은 2020년 4월부터는 선전에서 5만 명에게 각각 디지털 화폐 200위안(약 3만 6천 원)을 줘서 현실화 가능성을 테스트하고 있습니다. 중국 당국의 의도는 3가지로 보입니다.

첫째, 디지털 화폐를 사용하게 되면 자금의 이동을 쉽게 파악할 수 있게 됩니다. 종이돈일 경우 일련번호가 있긴 하지만 사실상 추적이 어렵습니다. 실제로 2021년 1월 뇌물 혐의 등으로 사형이 집행된 라이샤오민 전 화룽자산그룹 회장은 집에 현금 3톤을 숨겨뒀습니다. 집을 수색하고서야 발견했던 것이죠. 하지만 디지털 화폐는 한 장까지 추적이 가능하기 때문에 지하경제에 있는 자금을 끌어낼 수 있습니다.

둘째, 시중은행들을 거치지 않고 필요한 곳에 직접 자금을 지원할 수 있습니다. 코로나19 사태 이후 인민은행은 지급준비율을 낮췄습니다. 예를 들어 한 시중은행에 100억 위안이 있습니다. 지급준비율이 15%면 15억 위안을 남기고 나머지 85억 위안을 대출해줍니다. 그런데 경기가 좋지 않으니 지급준비율을 10%로 낮춥니다. 추가로 5억 위안을 중소기업에 대출을 해주라는 의도입니다. 하지만 시중은행들은 부실한 중소기업이 파산할 경우 손실 입을 것을 우려해 인민은행의 말을 듣지 않습니다. 인민은행이 할 수 있는 방법이 없죠. 하지만 디지털 화폐를 발행하게 되면 필요한 곳에 핀셋 지원을 할 수 있습니다.

셋째, 미국의 달러 시스템에 대한 도전이라는 해석이 있습니다. 2021년 국제 송금은 스위프트(SWIFT/국제은행간 통신협회)라는 통신 시스템을 통해서 이뤄지고 있고, 달러는 칩스(CHIPS)라는 미국이 운영하는 결제 네트워크를 통해 오가고 있습니다. 전 세계 주요 은행이 모두 칩스와 연결되어 있고, 모든 데이터가 여기를 통해 정산됩니다. 그런데 이 시스템은 인터넷 이전에 도입되었기 때문에 거래시간이 많이 걸린다는 불편함이 있습니다. 한국에서 미국으로 달러를 보내면 최소 2~3일은 걸립니다. 더구나 거래비용도 높습니다. 그런데 디지털 화폐는 인터넷을 통해 바로 보낼 수 있습니다. 블록체인 암호화 기술을 사용했기 때문에 오히려 더 안전하고요. 중국이 노리는 것은 바로 이 점입니다. 국제간 자금거래에서 스위프트와 칩스를 대체하는 디지털 통화를 이용한, 보다 편리한 결제 시스템이 만들어진다면 달러의 패권이 약해질 수 있겠죠.

소극적이던 미국이 급선회한 배경은?

'메타'로 사명(社名)을 변경한 페이스북은 2019년 6월 자체적으로 사용할 암호화폐 '리브라'를 출시할 계획이었습니다. 당시 리브라는 달러와 엔화, 유로화 등을 포함한 주요국 법정통화 바스켓으로 이루어져 세계 어디에서나 결제 수단으로 사용될 수 있도록 고안되었습니다. 페이스북 가입자가 20억 명이 넘기 때문에 사실상 전 세계에서 통용될 수 있는 강력한 암호토큰이었죠.

그런데 미국을 비롯해 주요국들이 금융 안정성에 위험을 끼칠 수 있다는 이유로 강하게 반대했습니다. 결국 '리브라'는 미국달러화에만 연동되는 '디엠'으로 바뀌어 출시될 예정입니다.

이처럼 디지털 화폐에 부정적이던 미국이 중국의 추진 소식에 자극을 받아 급선회합니다. 미국 연준에서 '디지털 화폐 위원회'를 출범시키고 메사추세츠공과대학(MIT)과 공동개발하고 있습니다. 구체화된 보고서가 발표되면 시범운영에도 착수할 예정입니다. 제롬 파월 미국 연방준비제도 이사회 의장은 미국 하원 청문회에서 "미국에 디지털 화폐가 생긴다면 암호화폐는 필요 없어질 것"이라고 말했습니다. 유럽은 2020년 디지털유로화 보고서를 발표한 후 디지털 화폐에 대한 의견을 수렴하면서 준비 작업을 하고 있습니다.

한국은행도 CBDC 사전연구에 착수했습니다. 2021년 7월 카카오의 블록체인 자회사 그라운드X와 디지털 화폐(CBDC) 모의실험 연구 계약을 체결했습니다. 모의실험 결과를 보고 가능성을 검토한 후 도입 여부를 결정할 예정입니다.

금-달러-비트코인-CBDC, 화폐의 공존시대

금, 은 같은 실물화폐, 달러 등 각국의 종이화폐, 블록체인 기술로 탄생한 암호화폐, 그리고 중앙은행의 디지털 화폐… 앞으로 어떤 양상으로 전개될까요?

우선 실물화폐는 계속 유지될 것으로 보입니다. 금은 1971년 8월 금 본위체제 폐지 이후 화폐로 취급하지 않고 있지만 여전히 높은 가치를 인정받고 있습니다. 선진국들은 상대적으로 많은 금을 보유하고 있습니다. 미국이 8,133톤으로 가장 많고 독일 3,369톤, 이탈리아 2,451톤, 프랑스 2,436톤 순입니다. 우리나라는 104톤입니다.

종이화폐는 어떻게 될까요? 사용처가 계속 줄어들 것으로 예상됩니다. 버스나 택시, 지하철을 이용할 때는 교통카드를 사용하면 되고 모든 식당, 상점 등에서도 신용카드로 결제합니다. 중앙은행 디지털 화폐가 발행된다면 이런 현상은 더욱 가속화되겠죠. 디지털 화폐는 거래의 투명성을 높이고 화폐를 찍어내는 비용을 줄일 수 있고 통화정책의 속도와 효과를 끌어올릴 수 있기 때문에 각국 중앙은행들도 도입에 적극적입니다.

암호화폐에 대해서는 의견이 엇갈립니다. 디지털 화폐가 본격적으로 사용되면 암호화폐가 사라질 것으로 예상하는 쪽은 디지털 화폐가 암호화폐의 약점을 보완한다는 점을 꼽습니다. 가격 변동성에서 자유롭고 수수료가 없으며 중앙은행이 지급을 보증하기 때문에 안전하다는 것입니다. 특히 각국 정부가 암호화폐에 대해 부정적인 시각을 갖고 있다는 점을 강조합니다.

반면 공존이 가능하다는 쪽도 근거가 다양합니다. 우선 프라이버시가 유지된다는 점과 송금이 편리하다는 장점을 강조합니다. 암호화폐가 토큰 형태로 디지털 자산의 거래수단으로도 사용되고 있다는 점, 금융체계가 정상적으로 작동하지 않는 국가에서 비트코인을 법정통화로 사용하고 있는 점도 암호화폐의 존속 가능성에 무게를 주고 있습니다. 실제로 엘살바도르는 전 세계 국가 중 처음으로 2021년 9월부터 비트코인을 법정통화로 사용하고 있습니다. 화폐의 인출과 송금 시스템이 무너진 아프가니스탄에서도 비트코인이 가치 전달 수단으로 사용되고 있습니다.

결론적으로 금과 은으로 대표되는 실물화폐, 종이화폐, 디지털화폐, 암호화폐가 공존하는 시대가 전개될 것이라는 게 필자의 판단입니다.

회색코뿔소가 바로 옆에!
경제위기 뇌관은 '부채'

부채 증가세를 감안하면 2023년 가계부채가 4천조 원에
달할 것이라는 분석도 있습니다. 100미터 밖에 있던 회색코뿔소가
10미터 근처까지 다가와 지켜보고 있습니다.

여러분이 아프리카 초원에서 동물들을 구경하고 있습니다. 그런데 300미터쯤 떨어진 곳에 회색코뿔소가 앉아 있습니다. 코뿔소는 초식동물이니 공격하지 않을 것이라 생각하고 사진을 찍는 데만 정신이 팔립니다. 잠시 후 정신을 차리고 보니 코뿔소가 100미터 근처까지 와서 여러분을 지켜보고 있습니다. 좀 오싹하겠죠? 구경을 멈추고 차에 탑니다. 코뿔소가 갑자기 차로 돌진합니다. 차는 박살나고 여러분의 안전은 장담하지 못하는 상황이 될 것입니다.

여기서 언급한 회색 코뿔소는 지속적인 경고로 충분히 예상할 수 있지만 설마설마하다 진짜 위기가 닥치는 상황을 비유한 말입니다. 미셸 부커 세계정책연구소 대표가 2013년 1월 다소스포럼에서 처음 언급했는데요, 부채위기를 경고할 때 주로 인용되는 용어입니다.

그런데 이제는 한국의 가계부채도 이 회색코뿔소로 불리고 있습니다. 왜 그런지 살펴보려고 하는데요, 과거 전 세계를 뒤흔들었던 경제위기들은 멀리 떨어져 있던 회색코뿔소가 갑자기 달려들면서, 즉 부채가 뇌관 역할을 하면서 발생했습니다. 대표적인 몇 가지 사례를 살펴보겠습니다.

한국 외환위기, 기업부채가 부른 참사

1990년 무렵 대학생들에게 큰 영향을 줬던 베스트셀러가 있었습니다. 김우중 당시 대우그룹 회장이 쓴 『세계는 넓고 할 일은 많다』입니다. 우리 기업들이 세계로 뻗어나가는 상황과 미래에 대한 비전이 담긴 책으로, 필자도 이 책을 읽고 피가 끓어올랐습니다.

당시 우리 기업들은 공격적인 수출전략으로 1994년, 1995년 연속 9% 이상의 성장률을 기록하며 호황을 이어갔습니다. 설비투자를 늘리기 위해 국내외 금융기관으로부터 많은 대출도 받았습니다. 그런데 미국으로부터 조용히 쓰나미가 밀려오기 시작했습니다. 미국의 성장세가 강하다 보니 미국 중앙은행인 연준이 기준금리를 빠르게 올렸고, 전 세계 달러가 금리가 높은 미국으로 몰리게 되었죠.

특히 신흥국들은 외환 보유고가 바닥을 드러내면서 잇따라 위험에 처하게 되었습니다. 태국과 인도네시아가 먼저 쓰러졌고 홍콩, 말레이시아, 필리핀 등 동남아 국가들이 어려운 상황에 처하게 되며 우리나라에도 파고가 몰려들었습니다. 단기부채 상환연기가 거절되고 국내에 들어와 있던 외국자본이 급속히 빠져나갔죠. 빚이 많던 우리나라 대기업들이 하나둘씩 무너지며 주가는 곤두박질쳤고 환율은 1달러에 2천 원 턱밑까지 치솟았습니다. 급기야 국제통화기금, IMF로부터 긴급지원을 받는 치욕적인 상황까지 맞이했습니다. 1997년 우리나라의 외환위기는 기업부채가 뇌관이었습니다.

2008년 미국발 금융위기 뇌관은 '가계부채'

2000년대 중반 미국정부는 경기 활성화를 위해 저금리정책을 폅니다. 금리가 낮으면 돈을 빌리기가 쉬워지고 시중에 돈이 많으면 자연스레 자산, 특히 부동산에 돈이 몰리게 되겠죠. 집을 사는 수요가 많아지니까 집값이 계속 오르게 되는데, 문제는 이때부터 발생합니다. 주택 가격의 인상 속도가 금리보다 높아지면서 돈을 빌려 주택을 사려는 사람들이 급속히 늘게 됩니다. 빌린 돈보다 집값이 훨씬 더 많이 오르게 되니 당연한 현상입니다.

은행들은 한술 더 떠서 '서브 프라임' 등급, 즉 돈을 갚을 능력이 거의 없는, 신용불량자에 가까운 사람들에게까지 주택담보대출을 해줍니다. 집을 사려는 사람은 더 늘어났고 집값은 계속 오릅니다. 2006년 미국 주택시장의 거품은 최고조에 이릅니다.

그런데 저신용자들까지 집을 사자 더 이상 집을 사줄 사람이 없게 되었습니다. 이자부담을 견디지 못한 사람들부터 집을 내놓기 시작했고, 집값은 급격하게 하락하기 시작했습니다. 저소득자들은 빚을 갚지 못하게 되었고 담보대출을 기반으로 만들었던 증권이 부실자산으로 바뀌면서 이 자산을 갖고 있던 투자은행과 금융기관이 어려움에 처하게 됩니다.

결국 2008년 9월 리먼 브라더스의 파산을 시작으로 연쇄적으로 금융기관이 파산하면서 미국은 물론 전 세계적인 불황이 시작되었습니다. 미국 금융위기의 뇌관은 가계부채였습니다.

유럽 재정위기 뇌관은 '정부부채'

2008년 미국에서 시작된 금융위기에 대응하기 위해 유럽 국가들은 대규모 경기부양책을 실시했습니다. 각국은 2천억 유로(270조 원) 규모의 재정지출로 대응했습니다. 파산할 상황에 처한 은행들까지 정부가 지원하면서 문제가 불거졌습니다. 이미 지출이 많아 허약해진 각국 정부가 은행 빚까지 떠안게 된 것입니다.

남유럽 국가들로부터 약한 고리가 터지기 시작했습니다. 첫 위기는 그리스부터 시작되었습니다. 그리스는 연금이 GDP에서 차지하는 비중이 12%나 될 정도로 복지예산 비중이 지나치게 과도했던 데다 정부부채가 해마다 늘면서 아슬아슬한 상황이었는데요, 결국 2010년 4월 23일 EU와 IMF에 구제금융을 신청했습니다. 이어 아일랜드와 포르투갈도 구제금융을 신청하며 위기가 본격화되었습니다.

결정타는 이탈리아였습니다. 정부부채가 GDP 대비 120%로 유럽 최대 규모인 상황에서 10년 만기 국채 금리가 급상승하면서 재정위기가 시작되었습니다. 경제규모 세계 8위, 유로존 3위의 경제대국이 부도날 상황에 처하자 유럽 전체 경제가 휘청거렸습니다. 유럽 재정위기는 정부부채가 뇌관이었습니다.

한국의 회색코뿔소, 가계부채는 왜 급증했나?

한국의 외환위기와 미국의 금융위기, 유럽의 재정위기까지 살펴봤는데요. 위기를 불어온 뇌관은 모두 부채, 즉 빚이었습니다. 외환위기는 기업부채, 금융위기는 가계부채, 재정위기는 정부부채 때문에 발생한 것입니다. 결국 큰 경제위기의 뇌관이 부채라는 공통된 배경이 있는 거죠. 그런데 우리나라의 가계부채 상황이 심상치 않습니다.

2021년 11월 한국은행은 한국의 가계부채가 9월 말 기준으로 1,845조 원이라고 발표했습니다. 2019년 12월에 1,600조 원을 돌파한 이후 1년 반 만에 200조 원 이상 증가한 것입니다. GDP 대비 가계부채율도 전 세계 최상위권 수준입니다.

한국의 가계빚은 외환위기를 기점으로 지속적으로 늘어 왔습니

한국 가계부채의 증가 추이

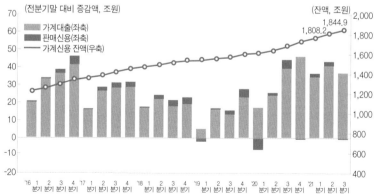

출처: 기획재정부, 데일리안

다. 여기에는 정책적인 배경이 있습니다. 외환위기를 겪으면서 한국 기업들은 빚을 내서 하는 투자에 극도로 몸을 사리게 됩니다. 이러다 보니 은행들이 난감해집니다. 돈을 빌려줘서 이자를 받아 운영하는 구조인데 빌려줄 대상이 크게 줄어든 것입니다. 이때 은행들이 눈을 돌린 게 가계입니다. 기업대출이 막혔으니 가계 쪽으로 돈이 흘러들어 가게 된 것입니다. 집을 담보로 한 가계대출이 이때부터 늘었고, 가계부채도 함께 늘기 시작했습니다. 마침 한국은행도 경기부양을 위해 기준금리를 낮췄고 대출금리가 낮아지면서 대출을 가속화시켰습니다. 2002년 400조 원 규모이던 가계부채가 불과 20년도 안 돼 4배로 늘어난 것입니다.

한국의 가계부채 3천조 원? 세계 1위?

문제는 실질적인 가계부채가 1,845조 원보다 훨씬 많은 3천조 원일 수 있다는 데 있습니다. 한국은행 발표보다 1,200조 원이 더 많습니다. 이렇게 차이가 나는 건 금융당국의 가계부채 산정방식 때문입니다.

한국은행이 공식 발표하는 가계부채의 정확한 용어는 가계신용*입니다. 이 가계신용은 가계대출(주택담보대출+신용대출)과 판매신용(신용판매+할부금융)의 합으로 이뤄집니다. 가계대출은 예금은행,

---

가계신용

가계대출(주택담보대출+신용대출)과 판매신용(신용판매+할부금융)을 합한 것

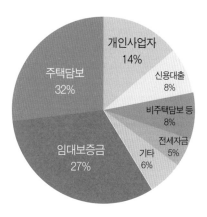

개인사업자
14%

신용대출
8%

비주택담보 등
8%

전세자금 5%

기타
6%

임대보증금
27%

주택담보
32%

■기타 ■전세자금 ■비주택담보등 ■신용대출 ■개인사업자 ■임대보증금 ■주택담보

출처 : 키움증권

상호저축은행과 신용협동조합 등 비은행예금취급기관, 그리고 보험사, 카드사, 할부사, 증권사 등 기타 금융기관에서 빌린 돈을 말합니다. 판매신용은 신용카드 회사나 할부금융 회사를 통해 신용카드나 할부로 구매한 물품 액수를 말합니다.

그런데 여기에 빠진 게 있습니다. 임대보증금과 개인사업자대출이 포함되지 않았습니다. 임대보증금은 임대인이 자신의 주택이나 상가를 담보로 세입자에게 돈을 빌린 일종의 주택담보대출과 같습니다. 개인사업자대출 역시 자영업자가 은행 등 금융기관으로부터 빌린 대출이기 때문에 빚으로 봐야 합니다. 이 2가지 대출을 포함시키면 가계부채는 1,800조 원이 아닌 3천조 원에 달합니다.

GDP 대비 적정 가계부채율 역시 160%로 치솟습니다. 국제결제

은행의 가이드라인에 따르면 GDP 대비 가계부채는 80% 수준이 적정한데 한국은 2배 수준입니다. 전 세계 1위입니다.

상황의 심각성을 인지한 금융당국이 2021년 8월부터 부채 조절에 들어갔습니다. 부채 조절은 2가지 방향으로 진행되고 있습니다.

우선 한국은행이 기준금리를 두 차례에 걸쳐 0.5%에서 1%로 올렸습니다. 2022년에도 한두 차례 추가로 올릴 것으로 보입니다.

다른 갈래로는 금융당국이 시중은행들을 압박해 전방위 대출규제에 나섰습니다. 우선 신용대출을 연봉 이내 한도로 묶었습니다. 마이너스 대출도 5천만 원 이하로 억제했습니다. 주택담보대출을 줄이거나 이자율을 높여 억제하고 있습니다. 특히 부채규모 확대에 영향을 미친 전세대출도 새로 늘어난 금액만큼만 대출하도록 규제했습니다.

부채 증가세를 감안하면 2023년 가계부채가 4천조 원에 달할 것이라는 분석도 있습니다. 100미터 밖에 있던 회색코뿔소가 10미터 근처까지 다가와 지켜보고 있습니다.

3층 연금으로
월 500만 원 수입 만들기

1장에서는 글로벌 경제의 흐름이 어떻게 흘러가고 있는지 살펴 봤습니다. 세계경제 대통령인 미국 연방준비제도(연준)의 역할, 글로벌 경제 1위와 2위인 미국과 중국의 패권전쟁과 전략, 자산 거품과 붕괴에 따른 양털깎기의 실체 등 꼭 알아야 할 거시경제의 부문들을 짚었습니다. 이어 2장에서는 돈의 본질과 흐름을 살펴봤습니다. 돈의 값인 금리와 환율의 개념과 원리, 기축통화인 달러, 암호화폐와 디지털 화폐, 마지막으로 경제위기의 뇌관 역할을 했던 부채의 현황을 설명했습니다.

이제 3장부터는 본격적으로 부를 어떻게 설계할지 구체적으로 들어가보겠습니다. 1단계는 3층 연금을 통해 노후에 월 500만 원 수입을 갖추는 방법이고, 2·3단계는 부동산과 주식투자를 통해 부를 늘릴 수 있는 방법입니다.

통계청 자료에 따르면 우리나라 국민의 평균수명은 83.3세라고 합니다. 보통 정년이 만 60세인 점을 고려하면 그 전에 벌어놓은 돈으로 퇴직 후 20년 넘게 살아야 합니다. 평균수명이 계속 늘어나고 있어 30년을 일해 번 돈으로 30년을 살아야 하는 상황이 곧 닥치겠죠. 당연히 월급만으로는 노후준비를 충분히 할 수 없습니다. 그래서 주식과 부동산, 암호화폐 등, 너도나도 투자에 열을 올립니다. 하지만 많은 분들이 간과하는 것이 있습니다. 바로 '연금'입니다.

노후준비를 위한 연금의 종류

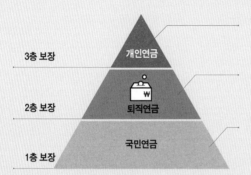

3층 보장 — 개인연금

2층 보장 — 퇴직연금

1층 보장 — 국민연금

여유 있는 생활(개인보장)
여유 있는 개인이 자유롭게 선택해 가입
- 금융기관에서 운영

안정적인 생활(기업보장)
근로소득이 있는 경우 가입
- 회사 또는 근로자가 자산 운용

기초생활보장(국가보장)
소득이 있는 경우 의무적으로 가입
- 국가에서 운영

출처: 국민연금공단

　　연금은 개인의 부를 설계할 때 가장 밑바닥에 구축해야 하는 토대입니다. 투자를 하더라도 기본 토대부터 단단히 다져놓고 시작해야 합니다. 설사 투자로 손해를 보더라도 기본 생활은 유지해야 재기할 수 있기 때문입니다. 전쟁에서 아군의 성과 진지를 먼저 탄탄히 구축한 후 적을 공격해야 하는 원리와 같습니다.

　　연금은 위의 그림에서 보듯이 3층으로 쌓아야 합니다. 국민연금, 퇴직연금, 개인연금, 이 3가지 연금을 탄탄히 갖추는 것이 '부의 설계'의 기본입니다. 자, 그러면 부의 설계 1단계, 연금의 세계로 출발하겠습니다.

국민연금 월 100만 원
= 은행 예금 13억 원

국민연금은 언제 가입하는 것이 가장 유리할까요?
가입기간이 만 18세부터 60세까지이므로
최대한 일찍 가입하는 것이 유리합니다.

소득대체율은 왜 계속 줄어들까?

매달 100만 원씩 고정적으로 이자수입이 있으려면 은행에 얼마 정도의 예금이 있어야 할까요? 예금 금리를 1%대로 가정하고 이자소득세까지 고려하면 13억 원 정도가 은행계좌에 있어야 한다는 계산이 나옵니다. 13억 원! 2021년 11월 기준 서울 아파트 평균 가격이 12억 원가량임을 감안하면 집 한 채 값이 은행에 있어야 한다는 얘기입니다.

이걸 연금의 1층인 국민연금으로 바꿔볼까요? 매달 국민연금으로 100만 원씩 받으려면 매달 22만 5천 원씩 40년 동안 납부하면 됩니다.

총 납부금액은 1억 800만 원 정도인데요, 총 투자금 1억 800만 원으로 13억 원의 효과를 누릴 수 있는 셈이니 엄청나게 남는 장사 아닌가요? 주식투자와 부동산투자로 돈을 벌기 위해 머리를 싸맬 필요 없이 기본적으로 국민연금 하나만 제대로 들어놔도 노후 준비의 기본이 갖춰지는 셈입니다.

어떤 투자 상품이든 먼저 수익구조를 파악하는 게 중요합니다. 그래야 최소 비용으로 최대의 효율을 얻을 수 있죠. 국민연금도 마찬가지입니다. 국민연금은 노령연금, 장애연금, 유족연금, 반환일시금, 분할연금 등 5가지 종류의 연금을 통틀어 지칭합니다. 보통 만 65세부터 받는 노령연금을 지칭하기 때문에, 이 책에서도 편의상 노령연금을 국민연금으로 통일하겠습니다.

> 국민연금액=(기본연금액 X 지급률)+부양가족연금액
>
> 기본연금액=소득대체율 상수 X (A+B) X (1+0.05 X 20년 초과기간/12)

국민연금 산출식인데요, 핵심은 기본연금액입니다. 지급율은 이미 정해져 있고 부양가족연금액은 액수가 미미하기 때문에 생략하겠습니다. 기본연금액이 사실상 연금수령액을 결정합니다. 핵심요소는 소득대체율, A와 B값, 가입기간, 이 3가지입니다. 이 3가지 개념만 이해하면 국민연금의 설계구조를 파악한 것입니다. 쉽게 설명해보겠습니다.

우선 소득대체율은 본인의 평균소득 대비 받을 수 있는 국민연금 비율을 말합니다. 이해를 돕기 위해 예를 든다면 홍길동 씨의 월

평균소득이 300만 원이고 국민연금 소득대체율이 100%로 설정되어 있다면, 산술적으로 만 65세부터 월 300만 원씩 받을 수 있다는 말입니다. 소득대체율이 50%면 월 150만 원씩 받겠죠. 납부액과 기간 등 여러 변수들 때문에 실제 액수는 다소 차이가 있겠지만 기본적인 구조가 그렇다는 것입니다.

그렇다면 실제로는 어떻게 책정되어 있을까요? 국민연금이 도입된 1988년 당시에는 평균소득의 70% 정도를 지급하는 것으로 설정되었습니다. 연금제도 도입 초기에 국민들을 많이 가입시키기 위해 높게 설정해놓은 것이죠. 생애평균소득의 70%를 받는다면 노후생활 유지에 지장이 없는 수준 아닐까요? 하지만 재정이 쫓아가지 못하니까 이 비율을 계속 낮춥니다.

2028년부터는 40%까지 떨어집니다. 이게 무슨 의미냐면요, 국민연금만 받아서는 노후생활이 어렵다는 얘깁니다. "국민연금=용돈연금"이라는 말이 나오는 이유죠.

국민연금 소득대체율의 감소

기간	소득대체율
1988~1998년	70%
1999~2007년	60%
2008~2027년	50%(2008년 이후 매년 0.5%p씩 감소)
2028년~	40%

출처: 국민연금공단

국민연금은 소득이 적은 사람이 더 받는다

연금 수령액을 결정하는 두 번째 요소인 A값과 B값을 알아보죠.

> 기본연금액=소득대체율 상수 X (A+B) X (1+0.05 X 20년 초과기간/12)

A값은 국민연금 전체 가입자의 최근 3년간 월 평균소득입니다. 254만 원가량 됩니다. B값은 국민연금 납부자 본인의 국민연금 가입기간 평균소득입니다. 국민연금을 산출할 때는 이 두 값을 더해서 평균을 냅니다.

눈치 빠르신 분은 여기에 숨겨진 비밀을 이미 파악하셨을 텐데요, 그렇습니다. 국민연금은 평균, 즉 월 254만 원보다 소득이 많은 사람은 덜 받고, 소득이 적은 사람이 더 받는 구조로 설계되어 있습니다. 소득을 재분배하는 기능을 하는 거죠.

구체적으로 살펴보겠습니다. 매달 내는 연금 납입보험료는 9만원에서 45만 2,700원까지 설계되어 있는데요, 월 소득액이 100만 원이어서 최저액 월 9만 원을 10년 동안 납부한 A씨는 만 65세부터 월 18만 원씩 받을 수 있고, 최고액인 월 45만 2,700원을 10년 동안 납부한 B씨는 월 39만 원씩 받을 수 있습니다. B씨가 A씨보다 5배나 더 많이 냈는데 수령액은 2배 넘게 더 받습니다. 원금을 회수하는 데 걸리는 기간도 A씨는 4년 11개월인 데 비해 B씨는 11년 6개월이나 됩니다.

단위: 원

	연금보험료(월)	10년 가입시 월 수령액	총 납입금	원금 회수기간
A씨	90,000	183,180	10,800,000	4년 11개월
B씨	452,700	391,730	54,324,000	11년 6개월

출처: 국민연금공단

간단히 말해 'A씨는 5년째부터, B씨는 11년 7개월째부터 자기가 낸 돈 이상을 받게 됩니다. 즉 투자한 돈 이상을 벌게 된다'는 의미로 이해하시면 됩니다.

두 사람을 비교하면 A씨가 B씨의 손익분기점인 11년 7개월까지 14,654,400원을 더 벌게 되는 셈입니다. 이 원리가 잘 이해가 안 가시면 토끼와 거북이 경주를 떠올리면 됩니다. 거북이가 한참 앞에서 출발한다고 보시면 되죠. 그러니 토끼가 따라잡는 데 당연히 시간이 걸리겠죠.

한 걸음 더 나가보겠습니다. B씨가 A씨보다 무조건 손해일까요? 그렇지는 않습니다. B씨가 A씨보다 월 수령액이 2배 이상 많기 때

A씨와 B씨의 국민연금 손익분기점

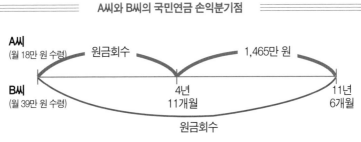

출처: 국민연금공단

문에 어느 시점부터는 총 수령액이 A씨 수령액을 추월하는 시점이 있습니다. 연금을 받기 시작한 후 17년 6개월부터는 B씨가 받은 총 수령액이 A씨의 수령액을 초과하게 됩니다. 65세부터 받았다고 하면 82세 시점부터 역전되는 거죠. 간단히 말해 82세 이상 살 정도로 건강에 자신 있다면 연금보험료를 최고치로 납입하는 게 유리한 것입니다.

언제 가입하는 게 가장 유리할까?

먼 길을 달려왔는데요, 이번에는 연금수령액을 결정하는 세 번째 요소인 '가입기간'을 살펴보겠습니다. 가장 주목해서 봐야 할 내용입니다.

> 기본연금액 = 소득대체율 상수 X (A+B) X (1+0.05 X 20년 초과기간/12)

여기서는 '0.05 X 20년 초과기간' 부분을 주목하면 됩니다. 가입기간 21년차부터는 매년 5%씩 연금이 늘어나는 구조입니다. 가입기간이 늘수록 더 받는 거죠.

연금보험료로 월 9만 원씩 내는 C씨가 20년 가입했을 때와 40년 가입했을 때를 비교해보죠. 20년 납입하면 월 360,160원, 40년 납입하면 월 714,140원을 받게 됩니다.

단위: 원

연금보험료	국민연금 가입기간에 따른 월 수령액			
	10년	20년	30년	40년
90,000	183,180	360,160	537,150	714,140
162,000	224,580	441,560	658,550	875,540
225,000	260,800	512,790	764,770	1,016,760
360,000	338,430	665,410	992,400	1,319,390
452,700	391,730	770,220	1,148,700	1,527,190

출처: 국민연금공단

이제 정리해보겠습니다. 국민연금의 수령액을 결정하는 3가지 요소는 소득대체율, A값과 B값, 가입기간입니다. 소득대체율은 계속 줄어들어 2028년부터는 40%까지 낮아진다는 점을 살펴봤고, A값과 B값으로는 소득재분배 효과가 반영되어 있다는 점을 설명드렸습니다. 가입기간 20년 초과부터는 받는 연금액이 5%씩 더 늘어나게 된다는 점을 알게 되었습니다.

자, 그러면 국민연금은 언제 가입하는 게 가장 유리할까요? 가입기간이 만 18세부터 60세까지이므로 최대한 일찍 가입하는 것이 당연히 유리하죠. 그런데 '수입이 없어서 20대에는 가입이 어렵지 않겠냐'는 의문을 제기하시는 분들이 있을 것입니다. 그런 분들을 위해 만들어진 '임의가입제도'와 '추후납부제도'라는 게 있습니다. 이어서 설명해드리겠습니다.

대박 재테크,
'추후납부'의 비밀

과거에 국민연금을 한 번이라도 납부했던 국민연금 가입자가
'추후납부제도'를 활용해 최대 9년 11개월간(119개월)의 보험료를 납부하면
낸 돈보다 훨씬 더 많은 연금을 받을 수 있습니다.

서울 송파구에 살던 49세 A씨는 1990년 국민연금에 가입한 후 몇 년을 내다가 납부를 중단했습니다. 그러다 2017년 무렵 추후납부제도를 이용해 241개월치 보험료 1억 원을 납부했습니다. 20년치를 한꺼번에 채워넣은 것입니다.

그 결과, 원래 만 65세부터 월 35만 원이던 수령액이 월 118만 원으로 늘게 되었습니다. 7년만 수령하면 납부한 원금을 회수하게 되고, 8년째부터는 수익을 보게 되는 것이죠. 이 사연이 언론을 통해 알려지면서 '부유층 재테크 수단'이란 비판여론이 거세게 일었고, 결국 2020년 12월에 법이 개정되었습니다. 대박 재테크로 불리는 '추후납부제도'의 대표적 사연입니다. 추후납부제도란 게 과연 어떤 제도인지 자세히 설명해보겠습니다.

1천만 원 내고 만 65세부터 월 18만 원 받는다

국민연금은 직장가입자(사업장가입자)와 지역가입자, 임의가입자, 임의계속가입자로 나눠집니다. 직장가입자와 지역가입자는 자기 소득의 9%를 국민연금으로 내야 하는데 직장 가입자는 절반을 직장에서 내줍니다.

이와는 별개로 소득이 없는 전업주부 등을 위한 '임의가입제도'라는 게 있는데요, 여기에 해당되는 사람들을 임의가입자라고 하죠. 만 18세 이상이면 가입할 수 있습니다. 국민연금공단에 가거나 전화로 임의가입신청을 하고 납부하면 되는데요, 납부액은 월 9만 원에서 45만 2,700원 범위 내에서 선택하면 됩니다. 납부액과 수령액 등 나머지 부분은 앞에서 설명한 내용과 동일합니다.

그런데 직장가입자, 지역가입자, 임의가입자 분들 가운데 국민연금 가입기간 중 실직, 휴직 등으로 보험료를 납부할 수 없는 경우가 발생합니다. 결혼, 출산, 육아 등으로 퇴사하는 경우도 있습니다. 이러한 경우 '납부예외' 신청을 하고 보험료를 내지 않는데, '추후납부'란 이 기간 동안 내지 않았던 보험료를 내면 가입기간을 인정해주는 제도입니다. 가입기간이 늘어난 만큼 나중에 받는 연금액도 늘어나겠죠.

가입조건이 있습니다. 과거에 한 번이라도 국민연금 보험료를 냈어야 하고, 현재 가입 상태여야 합니다. 이 2가지 조건을 충족하면 과거에 비어 있는 기간의 보험료를 채워 넣을 수 있는 것입니다. 그리고 꼭 기억해야 할 중요한 점이 있는데요, 원래는 10년이든 20

년이든 비어 있는 기간 모두를 채울 수 있었습니다. 그런데 앞에서 소개한 송파구의 주부 사연이 알려지면서 '부자 재테크'라는 비판 여론이 일면서 법이 바뀌었습니다. 10년 이내, 즉 119개월만 추후 납부가 인정됩니다. 보험료 상한선도 A값의 9%까지로 정했는데요, 2020년 기준으로 21만 9,000원입니다. 최대로 납부할 수 있는 금액은 119개월 기준으로 2,600여만 원입니다.

정리하자면 과거 국민연금을 한 번이라도 납부했던 국민연금 가입자가 '추후납부제도'를 활용해 최대 9년 11개월간(119개월) 보험료를 납부하면 낸 돈보다 더 많은 연금을 받을 수 있습니다. 예를 들어 최저 납부액인 9만 원 기준으로 119개월치, 1천만 원가량을 납부하면 만 65세부터 평생 동안 월 18만 원씩을 받을 수 있습니다. 원금 회수기간인 144개월 후, 즉 13년째부터는 초과수익이 발생하는 것입니다.

실직한 1년, 정부가 국민연금 절반 보조

실직이나 군복무, 출산 등 피치 못할 사정으로 연금보험료 납부에 공백이 생긴 분들을 위한 보완제도도 있습니다.

우선 실업 크레딧 제도입니다. 실직한 분들의 경우 구직급여를 수령하는 1년간 정부에서 국민연금 보험료를 지원해줍니다. 인정해 주는 소득 상한선은 70만 원입니다.

이 금액의 9%인 월 6만 3,000원이 건강보험료인데요, 개인이 월 1만 5,750원을 납부하면 정부가 나머지 4만 7,250원을 내줍니다. 무제한으로 지원해주는 것은 아니고 생애 통틀어 1년간입니다. 예를 들어 직장을 옮기는 과정에서 6개월씩 두 번 구직 급여를 받는 기간이 있으면 각각 지원을 받을 수 있습니다.

군복무 크레딧 제도는 군복무기간에도 보험료를 납부하면 가입 기간에 포함시켜 주는 제도인데요, 군복무기간 중 6개월만 인정해줍니다. 소득은 연 120만 원가량만 인정해주기 때문에 월 10만 원 정도 납부하면 됩니다.

출산 크레딧제도는 출산기간을 가입기간으로 인정해주는 것입니다. 2자녀 이상 출산해야 해당되는데, 2자녀는 12개월, 3자녀는 30개월, 4자녀는 48개월을 가입기간으로 인정해줍니다.

국민연금과 기초연금을 동시에 받을 수 있나?

만 65세부터는 월 30만 원씩 기초연금을 받는데요, 기본적으로 국민연금과 같이 받을 수 있습니다. 다만 국민연금 수령액이 월 45만 원을 넘을 경우에는 액수에 따라 기초연금이 최대 15만 원까지 줄어듭니다.

연금을 앞당겨 받을 수도 있습니다. 예를 들어 1969년 이후 출생자들은 만 65세부터 연금을 받는데요, 수입이 없어서 연금을 일찍 받고 싶다면 신청할 수 있습니다. 이 경우 매년 6%씩 감액이 되는데요, 5년을 더 일찍 받게 되면 30% 가량 덜 받게 되는 셈입니다. 당겨서 받는 만큼 70대 후반부터는 실제 수령액에서 역전이 된다는 점을 기억해야 합니다.

반대로 연금을 늦게 받을 수도 있습니다. 소득이 있는 경우인데요. 매년 7.2%씩 연금액이 인상됩니다. 예를 들어 5년을 뒤로 미뤄서 만 70세부터 받는다면 36%를 더 받게 되는 것입니다. 이 경우 가장 중요한 건 본인의 건강 상태입니다. 일찍 사망하면 오히려 미리 받는 것보다 못하겠죠.

퇴직연금,
세금 30% 아낄 수 있다

투자에 자신이 없거나 임금상승률이 높은 회사에 다니는 근로자는
확정급여형이 유리하고, 회사의 임금상승률이 낮거나 재테크에 밝아
투자에 자신이 있는 근로자는 확정기여형 쪽이 유리합니다.

미국에는 401K라는 퇴직연금 제도가 있는데요, 1981년 도입되었고 모든 근로자가 자동으로 가입하도록 법제화되어 있습니다. 이 제도 덕분에 연금자산 100만 달러(12억 원)를 넘게 축적한 사람들이 26만 명이 넘는다고 합니다. 소득대체율이 70% 이상이어서 이 퇴직연금만으로도 노후가 보장된다고 합니다.

우리나라도 2005년부터 기존의 퇴직금 제도에 연금 기능을 강화한 퇴직연금 제도를 도입했는데요, 회사가 망하더라도 퇴직금을 보전하고 근로자가 연금 형태로 퇴직금을 안정적으로 받게 하자는 취지였습니다. 퇴직연금 규모는 지속적으로 늘어 2020년 말 기준으로 국내 퇴직연금 적립금은 255조 5천억 원 규모로 커졌습니다. 퇴직연금 규모는 지속적으로 늘고 있지만 투자수익률은 연평균 2%대에 불과합니다. 전체 퇴직연금 가운데 90%에 달하는 자산이 안전성을

중시하는 원금보장형 상품에 몰려 있기 때문입니다. 이번에는 연금의 2층인 퇴직연금에 대해 살펴보겠습니다.

회사가 망하면 퇴직금 못 받는다?

우리나라는 기존의 퇴직금 제도와 퇴직연금 제도가 혼재되어 있습니다. 퇴직연금이 2005년부터 도입되면서 퇴직연금을 선호하는 추세입니다. 퇴직금은 퇴직 직전 3개월간 월평균 임금에 근속연수를 곱해서 산출하는데요, 보통은 퇴직할 때 한꺼번에 받지만 중간에 받을 수도 있습니다. 이를 중간정산이라고 하는데요, 다만 무주택자가 주택을 구입하거나 전세에 들어갈 때, 본인이나 가족들이 장기 치료를 받을 때 등 여러 요건들 중 하나를 충족해야 합니다. 이 퇴직금 제도는 퇴직금을 회사계좌에 보관하다 보니 회사가 망하면 퇴직금을 못 받을 수도 있습니다.

근로자가 안전하게 퇴직금을 받을 수 있도록 도입한 퇴직연금은 2가지 종류로 나눠집니다. 확정급여형(DB형)과 확정기여형(DC형)이 바로 그것입니다.

우선 확정급여형(DB형)부터 살펴보죠. 영어로 Defined Benefit인 확정급여형은 말 그대로 퇴직금이 확정되어 있다는 의미입니다. 기존의 퇴직금 제도와 비슷한데요, 가장 큰 차이점은 회사계좌가 아닌 은행, 증권, 보험 등 퇴직연금 운용사에 맡겨서 운용하고 근로자가 퇴직할 때 지급한다는 점입니다. 회사가 퇴직금 운용에 대한 모든 권한과 책임을 지게 되는데, 손해가 나든 이익이 나든 확정된 퇴

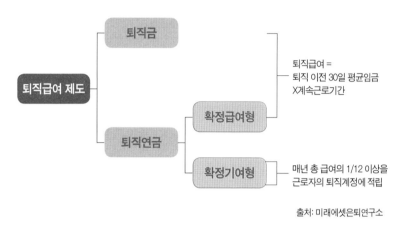

출처: 미래에셋은퇴연구소

직금에는 영향이 없습니다. 예를 들어 퇴직금 규모가 100억 원인데 펀드, 채권 등에 잘 투자해서 규모가 200억 원으로 늘어나게 되면 수익 부분은 회사가 가져갑니다.

확정기여형(DC형)은 영어로 Defined Contribution인데요, 근로 자가 퇴직할 때 한꺼번에 주는 게 아니라 매년 총급여액의 12분의 1, 즉 한달치 급여를 연말에 지급합니다. 개인에게 주는 게 아니라 퇴 직연금 계좌에 넣어줍니다. 예를 들어 직원 100명이 있는 회사인 경 우 매년 연말에 직원 개개인의 퇴직연금 계좌에 1년치 퇴직금을 넣 어주고, 이걸로 회사 책임은 끝납니다. 개인은 이 돈으로 예금, 펀 드, ETF 등 본인이 원하는 금융상품에 투자할 수 있는데요, 운용에 대한 모든 권한과 책임은 모두 본인에게 있습니다.

다시 말해 확정기여형은 수익이 나든 손실이 나든 모두 본인 책임이라는 얘깁니다. 예를 들어볼까요? 2020년 초 같은 회사에 근무하는 동료 A씨와 B씨의 퇴직금은 2억 원으로 같았습니다. A씨는 재테크에 자신이 없어 원금보장형 상품에 넣어놨고 B씨는 주식 비중이 높은 실적배당형 상품에 투자했습니다. 1년 후인 2021년 초 상황을 보니 A씨는 2억 원에서 약간 늘었지만 B씨는 수익률 30%로 2억 6천만 원으로 규모가 커졌습니다. 어떻게 운용했느냐에 따라 차이가 발생한 것입니다.

확정급여형과 확정기여형의 공통점은 2가지가 있는데요, 첫 번째 공통점은, 어느 쪽을 선택하든 무조건 IRP, 개인형퇴직연금 계좌에 넣어야 한다는 것입니다. 두 번째 공통점은, IRP 계좌로 받은 이후에는 일시금이나 퇴직연금 중 선택이 가능하다는 것입니다. 연금으로 선택하면 만 55세 이후 연금을 받기 시작할 때까지 퇴직소득세가 미뤄지면서 30% 세금 감면 효과도 있습니다. 일시금으로 선택하면 퇴직금 전체에 대해 소득세가 부과됩니다.

퇴직연금, 왜 IRP에 담아야 하나?

개인형퇴직연금, IRP(Individual Retirement Pension) 제도는 2012년 2월에 도입되었습니다. 확정급여형과 확정기여형 퇴직연금을 최종적으로 담는 일종의 바구니 역할을 합니다. 예를 들어 5년마다 회사를 옮긴 A씨의 경우 해당 회사에서 퇴직할 때마다 퇴직금이 IRP 계좌로 입금됩니다.

IRP 계좌를 이용하게 되면 2가지 혜택이 있습니다. 우선 연말정

연 근로소득	세액공제
5,500만 원 이하	700만 원×16.5% = 115.5만 원
5,500만 원 초과	700만 원×13.2% = 92.4만 원

출처 : 삼성증권

산 때 연 700만 원까지 16.5%(지방소득세 포함) 세액공제를 해줍니다. 연봉에 따라 액수가 차이가 있지만 대략 100만 원 가량을 돌려받을 수 있습니다. 만약 IRP와 연금저축을 합해서 연 700만 원까지 세액공제를 해주기 때문에 연금저축에 400만 원이 납입되어 있다면 IRP에서는 300만 원까지 세액공제 대상입니다.

두 번째 혜택도 세금입니다. 퇴직소득세를 30% 덜 낼 수 있습니다. 예를 들어보겠습니다. 홍길동 씨가 퇴직하면서 1억 원을 퇴직금으로 받습니다. 근속기간이 10년이라고 한다면 퇴직소득세는 세율 10%로 적용해 1천만 원 정도 내야 합니다. 그런데 일시금으로 수령하지 않고 IRP 계좌에 이체합니다. 연금을 만 55세부터 받게 될 경우 연금 1년차부터 10년까지 30%를 감액해줍니다. 매년 70만 원씩 700만 원만 부담한다는 얘기인데, 세금 300만 원을 덜 내게 됩니다.

여기에 숨겨진 혜택이 하나 더 있습니다. 연금수령 11년차부터는 40%를 감면해줍니다. 연금수령 기간을 15년으로 잡는 경우 10년까지는 30%, 11년부터 20년까지는 40% 감액을 적용받을 수 있습니다.

	확정급여형(DB)	확정기여형(DC)	개인형퇴직연금(IRP)
퇴직급여	확정(퇴직전 3개월 평균임금×근속연수)	운용성과에 따라 변동	운용성과에 따라 변동 일시금 or 퇴직연금
유리한 대상	투자에 자신 없는 사람 임금상승률이 높은 회사	투자에 자신 있는 사람 임금상승률이 낮은 회사	퇴직금 외 추가 자금운용 희망자

출처: 미래에셋은퇴연구소

그럼 10년차까지 매년 500만 원씩 받다가 11년차에 나머지 5천만 원을 모두 찾으면 어떻게 될까요? 10년까지는 30% 감면을 적용받아 150만 원을 덜 내고, 11년차에서는 40% 감면을 적용받아 200만 원을 덜 내서 350만 원 절세효과가 있습니다.

개인형퇴직연금은 재직중인 근로자 외에도 소득이 있는 누구나 가입할 수 있습니다. DB형, DB형에 해당되지 않는 자영업자들도 가입할 수 있는데요, 연간 700만 원까지 세액공제 혜택이 있다는 점을 활용할 수 있습니다.

꿩먹고 알먹는 연금저축의 비밀

51세인 홍씨가 국민연금과 퇴직연금, 연금저축에 연금보험까지 해서
만 65세 이후 월 500만 원 정도 수입이 들어오게 만들어놓으면
노후에 안정적인 생활을 누리는 데 지장이 없습니다.

이번에는 3층 연금의 마지막 단계, 개인연금에 대해 살펴보겠는데요, 개인연금의 필요성을 설명하기 위해선 앞에서 설명드린 국민연금과 퇴직연금만으로 노후생활이 충분한지부터 점검해야 할 것입니다.

예를 들어보겠습니다. 기업에 다니는 홍길동 씨는 2021년 기준 만 51세이며, 27세부터 60세까지 33년 동안 국민연금을 납부했습니다. 만 65세부터 수령할 경우 월 165만 원 정도 받게 됩니다. 부인은 임의연금가입으로 월 80만 원 정도 수령하게 되는데 부부가 합쳐서 만 65세부터 월 220만 원가량 받게 됩니다. 3억 원 퇴직연금으로는 20년간 월 125만 원 정도 받게 되는데, 그러면 총 월 370만 원이죠. 물가상승과 이러저러한 상황을 감안하면 다른 수입원이 필요할 텐데요, 그게 개인연금입니다. 정부도 국민연금과 퇴직연금만으로 노

후생활에 부족하다는 점을 알고 있기 때문에 개인연금을 활성화시키기 위해 세제혜택을 주면서 장려하고 있습니다.

개인연금으로는 연금저축과 연금보험으로 나눌 수 있는데요, 우선 연금저축부터 살펴보겠습니다.

연금저축은 개인연금 가운데 0순위로 가입해야 하는 건데요, 연말정산시 세액공제가 가장 큰 혜택입니다. 연간 납입액 400만 원까지 세액공제를 받을 수 있는데요, 다만 종합소득이냐 근로소득이냐, 그리고 연봉액수가 어떻게 되느냐에 따라 아래 표처럼 세액공제액이 달라집니다.

이해하기 쉽게 사례로 설명하겠습니다. 연봉이 5천만 원인 근로자 A씨는 연 400만 원을 납입할 경우 16.5%, 즉 66만 원을 돌려받을 수 있습니다. 연봉이 7천만 원인 근로자 B는 월 400만 원을 납입했을 때 13.2%, 즉 52만 8천 원을 돌려받게 됩니다. 반면 연봉이 1억 3천만 원인 고소득 근로자 C씨는 300만 원까지만 세액공제 혜택이 있는데, 300만 원을 납입했을 때 39만 6천 원을 돌려받을 수 있습니다.

연금저축 세액공제표

근로소득	세액공제 한도	세율	종합소득	세액공제 한도	세율
5,500만 원 이하	400만 원	16.5%	4,000만 원 이하	400만 원	16.5%
5,500만 원 ~1억 2천만 원		13.2%	4,000만 원 ~1억 원		13.2%
1억 2천만 원 초과	300만 원		1억 원 초과	300만 원	

출처: 삼성증권

근로소득자	근로소득자	세액공제한도	적용 세율	소득세 환급액
A씨	연 5천만 원	연 400만 원	16.5%	66만 원
B씨	연 7천만 원	연 400만 원	13.2%	52만 8,000원
C씨	연 1억 2천만 원	연 300만 원	13.2%	39만 6,000원

출처: 미래에셋은퇴연구소

가입기간 5년 이상을 지켜야 세제혜택 있다

연금저축은 가입하고 있는 동안에는 납입액의 13.2~16.5%를 환급받지만, 나중에 만 55세 이후 연금으로 받을 때에는 연금소득세를 내야 합니다. 3.3~5.5%인데 세액공제율보다 훨씬 낮습니다.

이처럼 세제혜택이 큰 대신 꼭 지켜야 할 조건이 있습니다. 첫째, 가입기간이 5년 이상이어야 합니다. 매년 돈을 넣지 않더라도 가입기간만 유지하면 세제혜택을 누릴 수 있습니다. 둘째, 55세 이후에 반드시 연금으로 받아야 합니다. 만약 중간에 해지하거나 일시불로 받을 경우 16.5%의 세금을 내야 합니다. 즉 연금으로 받는 조건으로 혜택을 받았던 세액공제를 모두 토해내야 한다는 의미입니다. 셋째, 매년 받을 수 있는 연금의 한도가 정해져 있습니다. 최대한 길게 연금을 나눠서 받으라는 의미인데요, 특히 2013년 3월 이후에 가입한 경우에는 연금을 10년 이상으로 나눠서 받아야 세액공제 혜택이 유지됩니다.

앞에서 사례로 든 홍길동 씨가 매년 400만 원씩 30년 동안 연금저축에 납입했을 경우 얼마를 받게 될까요? 단순계산으로 매년 52만 8천 원씩 세액공제를 받았고, 연금계좌에는 1억 2천만 원이 들어 있습니다. 10년에 걸쳐 연금으로 수령하게 되면 매달 100만 원씩 수입이 생긴다는 의미입니다. 국민연금, 퇴직연금과 합치면 월 470만 원 수입이 고정적으로 들어오게 됩니다.

그런데 이것으로 충분하지 않습니다. 퇴직연금은 20년간만, 연금저축 연금은 10년간만 받을 수 있기 때문입니다. 평균수명이 계속 늘어난다는 점을 감안하면 안전장치가 하나 더 필요합니다. 바로 연금보험입니다.

연금보험은 수령할 때 비과세 혜택

연금보험은 연금저축과 다른 금융상품인데요, 가장 큰 차이점은 세제혜택 부분입니다. 연금보험은 연간납입액에 대해 세금을 환급해주지 않습니다. 대신 연금을 수령할 때 수령액에 대해 비과세 혜택이 있습니다. 연금저축이 세액공제를 해주고 연금수령 때 소득세를 부과하는 데 비해 연금보험은 세액공제 대신 연금수령 시 세금을 부과하지 않는 것입니다.

이제 개인연금보험의 종류를 살펴보겠습니다. 우선 확정금리형 상품이 있는데요, 2001년부터 판매가 중단되었습니다. 보험회사로서는 무조건 손해보는 상품이기 때문입니다. 일단 이 상품에 이미 가입한 분들은 절대로 해지해서는 안 됩니다.

둘째, 금리연동형 상품입니다. 이 연금보험은 대부분 공시이율을 적용하고 있는데 시중금리가 낮다 보니 수익률도 낮습니다. 수익률이 낮은 대신 원금손실 가능성은 없지만 물가상승에 따른 화폐가치 하락으로 상대적인 손실이 발생할 수 있습니다.

세 번째 상품은 변액연금보험인데요, 개인이 납입한 원금을 주식이나 채권에 투자해서 수익을 지급합니다. 이미 눈치채셨겠지만 이 상품은 투자손실이 발생하면 원금을 까먹을 수 있는 위험이 있습니다.

네 번째 상품은 최저보증형 연금보험입니다. 이 연금보험이 보증하는 최저 수익률은 연단리 4~5% 정도인데요, 기준금리가 1%도 안 되는 현실을 감안하면 상당히 높은 수익률입니다. 단, 조건이 있습니다. 보험료를 납입하고 보험을 유지하는 기간에만 최저보증 수익률을 지급하고 반드시 연금은 종신연금형으로 받아야 합니다. 보험 유지기간이 길고 종신연금형으로 수령한다면 괜찮은 상품이라고 볼 수 있죠.

연금의 복병,
'세금'

연금소득은 종합과세 대상입니다.
공적연금(국민연금)은 액수와 관계없이 무조건 종합과세 대상이고,
사적연금은 연 1,200만 원 초과면 종합과세, 그 이하면 분리과세 대상입니다.

국민연금과 퇴직연금, 개인연금, 주택연금 가운데 어느 연금이 세금을 낼까요? 과세대상이라면 어느 정도 세금을 낼까요? 세금을 줄일 수 있는 방법이 있을까요? 이 부분도 복잡하게 얽혀 있는데요, 세금체계를 정확히 알고 불필요한 세금을 줄이는 것도 '부의 설계'의 중요한 부분을 차지합니다. 이번에는 연금과 세금을 주제로 얘기를 풀어가보겠습니다.

소득 있는 곳에 세금이 있다? 그렇습니다. 연금소득에도 세금이 부과됩니다. 단, 주택연금은 제외됩니다. 본인 소유의 주택을 담보로 받는 연금이기 때문에 일종의 대출로 보기 때문이죠.

연금 관련 세금을 알려면 우선 과세체계를 알아야 합니다. 소득에 대한 세금은 크게 종합과세와 분류과세, 그리고 분리과세로 나눌 수 있습니다.

연금소득은 종합과세 대상이다

우선 종합과세 대상부터 살펴보죠. 근로·사업소득, 이자·배당소득, 연금소득, 기타소득이 해당됩니다. 과세대상 금액에 대해 3.3~5.5%의 세율이 적용됩니다.

분류과세는 말 그대로 종합과세에 해당되지 않는 항목에 대해 별도로 부과되는 세금인데요, 한꺼번에 취득한 퇴직소득이나 양도소득이 여기에 해당됩니다. 퇴직금은 일시적으로 거액을 받게 되고, 양도소득 역시 집을 팔아서 거액의 소득이 발생하는 것이기 때문에 따로 떼서 세금을 부과하는 것이죠.

종합과세와 분류과세의 차이점을 아시겠죠? 종합과세는 지속적·반복적으로 발생하는 소득에 대해, 분류과세는 일시적으로 취득한 소득에 대해 부과되는 것입니다.

마지막으로 남은 분리과세는 종합과세의 한 영역인데요, 소득을 지급할 때 세금을 원천징수한다고 보시면 됩니다. 대표적으로 적금

종합과세와 분류과세

과세방법	소득종류
종합과세	이자·배당 소득
	근로·사업 소득
	연금소득
	기타소득
분류과세	양도소득
	퇴직소득

출처: 미래에셋은퇴연구소

공적연금	사적연금
국민연금 공무원연금 사학연금 군인연금 별정우체국연금 → 종합과세 대상 세율 6~42%	* 연금저축·개인형퇴직연금(IRP) → 수령액 연간 1,200만 원 초과시 종합과세, 1,200만 원 이하면 분리과세 → 분리과세 세율 : 3-5% (70세 미만은 5%, 70~80세는 4%, 80세 이상은 3%)

출처: 미래에셋은퇴연구소

이자가 여기에 해당되는데 15.4%의 이자소득세를 미리 떼고 나머지 금액만 계좌에 입금됩니다.

사적연금 세금, 1,200만 원에서 희비가 갈린다

자, 그러면 연금소득에 대한 세금으로 한걸음 더 들어가보겠습니다. 연금은 공적연금과 사적연금으로 나눠집니다.

공적연금은 국민연금과 공무원연금, 군인연금, 사학연금, 별정우체국연금이 해당되는데요, 이 공적연금은 금액과 관계없이 무조건 종합과세 대상입니다. 반면 사적연금은 다른데요, 연금저축과 개인형퇴직연금(IRP)이 과세대상입니다.

좀 더 자세하게 설명하자면 세액공제를 받는 연금계좌 납입액과 연금계좌에서 발생한 운용수익을 합해서 연금으로 받을 때 연간 1,200만 원 이하면(월 100만 원) 분리과세 대상이고, 1,200만 원을 초과하면 종합과세 대상입니다. 분리과세는 70세 미만은 5%,

70~80세는 4%, 80세 이상은 3% 원천징수를 합니다. 퇴직연금도 분리과세 대상입니다.

핵심은 연금소득세 세율이 보통 3~5% 수준인 데 비해 종합소득세는 6~42%로 높은 데다, 다른 소득과 합산하기 때문에 굳이 종합소득세 대상이 될 필요가 없다는 점입니다. 따라서 가능하면 연간 수령액은 1,200만 원이 넘지 않도록 장기간 수령하는 것으로 설계하는 게 유리합니다.

국민연금, 연 770만 원까지는 비과세

실제로는 어느 정도 세금이 부과될까요? 국민연금의 경우 수령액의 30~40% 정도가 과세대상이라고 하는데요, 월 100만 원을 받는다고 할 때 30만~40만 원이 과세대상이고요, 연금소득공제와 본인공제 등 각종 공제가 있어서 실제 세금은 더 줄어든다고 합니다.

이해하기 쉽게 실제 액수로 설명 드리겠습니다. 매년 770만 원

국민연금 면세점 770만 원 산출 과정

과세대상 연금액(총연금액, 과세기준액)		770만 원	
소득공제액	연금소득공제	(△)504만 원	과세대상 연금액이 770만 원일 경우 490만 원+(700만 원 초과금액의 20%)
	본인공제	(△)150만 원	
과세표준액(과세대상 연금액 - 소득공제액)		116만 원	
산출세액		6.96만 원	과세표준액이 1,200만 원 이하일 경우 6%
세액공제액	표준세액공제	(△)7만 원	
소득세		0원	

출처 : 국민연금공단

까지는 세금이 없습니다. 770만 원 전액을 세금 없이 모두 받는다는 거죠. 연금소득공제라고 해서 504만 원이 공제되고 본인 공제로 150만 원이 빠집니다. 이렇게 되면 과세대상 액수가 116만 원으로 세금이 6만 9천 원 정도 나오는데, 표준공제라는 게 있어서 7만 원이 또 차감됩니다. 그러면 소득세는 0원이죠.

이 대목에서 한 가지 궁금해지는 게 있을 텐데요. 추후납부하거나 임의가입하신 전업주부들은 연금을 받을 때 세금을 내야 할까요? '소득이 없어서 소득공제도 못 받았는데 연금에 세금을 부과하는 것은 너무한 게 아닌가' 이런 불만이 있으실 텐데요. 2002년 이후 임의가입하신 분들은 일단 세금부과 대상입니다. 다만 소득공제를 받지 못하고 납입한 원금까지는 세금을 부과하지 않습니다. 예를 들어 연간 600만 원 연금을 수령한다고 했을 때 소득공제를 받지 않고 납부한 액수가 1,800만 원이라고 한다면 3년간은 세금을 부과하지 않는다는 것입니다.

소득이 0원인데
건강보험료를 내라고?

건강보험에서 가장 큰 이슈는 피부양자 자격 상실입니다.
피부양자 자격을 상실하면 지역가입자로 바로 전환되는데요,
재산과 소득에 따라 건강보험료가 부과되기 때문입니다.

소득이 0원인데도 피부양자에서 탈락할 수 있다

서울에 사는 48살 홍길동 씨는 20년째 직장생활을 하고 있습니다. 홍씨가 매달 내는 건강보험료는 월 40만 원가량인데요, 부모님과 아내, 두 자녀까지 모두 6명이 혜택을 보고 있어서 불만은 없었습니다.

그런데 갑자기 문제가 발생했습니다. 홍씨의 부모님이 사는 집값이 급등하면서 부모님이 홍씨의 피부양자에서 탈락했습니다. 부모님은 지역가입자로 전환되면서 매달 25만 원씩 내게 되었습니다. 여기에 홍씨의 아내도 피부양자에서 탈락해 지역가입자로 전환된다는 청천벽력 같은 통지를 받았습니다.

아내 명의의 아파트를 세를 줘서 임대료를 받고 있었는데, 올해부터 월 35만 원으로 인상한 게 화근이었습니다. 주택임대소득 기준

직장 가입자와 지역 가입자

직장 가입자	지역 가입자
소득×6.86%=보험료 개인 절반 납부, 직장 절반 납부 *직장 외 소득 3,400만 원 초과 시 추가	소득+재산+차량 → 점수×201.5=보험료

출처 : 국민보험공단

을 넘기면서 피부양자에서 탈락한 것입니다. 홍길동 씨 가족은 어쩌다 매달 건강보험료 40여만 원을 더 내게 되었을까요?

홍씨 가족처럼 피부양자 자격이 박탈되어 지역가입자로 전환되는 인원 수가 계속 늘고 있습니다. 2021년 12월부터 2만 4,000명이 지역가입자로 전환되었습니다. 2020년보다 39.4% 증가했습니다. 127만 가구는 건강보험료가 인상되었습니다. 건강보험료는 의료비 부담을 줄여준다는 측면에서 당연히 부담해야 하지만, 자기 수준보다 과도하게 낼 필요까지는 없겠죠. 특히 '부의 설계'를 위해선 건강보험료 체계에 대한 이해는 꼭 필요합니다. 그러면 건강보험료의 세계로 들어가보겠습니다.

건강보험료는 납부하는 대상을 기준으로 직장 가입자와 지역 가입자, 그리고 피부양자로 나눌 수 있습니다. 직장가입자는 소득의 6.86%를 내게 되어 있는데, 개인과 회사가 각각 절반씩 부담하기 때문에 실제 개인이 내는 보험료는 3.43%입니다. 직장에서 받는 급여 외에 다른 소득이 발생할 경우 연 3,400만 원까지는 반영이 안 되고, 초과할 경우 점수표에 따라 보험료를 더 내게 됩니다. 직장가입자는 직장에서 받는 급여에 따라 자동적으로 보험료가 부과되기 때문에 따로 신경 쓸 일이 없습니다.

지역가입자는 좀 복잡합니다. 소득, 재산, 자동차의 가치를 모두 합해 보험료가 산출되는데요, 각각 점수표가 있습니다. 소득은 97개, 재산은 60개, 자동차는 11개 등급이 있는데 각각 등급별 점수를 부여한 후에 그걸 합산해서 월별 보험료를 산정합니다. 직장가입자와 달리 지역가입자는 보험료를 개인이 모두 부담하게 됩니다. 2배가량 더 내는 셈이죠.

10억 원 고급차 소유자가 건강보험료를 안 낸다고?

건강보험에서 가장 큰 이슈는 피부양자 자격 상실입니다. 피부양자 자격을 상실하면 지역가입자로 바로 전환되는데요, 재산과 소득, 차량에 따라 건강보험료가 부과되기 때문에 상당한 금액을 납부하게 됩니다.

피부양자는 소득과 재산요건을 동시에 충족해야 유지할 수 있는데요, 이 대목에서 꼭 명심하셔야 할 개념이 있습니다. 여기서의 소득이란 직장가입자의 소득이 아니라 지역가입자로서의 소득입니다. 간단히 정리하자면 연 소득이 3,400만 원을 초과하거나 사업소득이 1원이라도 발생하면, 즉 한 가지라도 해당되면 피부양자 자격이 박탈되고 지역가입자로 전환됩니다. 재산은 재산세 과표 9억 원을 초과하거나 재산세 과표 5.4억 원에서 9억 원까지에 연 소득이 1천만 원을 초과할 경우 탈락합니다.

소득요건	재산요건
* 연소득은 3,400만 원 초과 사업소득은 1원이라도 있으면 상실 　- 배우자도 함께 상실 * 프리랜서는 연 소득 500만 원 초과 시 상실	* 재산세 과표 9억 원 초과 * 재산세 과표 5.4억~9억 원 　+연 소득 1천만 원 초과

출처 : 국민보험공단

다만 자동차의 경우 건강보험료 산출에는 반영되지만 피부양자 요건과는 전혀 상관이 없습니다. 예를 들어 연 소득 3천만 원에 재산세 과표 기준 5억 4천만 원 이하 아파트를 보유하고 있는 A씨가 10억 원짜리 최고급 승용차를 갖고 있어도, 상당한 부를 소유했음에도 피부양자가 됩니다. 이상한 기준인데 실제 그렇습니다.

사업소득은 1원만 있어도 건강보험료 대상

지역가입자의 건강보험료 기준이 되는 소득과 재산항목을 좀 더 세부적으로 들어가볼까요? 우선 소득입니다. 건강보험료에 반영되는 소득은 6가지입니다. 근로소득과 사업소득, 이자소득, 배당소득, 연금소득, 기타소득입니다. 모두 합해서 연간 3,400만 원을 초과하면 피부양자에서 탈락합니다.

이자와 배당소득은 연간 1천만 원이 넘으면 나머지 소득에 합산되어서 건강보험료가 부과됩니다. 쉽게 말해 1천만 원이면 아예 반영이 되지 않지만 1천만 1원이라면 초과하는 1원이 아니라 전체가

건강보험료 반영 소득의 종류
이자·배당소득 : 연 1천만 원 초과하면 합산 부과
근로소득 : 근로소득공제를 차감하지 않은 총급여
사업소득 : 수입액-필요경비
연금소득 : 공적연금(국민·공무원·사학·군인·별정우체국 연금), 사적연금(연금저축, IRP)
기타소득 : 복권 당첨, 골동품 매각 등

출처 : 국민보험공단

합산됩니다. 근로소득은 일용직 등 소득이 발생하는 경우인데 총소득의 30%에 부과됩니다.

사업소득이 가장 까다로운데요. 사업자등록을 했을 경우 단 1원이라도 소득이 발생하면 건강보험료 대상이 됩니다. 1원이면 소득이 거의 없으니까 건강보험료가 가장 적은 액수라고 생각하실 수 있겠지만, 집과 차량에 대한 점수까지 합산하기 때문에 실제로는 상당액을 낼 수 있는 거죠. 피부양자에서 탈락하는 순간 소득과 재산, 차량 모두 탈탈 털어서 건강보험료 점수에 포함된다고 보시면 됩니다.

사업자등록을 하지 않는 경우도 있겠죠? 작가나 학원강사, 보험

사업소득과 건강보험
* 사업자등록 : 소득 1원만 발생해도 피부양자 상실
* 사업자미등록 : 작가, 학원강사, 보험설계사 등 프리랜서 연 소득 500만 원 초과하면 피부양자 상실
→ 재산, 차량과 합산해서 건강보험료 부과

출처 : 국민보험공단

	피부양자 박탈기준	필요경비	기본공제	요건
임대주택 등록	연수입 1천만 원 초과 → 사업소득 발생	60%	400만 원	사업자등록 (세무서) 임대사업자등록 (지자체)
임대주택 미등록	연수입 400만 원 초과 → 사업소득 발생	50%	200만 원	사업자등록 (세무서)

출처 : 국민보험공단

설계사 등 프리랜서가 여기에 해당되는데요, 이 경우 연소득 500만 원을 초과하면 피부양자가 상실되고 건강보험료에 반영됩니다.

사업소득에 포함되는 주택임대소득 부분도 짚어보겠습니다. 주택임대 수입이 있는 분들은 사업자등록을 하지 않더라도 사업자등록 규정이 적용되기 때문에 단 1원의 사업소득이 발생하면 피부양자에서 탈락되는데요, 필요경비와 기본공제가 있기 때문에 실제로는 얼마간 수입까지는 괜찮습니다.

임대사업자로 등록한 경우에는 연간 1천만 원(월 83만 원가량)까지, 임대사업자로 등록하지 않은 경우에는 연간 400만 원(월 33만 원가량)까지는 소득이 0원 발생한 것으로 간주됩니다. 맨 처음 예로 들었던 홍길동씨 부인은 임대사업자로 등록하지 않은 채 월 34만 원, 즉 연간 400만 원을 넘는 408만 원의 수입이 있었기 때문에 피부양자 자격이 박탈된 것입니다.

12억 원 아파트 보유 은퇴자는 건강보험료 내야 하나?

이번에는 재산기준을 살펴볼까요? 건강보험료에 반영되는 과세표준은 쉽게 말해 기준시가에 공정시장가액비율을 곱해서 산출하는데요, 공정시장가액비율의 경우 주택은 60%, 토지나 상가는 70%를 곱합니다.

이해하기 쉽게 예를 들어보겠습니다. 앞에서 피부양자 탈락 요건이 재산세 과표 9억 원을 초과하거나 '5.4억 원~9억 원 구간'에 연간소득 1천만 원 초과라고 했습니다.

과표 9억 원이면 실거래가로는 15억 원 정도 합니다. 그런데 KB국민은행 자료를 보면 2021년 10월 기준으로 서울 아파트 평균 가격이 12억 원 정도인데요, 평균 가격 아파트 한 채만 갖고 있으면 연간소득 1천만 원을 넘지 않는 경우 피부양자 자격을 유지할 수 있다는 얘기죠.

은퇴하신 분들의 경우 서울 아파트 평균 가격인 12억 원가량 아파트 한 채와 국민연금 등 연금 합산 소득이 연 1천만 원 이하면 직장에 다니는 자녀의 피부양자로 등록이 가능합니다.

끝으로 건강보험료를 줄일 수 있는 팁을 알려드리겠습니다. 우선 '임의계속가입'이라는 제도가 있습니다. 퇴직한 후 3년 정도를 기존 직장가입자 자격을 유지해주는 건데요, 보험료를 절반만 부담하면 되니까 상당히 유리한 측면이 있죠.

두 번째로는 자녀의 피부양자로 등록하면 됩니다. 앞에서 설명드렸던 피부양자 요건을 갖추면 건강보험료를 내지 않아도 됩니다.

세 번째로는 개인연금을 활용하는 방법입니다. 연금저축과 IRP 계좌를 통해 받는 사적연금은 건강보험료에 반영되지 않고 있습니다. 국민연금을 연간 1천만 원 이하로 수령하고 나머지는 사적연금으로 받으면 됩니다.

4장

집은 녹는 현금을
지켜준다

이번 장부터는 본격적인 투자단계로 넘어갑니다. 자산이라는 지붕을 떠받치고 있는 핵심 기둥인 주택 문제를 다루려고 합니다.

우리나라 국민의 집에 대한 애착은 대단합니다. 가계자산 가운데 비금융 자산, 즉 부동산 비중이 70%가 넘습니다. 미국 30%, 일본 40%에 비해 매우 높은 수준인데요, 주식이 때로는 폭락하면서 투자자들에게 실망을 안겨줬다면 부동산은 계속 우상향하면서 믿음을 저버리지 않았기 때문인 것 같습니다. 그래서 역대 정부마다 집 값 안정을 위해 힘겨운 싸움을 벌였고 부동산 정책이 실패했을 때는 선거에도 큰 영향을 미쳤습니다.

통계는 없지만 1970년대, 1980년대에는 절대적으로 주택수가 부족했습니다. 특히 서울은 전국에서 밀려든 사람들 때문에 집값 상승률이 최근 몇 년과는 비교할 수 없을 정도로 높았습니다. 당시 언론 기사를 보면 거의 부동산 투기와의 전쟁 수준이었습니다. 그러다가 노태우 정부 때 수도권 200만 호를 공급하면서 안정을 찾았습니다. 당시 전국 주택수가 700만 호를 넘지 않았기 때문에 효과는 200%였 죠. 이후 오르락내리락 변동은 있었지만 1990년대 이전과 같은 무서운 폭등은 없었습니다.

그런데 최근 몇 년간 집값이 크게 올랐습니다. 이번에는 전국 집값이 급등했습니다. 계속 오를 것이란 기대심리까지 작용하면서

2,30대까지 '영끌(영혼까지 끌어모아)'해 뛰어들었습니다. 한 번도 가보지 않은 길을 가고 있습니다. 하지만 다른 자산과 마찬가지로 집값도 하락하는 시기가 옵니다. 이번에 부동산 거품이 꺼지면 우리 경제가 어떤 길을 걷게 될지는 예상하기 어렵습니다. 1990년대 초 부동산 거품이 꺼지면서 잃어버린 30년을 걷고 있는 일본의 전철을 밟을지, 아니면 2008년 집값 폭락 사태를 겪고서도 다시 사상 최고가를 경신하고 있는 미국을 따라갈지 현재로는 알 수 없습니다.

4장은 집이라는 자산이 우리 국민에게 어떤 존재인가라는 물음에서부터 시작합니다. 특히 현금이 매일 녹고 있는 인플레이션 시대에 집이 어떤 효용성을 갖고 있는가에 초점을 맞췄습니다. 이어 집값 폭등의 주범인 아파트의 변천사와 사람들이 아파트를 선호하는 이유를 따져봤습니다.

집값이 폭등한 원인에 대해서도 다양한 각도에서 따져봤습니다. 덩달아 오르는 주택 보유세도 정리했습니다. 마지막으로는 여러분들이 가장 궁금해하는 부분들을 다뤘습니다. 2021년 집값은 어느 정도 거품이 끼었고, 하락 조짐은 어떻게 알 수 있는지, 무주택자는 지금이라도 집을 사는 게 맞는지 등을 전문가들의 분석을 토대로 꼼꼼히 살펴봤습니다. 지금부터 부동산투자의 세계로 안내하겠습니다.

사회 지도층이 집 한 채씩은 가지고 있는 이유

지식도 많고 사회 경험도 많고 부의 흐름도 잘 알고 있는 사회 지도층들은
대개 집을 한 채씩은 소유하고 있습니다.
이런 사실이 일반인들에게 말해주는 것은 무엇일까요?

아파트는 86배, 승용차는 2배 올랐다

필자 주변에서 실제로 벌어졌던 2가지 사연을 소개합니다. 대한
민국의 수도 서울과 중국의 수도 베이징에서 벌어졌던 비슷한 내용
인데요, 과거에 집값이 수십 년간 계속 상승했을 때 집을 갖고 있으
면 어떤 수익을 거둘 수 있었는지 단적으로 보여주는 사례들입니다.

〔사례 1〕 1986년에 로얄XQ라는 승용차가 있었습니다. 지금은
사라진 대우자동차에서 만든 승용차인데, 1500cc급이었습니다. 가
격은 1,500만 원 정도 했고, 같은 시기 서울 강남구 개포동의 34평
아파트는 3,500만 원이었습니다. 35년이 지난 2021년 가격은 어떻
게 변했을까요? 당시 수준과 비슷한 급의 승용차는 지금은 3천만 원
가량 하죠. 그런데 개포동 34평 아파트는 30억 원이 넘습니다. 35년

만에 86배가 오른 셈인데요, 승용차가 2배 정도 비싸진 것과 비교할 수 없을 정도입니다.

〔사례 2〕2008년 중국 베이징에서 대기업 주재원이던 A씨는 자신이 살고 있던 왕징이란 지역에서 60평 아파트를 3억 원에 분양받았습니다. 당시에는 엄청나게 비싼 가격이었죠. 베이징의 동북지역에 위치한 왕징지역은 공항에서 40분 거리에 있고, 시내로 가려면 반드시 거쳐야 하는 요지에 있습니다. 이 지역에 알리바바 본사가 들어오고 다른 아파트들도 속속 들어서면서 2020년 30억 원까지 올랐습니다. 10여 년 만에 10배나 오른 것입니다.

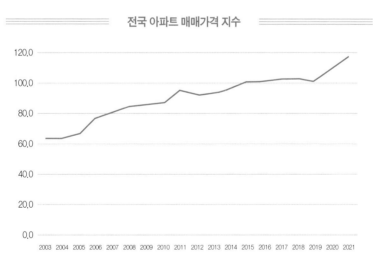

전국 아파트 매매가격 지수

출처: 통계청, KOSIS

객관적인 데이터로도 집값 상승 흐름은 확인이 됩니다. 통계청에서 2003년부터 작성해온 전국 아파트매매 가격지수*를 보면 꾸준히 상승했음을 알 수 있습니다.

현금은 매일 녹고 있다

지난 수십 년간 집값이 꾸준히 오르고 있는 점을 확인했지만 왜 오르고 있는지, 왜 집 한 채는 갖고 있는 게 유리한지에 대한 타당한 분석이 필요할 것 같습니다. 3가지 측면에서 설명해보겠습니다.

1971년 미국의 닉슨 대통령은 더 이상 달러를 금으로 바꿔주지 않겠다고 선언했습니다. 금본위 화폐제도가 사라지는 순간이었습니다. 어떤 의미일까요?

예를 들어 금본위 화폐제도에서는 금 1온스에 1달러를 교환하는 시스템이었습니다. 미국 연준은 금 1온스를 갖고 있어야 지폐 1달러를 찍어낼 수 있다는 얘기죠. 그런데 이 기준이 사라져 버렸습니다. 어떤 일이 벌어질까요? 미국이 마음대로 달러를 찍어낼 수 있다는 얘기죠.

중간중간 역대급 위기가 발생하면서 돈이 엄청나게 풀립니다. 2008년 금융위기, 2020년 코로나19 위기 때 연준은 마치 헬리콥터에서 돈을 뿌리듯이 천문학적인 달러를 풀었고 유럽, 일본 등 각국

아파트매매 가격지수

일정 시점을 기준으로 이후 아파트 가격변동 상황을 알 수 있도록 수치로 만든 지수

중앙은행도 마찬가지였습니다.

그런데 돈을 이렇게 마구 찍어내면 어떻게 될까요? 돈의 가치가 계속 떨어지게 됩니다. 상대적으로 집, 토지, 주식 등 실물자산 가치는 올라가는 것이죠. "현금은 매일 녹고 있다, 우리는 매일 돈을 찢어서 버린다"는 극단적인 표현을 쓰는 전문가들도 있지만 사실입니다. 10년 전만 해도 서점에 '10억 만들기' 서적이 불티나게 팔렸습니다. 10억이 부의 기준이었죠. 하지만 지금은 서울 평균 아파트 가격에도 미치지 못합니다. 그만큼 현금의 가치가 빠르게 하락했다는 얘깁니다.

그렇다면 내 재산을 지키기 위해선 어떻게 해야 할까요? 계속 현금을 쌓아두고 그 가치가 떨어지는 걸 보고만 있어야 할까요? 이미 눈치를 채셨겠지만 적어도 물가상승을 이겨낼 수 있는 실물자산을 갖고 있어야 합니다. 그게 바로 집입니다.

주식으로 돈 벌어 집을 사라 _ 중립적인 투자

두 번째 이유는 투자의 측면입니다. 머니올라에 여러 차례 출연했던 체슬리 투자자문의 박세익 대표는 "주식으로 돈 벌어 집 한 채는 꼭 사라"고 강조합니다. 집을 사는 것을 롱 포지션이나 숏 포지션도 아닌 중립 포지션이라고 했습니다. 값이 오르는 것에 베팅하는 것을 '롱 포지션', 떨어지는 것에 베팅하는 것을 '숏 포지션'이라고 하는데 집 한 채를 갖고 있는 건 중립 포지션이라는 거죠.

박세익 전문는 한국 사회에 살면서 집 한 채도 없는 것은 오히려 숏 포지션이라고 했습니다. 정상적으로 경제가 성장하고 소득이 증가하는 나라에서 집값은 적어도 물가상승분만큼은 오르게 되어 있는데, 집이 없다면 눈에 빤히 보이는 손해에 베팅하는 것이기 때문입니다.

우리나라뿐만 아니라 전 세계가 돈을 찍어대고 있고 돈의 가치는 계속 떨어지고 있습니다. 이런 상황에서 현금을 제외한 실물자산을 갖고 있는 건 지극히 상식적인 판단 아닐까요?

집은 노후를 지키는 최후의 담보

주택연금이라는 제도가 있습니다. 소유하고 있는 주택을 담보로 사망할 때까지 매달 연금 형태로 돈을 받는 제도입니다. 일종의 역모기지인데요, 주택담보대출과 비슷하지만 민간상품이 아닌 정부가 보증하는 상품으로 평생 연금을 받을 수 있다는 점이 다릅니다. 본인이 사망하면 상속자에게 소유권이 넘어갑니다. 가입연령은 부부 중 한 명이 만 55세 이상이고, 공시가격 9억 원 이하(실거래가 12억~13억 원 수준) 주택만 가능합니다.

예를 들어 9억 원짜리 주택을 담보로 65세부터 연금을 받기 시작하면 매달 228만 원을 받을 수 있습니다. 5억 원짜리 주택이면 127만 원씩 받을 수 있습니다. 국민연금과 퇴직연금, 개인연금에 주택연금까지 받게 되면 노후에 월 500만 원 이상을 안정적으로 확보할 수 있습니다.

은퇴 후 자녀들의 결혼이나 병원비로 목돈이 필요한 경우도 있습니다. 이때 집이 있으면 그것을 담보로 대출을 받거나 아니면 아

단위: 1천 원

연령	주택가격								
	1억 원	2억 원	3억 원	4억 원	5억 원	6억 원	7억 원	8억 원	9억 원
50세	122	244	366	489	611	733	856	978	1,100
55세	160	320	480	640	800	960	1,120	1,280	1,440
60세	212	424	636	849	1,061	1,273	1,486	1,698	1,910
65세	253	507	760	1,014	1,268	1,521	1,775	2,028	2,282
70세	307	614	921	1,228	1,535	1,843	2,150	2,457	2,675
75세	378	756	1,135	1,513	1,892	2,270	2,649	2,893	2,893
80세	478	957	1,435	1,914	2,392	2,871	3,229	3,229	3,229

출처: 한국주택금융공사

예 팔아서 자금을 마련할 수 있습니다. 각자가 기댈 수 있는 마지막 보루인 셈이죠.

사회 지도층도 집 한 채씩은 갖고 있다

대통령, 국회의장, 대법원장은 행정부, 입법부, 사법부를 대표하는 사람들인데요, 모두 집을 갖고 있습니다. 범위를 넓혀볼까요? 중앙부처와 지방자치단체, 사법부, 교육계 등에 종사하고 있는 고위공직자들은 의무적으로 매년 재산을 공개하고 있습니다. 2021년에는 1,885명이 대상이었는데요, 대부분 집 한 채씩은 갖고 있었습니다. 국회의원 역시 300명 가운데 대부분이 최소 집 한 채씩은 갖고 있는 것으로 나타났습니다.

각 분야의 사회 지도층 인사들이 집을 보유하고 있는 이유는 각자 다양한 사연이 있겠죠. 다만 그 바탕에는 앞에서 설명을 드렸던 3가지 이유가 깔려 있다고 보입니다. 인플레이션 시대에 최소한 자신의 재산을 지키고, 목돈이 필요할 때 사용할 수 있고, 노후를 보장하는 가장 확실한 수단이기 때문입니다. 재테크로서 재산까지 불릴 수 있다는 것은 덤이겠죠.

지식도 많고 사회 경험도 많고 부의 흐름도 잘 알고 있는 사회 지도층들이 집을 갖고 있다는 사실은, 일반인들도 집 한 채는 갖고 있어야 하는 가장 설득력 있는 이유가 되지 않을까요?

우리나라 사람들은
왜 아파트를 좋아할까?

인구는 늘어나고 경제는 성장하고 금본위제 폐지로
화폐가치는 계속 떨어지는 상황에서 집, 즉 아파트를 소유한 사람들은
아파트 가격이 올라가면서 자연스럽게 부를 늘려가게 된 것입니다.

필자는 초등학교 때까지 한옥에서 살았습니다. 한옥의 가장 큰 단점은 추위에 취약하다는 것입니다. 방안에서도 이불 밖은 김이 서릴 정도로 추웠습니다. 같은 방인데도 공간에 따라 온도차가 심했습니다. 연탄의 열기가 미치는 아랫목은 따뜻하다 못해 뜨거웠지만 윗목은 대야에 물을 담아놓으면 살얼음이 생길 정도였습니다. 더 큰 불편은 물이었습니다. 머리를 감을 때마다 석유곤로라고 하는 일종의 난로에 물을 데워야만 했습니다. 여름이 되면 각종 벌레들이 기어다녔고, 때때로 천장에서는 쥐가 다니는 소리가 들리곤 했습니다.

아파트는 이런 단점들을 해결해줬습니다. 추위와 화장실, 더운 물 사용, 보안 등 여러 가지 편리함을 갖췄습니다. 통계청 조사 결과 2020년 기준으로 서울 전체 주택수 300만 채 가운데 아파트는 177만 채로 58.8%를 차지했습니다. 전국적으로는 1,852만 채 가운데 아파

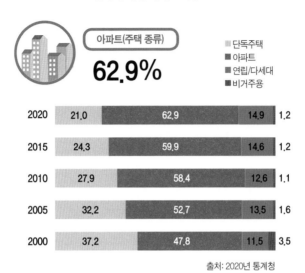

전국 주택 중 아파트 비중

아파트(주택 종류)
62.9%

- 단독주택
- 아파트
- 연립/다세대
- 비거주용

	단독주택	아파트	연립/다세대	비거주용
2020	21.0	62.9	14.9	1.2
2015	24.3	59.9	14.6	1.2
2010	27.9	58.4	12.6	1.1
2005	32.2	52.7	13.5	1.6
2000	37.2	47.8	11.5	3.5

출처: 2020년 통계청

트가 1,166만 채로 62.9%입니다. 이번에는 아파트의 변천사와 왜 사람들이 아파트를 좋아하는지 살펴보겠습니다.

집안에서 음식물 쓰레기를 버린다 _ 편리성

우리나라 최초의 아파트는 1959년 지어진 '종암아파트'인데요, 본격적으로는 1970년대 중후반부터 압구정, 반포, 여의도 등에 건설된 아파트들입니다. 이른바 1세대 아파트입니다. 집안에 들어오기만 하면 한겨울에도 반팔 옷을 입어도 될 정도로 따뜻했고, 24시간 뜨거운 물이 나와서 언제라도 머리를 감고 샤워를 할 수 있었습니다. 저층과 중층이라는 차이만 있었지, 내부시설은 대부분 비슷했습니다.

2세대 아파트는 여기에 지하주차장이 추가됩니다. 비가 오거나 눈이 오거나 지하에서 바로 집과 연결된다는 측면에서 획기적인 상품이었습니다. 특히 지하에 있다 보니 더러워지지 않고 땡볕이나 추위에 노출되지 않아서 차량의 노후화도 훨씬 늦게 진행됩니다.

반면, 1세대 아파트들은 지상에 주차장이 있습니다. 당시에는 자가용 숫자가 많지 않았기 때문에 지상만으로 주차공간이 충분했지만 차량이 급속하게 늘면서 지상 주차장만으로 부족하게 된 거죠. 지금도 압구정이나 목동 대단지 아파트에 가보면 2열 주차도 모자라 3열 주차까지 빼곡히 들어서 있습니다. 출퇴근 시간마다 주차 전쟁이 벌어지고 있습니다.

3세대 아파트는 2000년대 중반부터 등장합니다. 반포동의 래미안 퍼스티지와 자이가 대표적입니다. 헬스장, 독서실, 카페, 사우나, 수영장 등 단지 안에서 기본적인 문화생활이 해결됩니다. 주차장은 지하 2층, 3층으로 확대되고 지상공간은 정원처럼 꾸며놓았죠. 방마다 시스템 에어컨이 설치되고 냉난방도 온도를 정교하게 조절할 수 있습니다.

4세대 아파트는 더 다양한 시설이 들어섰고 더 편리해졌습니다. 우선 집안에서 음식물 쓰레기를 버릴 수 있습니다. 음식물 쓰레기를 버리기 위해 집을 나서지 않아도 된다는 것은 획기적인 아이템이었습니다. 여기에 스마트폰 앱을 통해 외부에서 집안을 통제할 수 있습니다. 냉난방을 조절할 수 있고, 엘리베이터도 집안에서 호출할 수 있습니다. 스카이 카페, 브릿지 헬스장 등 커뮤니티도 더 다양화되었고, 노인정, 어린이집 등 지역 주민들이 함께 이용할 수 있는 공공재적인 시설들까지 들어가 있습니다. 단지 내에 식당을 만들어 아침과 저녁을 제공하는 아파트들도 있습니다.

사람들이 아파트를 선호하는 이유는 지금 열거한 요인들 때문입니다. 쾌적하고 편리하기 때문이죠. 빌라나 단독주택에서는 누릴 수 없는 관리의 효율성, 방범 등의 장점도 아파트 선호를 가중시킵니다. 편리성이 가중되다 보니 새 아파트 선호 현상이 더 심화됩니다. 서울의 신길동, 고덕동 등 예전에는 낙후된 지역으로 여겨졌던 곳이 인기 지역으로 바뀌고 있습니다. 새 아파트 단지가 대거 들어섰기 때문입니다.

새 아파트에 대한 선호 때문에 집값 폭등을 유발시켰다고 비판하는 분들도 있지만 더 편리한 집에 살고 싶어하는 건 인간의 본성입니다. 스마트폰 갤럭시 20보다 21을, 아이폰 12보다 13을 더 선호하는 것과 같습니다.

아파트는 돼지다 _ 환금성

우리나라에서 아파트를 선호하는 두 번째 이유는 쉽게 사고팔 수 있기 때문입니다. 일종의 환금성이 있다는 건데요, 머니올라에 출연했던 유현준 홍익대 건축학과 교수는 아파트를 돼지에 비유했습니다. 근대화 전에는 집집마다 돼지를 키우다가 돈이 필요한 경우 팔아서 충당했다고 합니다. 돼지는 번식력도 좋고 식량으로도 가성비가 좋아 바로 매매가 성사되었죠. 아파트 역시 돈이 필요한 경우 매매시장에 내놓으면 거래가 금방 이뤄집니다. 계약이 체결되면 우선 아파트 가격의 10%를 계약금으로 받을 수 있기 때문에 사실상 현금 자산 역할을 합니다.

여기에 우리나라 아파트의 구조적인 특징도 신속한 거래에 유리하다고 합니다. 성냥갑이란 비아냥을 받을 정도로 우리나라 1, 2세대 아파트들은 면적과 모양이 획일적입니다. 이러다 보니 같은 단지 안에서 같은 평형이면 향과 층을 반영해서 거의 규격화된 가격이 만들어집니다. 예를 들어 목동 2단지 34평 아파트, 잠실 엘스 34평 아파트 하면 대략적인 가격이 정해져 있습니다. 사는 사람이나 파는 사람 모두 동의하는 가격이 형성되어 있다는 얘기죠.

반면 단독주택은 가격을 가늠하기 어렵습니다. 같은 동네에 있는 두 개의 50평형 단독주택이라도 건물 모양이나 내부 인테리어, 마당, 주차장 등 영향을 미치는 요소가 다양하기 때문입니다. 토지는 더 심합니다. 내가 원하는 시기에 원하는 면적만큼 사기도 팔기도 어려운 단점이 있습니다. 돈이 필요할 때 바로 팔 수 없다면 환금성이 떨어진다고 봐야겠죠.

누구나 지주가 될 수 있다 _ 정신적 만족감

유럽 봉건사회의 소작농은 영주의 땅을 경작할 뿐 아니라 닭과 돼지 등을 바쳐야 했습니다. 거주 이전의 자유도 없어서 사실상 노예의 삶이라고 해도 과언이 아닙니다. 역사가인 아일린 파워는 『중세의 사람들』에서 유럽의 봉건사회를 이렇게 묘사합니다.

'보도씨는 아내와 세 자녀를 데리고 작은 오두막집에서 살았다. 사흘은 자기 땅을 경작하고, 사흘은 영주의 밭에 가서 일하고, 일요일은 쉬었다. 보도는 영주 땅에 가서 일하는 것 외에 땅을 빌린 대가를 내고 닭 3마리, 달걀 15개, 돼지 1마리를 바쳐야 했다.'

조선시대 역시 마찬가지였습니다. 기본적으로 지주와 소작농의 관계였죠. 부동산 자산, 즉 땅을 갖고 있는 지주는 소수였고, 대부분 사람들은 소작농으로 어려운 생활을 이어갈 수밖에 없었죠. 그럴 수밖에 없었던 것이 땅의 면적은 제한적이어서 모두가 나눠가질 수 있을 정도로 풍족하지 않았기 때문입니다.

그런데 1960년대 이후 급속한 경제 발전과 도시화가 진행되면서 1970년대 중후반부터 아파트가 본격적으로 지어졌습니다. 철근 콘크리트와 엘리베이터라는 신기술을 통해 공중으로 새로운 땅을 만들어낸 거죠. 허공이 부동산 자산으로 바뀌면서 그만큼 더 많은 사람들이 부동산 자산을 소유할 수 있는 시스템이 만들어진 것입니다. 이 과정에서 1977년부터 도입된 선분양제*가 아파트 공급에 기여를 했습니다. 정부에서 보증을 서 건설사에게 아파트를 짓게 했고, 사람들은 단지 모델 하우스만을 보고 돈을 내고 계약을 합니다. 제품을 보지도 않고 미리 사는 황당한 상황인데, 그 시절 다들 믿고 아파트를 샀고 돈을 번 건설사들은 계속 같은 방식으로 엄청난 속도로

선분양제

건설사가 아파트를 짓기 전에 입주민들을 먼저 모집하고, 3년 정도 걸리는 공사기간 동안 필요한 돈을, 이들 입주민들로부터 계약금(20%)과 중도금(60%)의 형태로 충당하는 제도.

아파트를 지어갑니다.

　인구가 늘어나고 경제가 성장하고 금본위제 폐지로 화폐가치는 계속 떨어지는 상황에서 집, 즉 아파트를 소유한 사람들은 아파트 가격이 올라가면서 자연스럽게 부를 늘려가게 된 것입니다. 과거 유럽의 영주나 조선시대 지주처럼 소작농을 괴롭히면서 자신의 부를 쌓은 것이 아니라 아파트를 소유함으로써 사실상 지주가 된 것입니다.

　크건 작건, 비싸건 싸건 일단 아파트를 소유한 사람은 부지불식간에 본인이 지주가 되었다고 생각하는 건 아닐까요? 이것이 우리 국민들이 아파트를 좋아하는 세 번째 이유인 것 같습니다.

상추 대신
양배추를 먹으라고?

수요와 공급의 불일치, 초저금리, 전세가 급등을 촉발한 임대차 2법,
여기에 심리적인 요인까지 가세했습니다. 20, 30대가 '벼락거지'에 대한
공포 때문에 이른바 '영끌'로 '패닝바잉'에 나선 것입니다.

서울 인구가 1천만 명을 돌파한 건 서울올림픽이 열렸던 1988년
입니다. 당시 화제의 뉴스였죠. 그때 경기도(인천 포함) 인구는 얼마
였을까요? 500만 명이었습니다. 서울 인구의 절반에 불과했던 경기
도는 14년 후인 2002년 서울 인구를 처음으로 추월합니다. 서울 인
구는 여전히 1천만 명으로 변동이 없는데, 경기도는 1천만 명을 돌
파한 것입니다.

그 후 20년이 지난 2021년 지금은 어떨까요? 서울 인구는 여전
히 1천만 명입니다(정확하게는 960여만 명). 반면 경기도 인구는 1,600
만 명을 넘었습니다. 1988년부터 서울 인구는 평행을 유지하는 데
비해 경기도 인구는 우상향이었던 거죠.

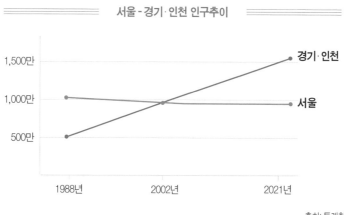

서울 - 경기·인천 인구추이

출처: 통계청

서울 인구가 30년 넘게 1천만 명이 유지되는 건 주거공간, 즉 집이 한정되어 있다는 얘기입니다. 대신 주변지역인 경기도 인구가 폭발적으로 늘어났습니다. 집값은 어떻게 되었을까요? 수요는 많은데 주택이 한정되어 있으면 당연히 오르지 않겠습니까? 경기도 인구 1,600만 명이 대기 수요로 기다리고 있기 때문에 서울 집값이 계속 오르는 것입니다. 경기도 역시 전국에서 인구가 계속 유입되고 있습니다. 2021년 7월 기점으로 수도권 인구 비율이 우리나라 전체의 50%를 넘었습니다.

서울 아파트 공급은 왜 줄었을까?

어떤 현상이 일어날 때는 보통 여러 가지 요인이 영향을 미치는 경우가 많습니다. 집값 역시 마찬가지입니다. 경제성장률이나 물가 상승 정도의 오름폭이면 충분히 수용할 수 있을 테지만, 그 이상의 상승은 다른 요인들이 작용했다고 봐야겠죠. 실제로 최근 몇 년간의 급등세는 수요증가와 공급부족, 초저금리에 따른 풍부한 유동성, 불안한 심리, 전셋값 급등 등이 복합적으로 작용했습니다.

우선 공급과 수요 측면입니다. 중학교 경제교과서에 수요와 공급 법칙이 설명되어 있습니다. 이 법칙의 핵심은 간단합니다. 수요에 비해 공급이 많으면 가격이 내려가고, 수요에 비해 공급이 부족하면 가격이 오릅니다. 가격, 즉 집값을 안정시키려면 공급을 늘리거나 수요를 줄이면 되겠죠. 정부 역시 같은 해법을 가지고 정책을 수립했습니다.

공급을 늘리려면 2가지 방법이 있습니다. 새집을 많이 짓거나 기존에 집을 갖고 있는 사람들이 매물로 내놓게 하면 되죠. 문재인 정부는 집권 초기에 후자를 택했습니다. 다주택자들을 세금으로 압박하면 매물을 내놓을 테고, 원래 예정되었던 공급량과 합치면 수요를 만족시킬 충분한 물량이라고 판단했던 것 같습니다.

그래서 문재인 정부는 종부세와 양도소득세를 대폭 인상했습니다. 조정대상지역에서 2021년 6월부터 2주택자는 26~65%, 3주택자는 36~75%의 양도소득세가 부과되었습니다. 소득세에는 지방소득세 10%가 추가로 붙는다는 점을 고려하면 최고세율은 82.5%(75%+7.5%)가 적용됩니다. 3주택 이상은 차익 대부분을 양도세로 납부해야 합니다.

실거주 요건도 강화했습니다. 양도세 혜택을 받으려면 일정 기간 반드시 거주를 해야 합니다. 주택임대사업자와 부동산 법인에 대해서도 기존에 부여했던 혜택을 없애면서 매물을 시장에 내놓도록 유도했습니다.

수요 억제를 위해선 돈줄을 조였습니다. 우선 주택담보대출 규제를 대폭 강화했습니다. 규제지역의 경우 15억 원 이상 주택에 대해서는 대출을 전면금지했고, 9억 원에서 15억 원 사이는 20%, 9억 원 이하는 40%만 대출을 허용했습니다. 2018년 9·13 대책에서는 총부채원리금상환비율(DSR)을 도입했습니다. 다만 전세자금대출과 중도금대출, 개인사업자대출 등 핵심대출은 빠져 실효성은 거의 없었습니다.

다주택자들은 '증여'를 택했다

정부의 예상대로 다주택자들이 매물을 내놓고 집에 대한 수요가 줄어들었으면 이 정책은 성공했을 것입니다. 그런데 결과는 다르게 나타났습니다.

첫째, 다주택자들이 시장에서 원하는 물량을 내놓지 않았습니다. 고가의 서울 아파트 대신 중저가의 지방 아파트부터 매물로 내놨습니다. 둘째, 상당수 다주택자들은 파는 대신 증여를 택했습니다. 2020년 한 해에만 전국적으로 역대 최대치인 9만 1,866건의 아파트 증여가 일어났고, 이 가운데 서울이 2만 3,675건을 차지했습니다. 양도세에 대한 부담과 향후 집값 상승에 대한 기대 때문에 매도보다 증여를 택한 것으로 분석되었습니다.

증여를 통한 주택 거래는 다시 말해 1인 가구의 주택 매수가 늘

서울 지역 아파트 공급 추이

단위 : 호

연도	2020년	2021년	2022년
공급량	4.1만	1.6만	2만

출처 : 국토교통부 자료 토대

었다는 얘기인데요, 이는 주택 부족을 야기한 중요한 요인으로 작용했습니다. 세 번째 변수도 발생했는데요, 신규 공급물량이 급속히 감소한 것입니다.

위의 표는 정부 자료를 토대로 서울 지역 아파트 신규 공급물량을 집계한 건데요, 민간 자료에서는 2020년 5만 채, 2021년 2만 6천 채, 2022년 1만 7천 채가 공급되는 것으로 집계됩니다. 어쨌든 공통적인 점은 서울 아파트 신규 물량이 계속 줄어든다는 것입니다.

신한은행 부동산투자자문센터의 분석에 따르면 서울은 매년 5만 채 정도의 아파트가 공급되어야 적정 수준이라고 합니다. 해마다 발

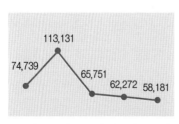

서울 주택인허가 현황
(단위: 세대)

74,739
113,131
65,751
62,272
58,181

2016년 2017년 2018년 2019년 2020년

출처: 국토교통부

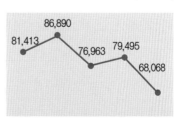

서울 주택 착공 현황
(단위: 세대)

81,413
86,890
76,963
79,495
68,068

2016년 2017년 2018년 2019년 2020년

출처: 국토교통부

생하는 1만 채 규모의 멸실까지 감안한 수치입니다. 그런데 2020년부터 신규 공급이 급속히 줄었습니다. 2020년부터 서울 아파트 공급이 줄어든 건 2017년 이후부터 서울지역 주택 인허가와 착공을 줄였기 때문입니다. 다음과 같은 자료들로도 확인이 됩니다.

집에 대한 수요는 많은데 공급은 줄어드는 상황에서 2020년 초 코로나19 사태가 터졌습니다. 한국은행이 기준금리를 0.5%까지 내렸고, 시중에는 막대한 돈이 풀리기 시작했습니다. 달러를 마음대로 찍어내는 미국과 달리 우리나라는 기축통화국이 아니기 때문에 대출을 통해 유동성을 공급했는데요, 특히 신용대출과 전세자금대출을 통해 집을 사는 수요가 크게 늘었습니다. 집값 폭등은 수도권에서 시작해 전국으로 번졌습니다. 이런 상황에서 집값 급등에 결정적으로 불을 지른 건 2020년 6월부터 시행된 주택임대차보호법 수정안(이하 임대차 2법)이었습니다.

갭투자와 임대차 2법, 집값 폭등에 불을 붙이다

임대차 2법은 계약갱신청구권과 전월세상한제인데요, 2년 만기 전세를 한 번 더 연장해서 4년까지 살 수 있는 점과 계약을 갱신할 때 새 전세금을 기존의 5%를 넘지 못하게 한 것이 핵심입니다. 전세 사는 사람들의 4년간 주거안정에 초점을 맞춘 법 개정이었습니다.

정부는 과거 1989년 12월 임대차기간을 1년에서 2년으로 늘릴 때처럼 단기간의 혼란만 있을 것으로 예상했습니다. 한국감정원 자료를 보면 법안 개정 전후인 1989년부터 1990년 2년간 전국 전세가격은 각각 17.5%, 16.8% 올랐는데요, 그 정도면 감당할 수 있다고 판단한 것으로 보입니다.

그런데 정부가 놓친 것이 있었습니다. 사람들이 선호하는 아파트의 신규 입주 물량이 줄어드는 상황에서 전세의 매력을 높이는 법을 통과시킨 것입니다. 새로 공급되는 아파트는 줄고 매물로 나오는 아파트는 적은 상황에서 재건축 단지 등 실거주 요건을 강화시켜 집주인들이 직접 들어가서 사는 집이 많아졌습니다. 반대로 전세입자에게 유리한 임대차법이 시행되니까 전세 수요는 늘어났습니다.

그 결과는 어떻게 되었을까요? 그것은 다름 아닌 '전세가 폭등'입니다. 전세가격이 폭등하다 보니 아예 대출을 활용해 집을 사는 사람들 숫자도 늘었습니다. 전셋값 폭등이 집값 폭등으로 이어진 거죠.

집값이 일정기간 상승세를 보이면 계속 오를 것이라는 기대 심리가 생깁니다. 그런 심리가 매수를 부르고 그러면 다시 집값이 상승하고 다시 기대 심리로 매수를 유도하는 순환 구조가 만들어지는 것입니다. 이번에도 그랬습니다.

보통 20, 30대에는 전세를 살면서 돈을 모아 40대에 대출까지 합쳐서 집을 장만하는 것이 일반적인 행태였습니다. 그런데 이 20, 30대가 매수에 뛰어든 것입니다. '벼락거지'에 대한 공포에 '영끌(영혼까지 끌어모아)'로 '패닝바잉'에 나선 것입니다.

이는 통계로도 확인이 됩니다. 서울의 경우 30대 이하 주택 매수 비중이 2019년 25.28%에서 2020년 29.47%, 2021년 상반기 31.34%

로 증가했습니다. 이들의 매수전략은 이른바 '갭투자'였습니다. 전세자금대출을 받아 그 돈으로 전세를 살면서 기존에 갖고 있던 돈으로는 전세를 끼고 매수한 것입니다. 실제로 2020년 35.6%였던 서울 지역 갭투자 비율이 2021년 7월 43.5%로 급증했습니다.

시장의 상황이 예상과 반대로 흐르자 정부는 그제서야 공급 대책에 착수합니다. 3기 신도시 사전청약, 도심 공공재건축과 재개발, 도심고밀도 개발, 유휴지를 통한 신규 아파트 공급 등 다양한 공급 방안이 제시되었습니다. 호텔을 개조한 아파트 아이디어까지 등장했습니다. 이 대책이 제대로 시행된다면 수도권에 100만 호가 넘는 엄청난 물량의 아파트가 공급됩니다. 하지만 이런 계획은 곳곳에서 난관에 부딪쳤습니다. 과천, 태릉CC, 용산정비창 등 핵심지역 사업은 주민과 지자체의 강한 반대로 지지부진한 상황이고, 도심공공주택 고밀도 개발은 얽혀 있는 이해관계 때문에 시간만 흐르고 있습니다.

상추 대신 양배추를 먹으라고요?

왜 집값이 급등했을까요? 근본적인 문제를 생각해봅니다. 공급과 수요의 물량만을 맞추려는 단순한 판단에서부터 문제가 발생한게 아닐까 합니다.

우리나라는 2021년 GDP 기준으로 세계 10위권에 들었습니다. 1인당 GDP도 3만 달러를 넘었습니다. 소득수준이 높아졌다는 건 그만큼 집에 대한 기대수준이 높아졌다는 건데요, 이런 소비자가 원

구분	공동주택			단독주택
	아파트	연립	다세대	다가구
주택 층수	5개 층 이상	4개 층 이하		3개 층 이하
연면적	제한 없음	660㎡ 초과	660㎡ 이하	
비고	다가구 주택은 19세대 이하… 단독주택으로 분류			

출처 : 국토교통부

하는 집과 정부가 충분하다고 생각하는 집 사이에 괴리가 있었습니다.

소비자는 다양한 편의 시설을 갖춘 대단지 민간 아파트를 원하는 반면 정부는 빌라, 오피스텔, 다세대 주택까지 포함해서 공급물량만 맞추면 된다고 판단한 것 같습니다. 초반에 시작된 수요와 공급의 어긋난 상황이 코로나19 사태까지 발생하면서 계속 이어지고 있습니다.

우리나라 사람들은 삼겹살을 무척 좋아합니다. 노릇노릇하게 잘 구워진 삼겹살을 마늘, 파무침과 함께 상추에 싸서 먹는 그 맛! 외국인들도 손꼽는 대표적인 우리나라 특유의 음식입니다. 퇴근 후 동료들이나 친구들과 식당에 가서 삼겹살을 주문합니다. 그런데 그날따라 식당 주인이 상추가 다 팔렸다고 양배추를 줍니다. 그게 그거라면서요. 손님은 어떻게 받아들일까요? 양배추가 상추를 대신할 수 있을까요?

1주택자도 세금폭탄을
피할 수 없다

2021년 종부세 대상은 94만 7천 명으로
1년 전보다 42% 급증했습니다.
전체 인구 대비 1.8%지만 주택보유자를 대상으로 보면 8.1%가 대상입니다.

주택과 관련된 세금은 크게 3가지 종류가 있습니다. 집을 살 때는 취득세, 갖고 있을 때는 보유세(재산세와 종합부동산세), 팔 때는 양도소득세를 각각 내야 하는데요, 보유세는 재산세와 종부세로 구성되어 있다고 이해하시면 됩니다. 취득세와 재산세는 지방세여서 해당 지방자치단체에 내야 하고, 종부세와 양도소득세는 국세여서 국세청에 내야 합니다. 종부세와 양도소득세는 중앙정부의 수입으로 들어간다고 보면 되는 거죠.

다음 페이지의 표를 보시면 주택의 매수, 보유 및 매도와 관련된 세금을 간단히 이해하실 수 있을 것입니다. 부동산 관련 세금은 워낙 복잡해서 이를 제대로 설명하려면 책 한 권으로도 모자란데요, 1주택자가 부담하게 될 보유세 위주로 최대한 쉽게 설명해보겠습니다.

	매수	보유	매도
지방세	취득세	재산세	
국세		종합부동산세	양도소득세

출처 : 국세청

공시가격은 왜 급등했을까?

보유세는 공시가격과 관련이 있습니다. 전국 공동주택 공시가격이 매년 오르고 있는데요, 특히 2020년에 비해 2021년에 급등하면서 크게 논란이 되었습니다. 공동주택이란 아파트와 연립주택, 다세대 주택을 말합니다. 공동주택 공시가격이 급등한 이유는 2가지였습니다. 첫째, 주택 가격 자체가 크게 올랐습니다. 코로나19 사태 이후 초저금리에 따른 풍부한 유동성, 서울의 신규 주택 공급부족, 불안한 심리 등이 영향을 미치면서 2020년에 이어 2021년에도 전국의 주택가격이 급등했습니다.

두 번째 이유는 매년 반영 비율을 높여가는 공시가격 현실화 때

종합부동산세 대상

단위: 명

	2020년	2021년
전국	66만 7천 명	94만 7천 명
1가구1주택자	12만 명	14만 5천 명(부부공동명의 포함)

출처 : 국세청

문입니다. 공시가격은 실제 매매가격이 아닌 정부에서 세금 등의 기준으로 삼는 가격인데요, 실거래가보다 낮게 형성되어 있는데 이걸 실거래가 수준으로 높이겠다는 것입니다. 집값은 급등한 데다 공시가격 현실화가 적용되다 보니 공시가격이 크게 오른 것입니다.

공시가격이 오르면 주택의 경우 보유세가 직격탄을 맞게 됩니다. 즉 재산세는 무조건 오르게 되어 있고, 종합부동산세 역시 1주택자 기준으로 공시지가 11억 원 이상에 해당되면 추가액수에 따라 부과됩니다. 참고로 2020년 종부세 대상은 전국적으로 66만 7천 명이었는데요, 1가구 1주택자는 12만 명이었습니다.

2021년에는 94만 7천 명으로 1년 전보다 42%나 급증했습니다. 특히 1가구 1주택자는 공시지가를 9억 원에서 11억 원으로 올렸음에도 14만 5천 명(부부공동명의 포함)으로 늘었습니다. 국내 전체 인구 대비로 보면 종부세 대상은 1.8%지만 주택 보유자를 대상으로 보면 8.1%가 종부세 대상인 것으로 보입니다.

1주택자 보유세, 매년 급증한다

재산세와 종합부동산세를 합한 보유세가 얼마나 늘었는지 감이 안 올 텐데요, 구체적인 예를 통해 살펴보겠습니다.

서울 금천구 독산동의 전용 84㎡ 아파트의 경우 실제 시세는 12억 원 이상이지만 공시가격이 11억이 안 되어 종부세 부과는 피했습니다. 하지만 재산세가 2020년 103만 원에서 130만 원으로 26%나 올랐습니다. 내년에는 38%가 오른 180만 원이 부과되는 것으로 예

	공시가격	보유세(재산세)
2020년	5억 6천만 원	103만 원
2021년	7억 4천만 원	130만 원
2022년	9억 원(예상)	180만 원(예상)

출처 : 신한은행 부동산투자자문센터

상됩니다. 상승폭이 가팔라집니다.

이번에는 공시가격 15억 원 이상 고가 아파트를 볼까요? 서울 강남구 대치동 래미안 대치 팰리스 1단지의 전용 84㎡(34평)인데요, 2021년 기준으로 공시가격만 25억 1,100만 원이 나왔습니다. 이 아파트는 보유세(재산세+종부세)가 2천만 원에 육박했습니다. 1년 만에 500만 원 넘게 올랐습니다.

2주택 이상 다주택자들이 내야 하는 보유세는 훨씬 많습니다. 예를 들어 서울 강남권에 84㎡ 2채를 보유한 경우 보유세(재산세+종부세)는 2020년 3천만 원대에서 2021년 8천만 원대로 2배 이상 올랐습니다. 공시가격이 더 올라가는 2022년에는 1억 원을 넘게 됩니다.

서울 래미안대치팰리스 1단지 전용 84㎡ 보유세

	공시가격	보유세(종부세+재산세)
2020년	21억 6,400만 원	1,328만 원
2021년	25억 1,100만 원	1,859만 원

출처 : 호갱노노

조정대상지역 1채와 지방 1채를 소유한 경우에는 2020년 970만 원에서 2021년 2,300만 원으로 역시 2배 이상 올랐습니다. 1주택자일 경우 세 부담 상한이 150%, 즉 전년도의 50%까지 오르지만 조정대상지역의 2주택 이상일 경우 300%, 즉 전년도의 3배까지 부과되기 때문입니다.

공시가격은 시세의 90%가 달성될 때까지 매년 오릅니다. 집값 상승과 관련이 없이 시세기준으로 오르는 건데요, 집값이 오르면 공시가격은 그만큼 더 높게 책정됩니다. 90% 달성시기는 아파트 가격 기준으로 좀 다른데요. 15억 원 이상 아파트는 2025년까지, 9억 원에서 15억 원 사이는 2027년까지, 9억 원 이하는 2030년까지 공시가격 90%를 달성하게 됩니다.

문제는 2022년, 2023년 계속 집값이 상승할 경우인데요, 이렇게 집값이 계속 오르고 공시가격 현실화율도 올라가면 보유세(재산세＋종부세) 상승폭 역시 가팔라지게 됩니다. 예를 들어 서울의 한 아파트 가격이 10억 원에서 20억 원이 되면 공시가격 90%를 적용할 때 9억 원에서 18억 원으로 오르게 되는 거죠. 설사 집값이 오르지 않더라도 공시가격 현실화는 매년 진행되기 때문에 보유세는 계속 오를 것이라는 게 전문가들의 분석입니다.

부부공동명의? 단독명의?

1가구 1주택일 경우 부부공동명의와 단독명의 중 종부세에 어떤 것이 유리할까요? 좀 복잡한데요. 결론적으로 말씀드리면 집값에 따라 달라집니다. 단독명의이면 11억 원까지 세금을 공제해주고 부부공동명의이면 12억 원까지 공제해줍니다. 예를 들어 공시가격 12억 원의 집을 보유한 1세대 1주택자의 경우, 단독명의라면 초과분 1억 원에 대한 종합부동산세를 내야 하지만 부부공동명의라면 전혀 부과되지 않습니다.

하지만 공동명의일 경우 고령자 및 장기보유자에게 주어지는 공제 혜택을 받을 수 없습니다. 고령자 공제는 만 60세 이상일 때 연령별로 10~30%, 장기보유 공제는 집을 5년 이상 보유한 경우 보유기간별로 20~50%의 세액이 공제됩니다. 만 70세 이상이면서 15년 이상 집을 보유하고 있다면 합산공제율은 80%인데요, 현재 공제한도가 70%이기 때문에 70%를 공제받을 수 있습니다.

세무 전문가들은 보통 공시가격 15억 원(시세 20억 원) 이상이라면 단독명의가 유리하다고 조언합니다. 종부세를 공동명의로 받을 것이냐, 단독명의로 받을 것이냐는 각 개인이 선택할 수 있으므로 잘 따져보고 유리한 쪽으로 결정하시면 됩니다.

'소라게' 전략으로
'재건축·재개발' 노려라

집값은 중간중간 굴곡은 있었지만 큰 흐름으로는 계속 우상향했습니다.
집을 사기로 정했다면 일자리와 교통망, 즉 입지를 최우선으로 보고
후보군 5개 정도를 놓고 비교한 후 결정해야 합니다.

'영끌' 매수는 반드시 피하라

'현금은 계속 녹는다, 집값은 꾸준히 우상향하면서 상승했다.' 이 2가지 점을 보면 집 한 채는 갖고 있는 것이 인플레이션 시대에 자산보험을 드는 것과 같은데요, 그렇다면 지금이라도 집을 사야 할까요? 어려운 질문인데요, 우선 2021년은 집값 순환기의 어느 단계에 있는지부터 점검해보겠습니다.

2021년 말 대한민국, 특히 수도권은 부동산 상승기의 후반부로 분석됩니다. 인구추이와 전세가, 공급물량, 이렇게 3가지 측면에서 진단해보겠습니다.

첫째, 통계청 자료에 따르면 수도권 인구는 2032년부터 줄어들 것으로 전망됩니다. 반면 비수도권 인구는 2018년 이후부터 이미 감소세로 돌아섰습니다. 수도권 인구가 2031년까지 증가한다는 이 통

계가 유의미하다는 전제로 보면 서울을 포함한 수도권은 향후 10년 간 집에 대한 수요가 계속 있다는 얘깁니다. 더욱이 1, 2인 가구가 늘어나는 추세까지 감안하면 추가 수요까지 고려해야 하겠죠.

둘째, 전셋값 상승 흐름도 당분간 지속될 전망입니다. 임대차 2법 시행의 영향 때문인데요, 특히 2022년 7월이 되면 전셋값이 더 욱 폭등할 것으로 우려됩니다. 2020년 7월부터 시작된 계약갱신 2년 이 끝나기 때문인데요, 집주인들로선 2년 동안 실거래가보다 적은 전셋값을 받은 데다 향후 4년간 올리지 못하는 점까지 감안해서 상 당히 높은 가격을 부를 것으로 예상됩니다. 전셋값이 집값을 떠받치 는 상황이 만들어진다는 얘깁니다.

셋째, 공급입니다. 서울과 수도권에 대한 아파트 공급물량은 향 후 몇 년간 모자랄 것으로 전망됩니다. 서울의 경우 2022년에는 2만 가구 이내로 공급될 것으로 예상됩니다. 집주인들이 실거주 요건을 맞추기 위해 들어가 살면서 매물도 줄어들었습니다. 3기 신도시는 2021년 말 기준으로 아직 토지 보상도 끝나지 않았습니다. 아무리 빨라야 2025년 정도부터 입주가 시작된다는 얘기인데요, 집값이 하 락할 조건들이 보이지 않습니다.

인구추이와 전세가, 아파트 공급물량 등을 감안하면 자금여력 이 되는 무주택 실수요자들이 집을 사는 건 나름 합리적인 선택으로 보입니다. 과거 자료를 보면 집값은 상승과 하락을 반복하면서 계 속 우상향 그래프를 만들어왔기 때문입니다. 우리나라 경제가 지금 까지처럼 매년 일정 수준 성장하고 물가상승을 감안할 때 집값 역시 최소 그 정도는 반영하면서 올라할 것이기 때문입니다.

특히 서울이나 경기의 이른바 괜찮은(?) 지역에 자기 돈으로 전세를 살고 있고 부채도 얼마 없는 무주택자들은 전세가 폭등 때문에 손익을 잘 따져보고 판단해야 합니다. 임대차 2법 시행 2년이 되는 2022년 7월부터는 집주인들이 대폭 전세가를 올릴 것이기 때문입니다. 전세는 집주인에게 무이자로 돈을 빌려주는 셈이 되는데요, 그럴 바엔 그 돈과 감당할 수 있는 규모의 대출을 받아서 집을 사는 게 유리할 수 있는 것입니다. 다만 집값이 하락하는 최악의 상황을 꼭 염두에 두고 아파트의 수준을 결정해야 합니다.

반면 머니올라에 출연했던 전문가들이 한 목소리로 강하게 말리는 포인트가 있습니다. '영끌'로 집을 사는 경우인데요, 많은 부채를 안고 집을 샀는데 집값이 하락하고 금리가 오르기 시작하면 버틸 수 없기 때문입니다. 이자부담도 부담이지만 심리적으로 무너질 수 있습니다. 집값이 20~30% 하락하더라도 버틸 수 있는지 스스로의 재정상황을 점검해 보고 냉정하게 판단해야 합니다. 2010년대 초에 집값 하락으로 많은 분들이 이른바 '하우스 푸어'로 고생을 했던 경험이 있습니다.

주택 매수는 '소라게' 전략으로

자, 그러면 집을 사기로 정한 무주택자들에게는 어떤 전략이 좋을까요? 전문가들은 이른바 '소라게' 전략을 추천합니다.

소라게는 다른 껍데기 속에서 삽니다. 자기 몸이 딱딱하지 않아적으로부터 스스로를 보호하기 위해서인데요, 덩치가 커지면 더 큰 껍데기로 갈아탑니다. 자기 몸에 맞는 껍데기로 계속 바꾸면서 살아가는 것입니다. 주택 매수 역시 단계별로 상급지로 옮기는 소라게 전략이 합리적으로 보입니다. 서울 강남 같은 A급지를 직접 사기에는 가격이 너무 올랐기 때문입니다.

본인의 재력에 맞는 C급지나 D급지부터 매수한 뒤 자금을 모으고 상황을 보면서 한 단계씩 올리는 전략이 필요합니다. 하락기에는 A급지가 더 떨어질 수도 있어 오히려 기회로 작용할 수 있습니다. 실제로 과거 2010년대 초에 강남지역 아파트 가격이 다른 지역보다 더 떨어졌습니다. 그때가 더 좋은 입지로 갈아탈 수 있는 기회였던 셈입니다.

무주택자라면 재건축·재개발을 노려라

서울과 경기도의 경우 무주택자라면 재건축·재개발을 노리는 전략도 여러 전문가들이 추천했습니다. 아파트 노후화가 심각하기 때문입니다. 한국감정원 자료를 보면 서울의 경우 20년 이상 된 아파트 비율이 80%에 달합니다. 재건축 대상인 30년 이상 된 노후 아파트는 20%입니다. 경기도 역시 일산, 분당 등 1991년부터 입주한 1기 신도시 아파트들이 속속 30년을 넘고 있습니다. 즉 이 아파트들은 대규모 재건축 대상이란 얘깁니다. 특히 서울의 경우 빈 땅이 없어 앞으로 기존의 낡은 아파트와 주택들을 허물고 새로 지을 수밖에 없는 상황입니다.

	비조정지역	조정대상지역
1주택(주택가액 변수)	1~3%	1~3%
2주택	1~3%	8%
3주택	8%	12%

출처 : 기획재정부

이런 재건축·재개발 대상은 무주택자에게 유리합니다. 대출과 세금 측면인데요, 우선 대출부터 살펴보겠습니다. 다주택자는 규제지역(서울, 경기 대부분)에서 대출 자체가 불가능합니다. 반면 무주택자는 이주비대출과 중도금대출을 받을 수 있습니다. 감정평가액의 40%까지 대출을 받을 수 있고 입주할 때 잔금대출로 전환할 수 있습니다.

둘째, 세금도 유리합니다. 취득세의 경우 무주택자가 조정대상지역의 재건축·재개발 주택을 구입할 경우 공시가격의 1~3%만 내면 됩니다. 반면 2주택 이상부터는 8%, 12%로 급증합니다. 재산세와 종합부동산세 역시 매매가 대비 공시지가가 낮기 때문에 상대적으로 액수가 적습니다.

다만 투기과열지구(서울 전역, 경기 주요 지역, 광역시 일부 지역)에 해당되는 재건축·재개발은 주의할 점도 있습니다. 매수시점에 따라 조합원 지위, 즉 아파트를 받을 수 없는데요, 재건축은 조합설립 이후부터, 재개발은 관리처분인가 이후부터 해당이 되므로 반드시 확인해야 합니다.

입지의 핵심 포인트는 일자리와 교통망

집을 매수할 때 가장 중요한 요인은 입지입니다. 일자리, 교통, 교육, 편의시설, 환경이 입지에 영향을 미치는 5대 요인인데요, 이 중에서 핵심은 일자리입니다. 일자리가 많기 때문에 사람들이 몰리고 그로 인해 집에 대한 수요가 발생하고 집값도 오르는 것입니다.

서울 서초구와 강남구, 송파구는 150만 개의 일자리가 있습니다. 분당과 판교, 송도 역시 기업들이 잇따라 들어서면서 사람들이 몰려들고 집값도 급등했습니다. 쉽게 말해 일자리가 많은 지역에 있는 집을 사거나 적어도 이 지역에 대한 접근성이 좋은 지역이 미래에도 집값이 상승할 가능성이 높다는 것입니다.

문제는 일자리가 많은 지역의 집값은 이미 많이 올랐다는 점입니다. 따라서 주변지역으로 대상을 넓혀야 합니다. 이 경우에는 교통망을 잘 살펴야겠죠.

우선 수도권 지하철망을 잘 살펴봐야 합니다. 우리나라 수도권은 전 세계에서 찾을 수 없을 정도로 지하철망이 잘 깔려 있습니다. 일자리가 많은 서초, 강남, 분당, 판교 등과 교통망이 잘 연결된 지역 가운데 다른 조건도 고려해 5개 정도를 후보군에 올려놓고 자신의 경제력 등을 종합해 매수하는 전략을 추천합니다. 해당 지역을 방문해서 현지 부동산 중개업소들의 얘기도 들어보고 집들도 꼼꼼히 살펴보는 등 발품도 팔아야 합니다. 귀찮을 수도 있겠지만 결국 본인이 공부하고 현장을 다녀봐야 실패할 확률이 적습니다.

향후 신설될 광역철도노선도 고려해야 합니다. 특히 GTX A, B,

C, D 노선에서 생기게 될 역세권 주변이면 좋을 텐데요, 아직 가격 반영이 덜 된 역 주변 아파트를 후보군에 넣어서 따져보면 좋은 매물을 찾을 수 있습니다.

광교신도시는 10여 년 전 평당 1,300만 원대에 분양을 했었는데 미분양이 났습니다. 하지만 지금은 평당 4천만 원이 넘습니다. 신분당선 개통으로 강남까지 30여 분 만에 출퇴근이 가능하기 때문이죠. 수원 영통구 역시 강남까지 30분대에 출퇴근이 가능합니다. 광역철도노선을 통해 이런 지역들이 계속 생기고 있습니다.

단, 2가지 점을 꼭 기억하셔야 합니다. 첫째, 이들 지역이 실제로 거주하기에 충분한 인프라가 구축되려면 시간이 필요한데요, 보통 첫 입주부터 도로, 상가, 생활편의시설 등 모든 인프라가 구축되기까지 최소 10년은 걸립니다. 둘째, 제시된 철도 개발계획만 보고 역세권에 덜컥 집을 사는 건 모험일 수 있습니다. 철도가 실제로 확정되는지, 어떤 지역에 철도역이 생기는지 확인하고 또 확인한 후에 최종 결정해야 합니다. 국토교통부와 지방자치단체에서 공식 발표한 자료와 현지 중개업소 방문 등을 통해 이중삼중으로 꼭 체크하시길 바랍니다.

끝으로 꼭 당부드릴 점이 있습니다. 부동산 대세 상승기에는 서울 강남부터 시작해서 주변지역, 서울 외곽지역, 경기 핵심지역, 경기 외곽지역 순으로 집값 상승이 나타납니다. 상승기 막바지에 이르면 앞서 말씀드렸던 일자리, 교통, 교육, 편의시설, 환경과는 별 관련이 없는 지역까지 오릅니다. 그런데 심리적으로 쫓긴 분들 가운데 이런 지역의 주택을 덥석 매수하는 경우가 있습니다. 그런데 하락기에 접어들면 이런 집들은 가장 먼저 많이 빠지고 아주 오랫동안 회복을 못합니다. 속된 말로 물려 있게 되는 거죠. 기회는 또 오는 법이니 쫓기는 마음으로 매수하시면 안 됩니다.

집값 하락을
미리 알 수 있는 신호들

미국이 기준금리를 올리고 한은도 기준금리를 올리면 본격적인
긴장국면에 돌입할 것입니다. 여기에 수도권에 미분양이 증가하고,
경매낙찰율이 100 미만이면 집값 하락세의 신호로 판단해야 합니다.

전국 집값이 오르고 있다

"대한민국 부동산(주택)은 한 번도 안 가본 길을 가고 있습니다."

머니올라에 출연했던 부동산 전문가들의 공통적인 말입니다. 간단히 말해서 집값이 사상 최고치를 계속 경신하고 있다는 얘깁니다. 실제 지표들에서는 전국 집값이 어떻게 나타나는지 구체적으로 살펴보겠습니다.

우선 한국부동산원의 주택매매가격지수를 보겠습니다. 주택매매가격지수는 모든 주택의 평균적인 매매가격 변화를 나타낸 지표입니다. 2003년부터 2021년 8월까지 서울·경기·전국 상황인데요, 세 그래프 모두 사상 최고치를 기록한 걸 확인할 수 있습니다. 전국이 우상향하는 모습입니다. 서울에서 촉발된 집값 상승이 수도권에 이

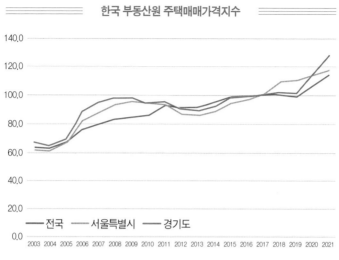

한국 부동산원 주택매매가격지수

━ 전국 ━ 서울특별시 ━ 경기도

출처 : 통계청, KOSIS

어 지방으로 전이되었고 다시 수도권으로 옮겨가며 상승을 유발하고 있는 것입니다.

소득대비 집값인 PIR(Price to Income Ratio) 지수로도 사상 최고치를 경신하고 있는 점을 확인할 수 있습니다. 특히 서울의 경우 PIR이 18.5인데요, 서울에서 집 한 채를 마련하기 위해선 한 푼도 쓰지 않고 18년 6개월을 모아야 한다는 것입니다. 전 세계 주요 도시에서 홍콩 다음으로 높은 수치입니다.

집값이 거품국면에 들어섰다는 점은 데이터로 확인이 되었습니다. 거품만 있으면 괜찮은데요, 거품붕괴의 뇌관 역할을 하는 게 있습니다. 부채, 즉 빚입니다. 100% 자기 돈으로 집을 살 수 있는 사람은 대한민국 사회에서 많지 않습니다. 대부분 주택담보대출과 신용대출, 전세대출 등 빚을 지고 집을 구입합니다. 그런데 이 가계부채가 심상치 않습니다. 우리나라 가계부채 수준은 세계 최상위급입니다. 부채를 감당할 수 없는 상황이 되면 집값이 갑자기 폭락할 수 있다는 경고가 나오는 이유입니다.

집값 하락을 알 수 있는 3가지 신호

어떤 자산이든 가격이 너무 오르면 하락하면서 조정을 받습니다. 주택도 마찬가지 흐름을 보여왔습니다. 2021년 말 기준으로 집값이 급등기의 후반부라고 한다면, 정체기를 거쳐 어느 정도 하락 조정을 받는 게 이상하지 않습니다. 단, 언제부터 하락할지는 여러 지표들을 살펴봐야 예상이 가능합니다.

전문가들이 꼽는 집값 하락을 미리 알 수 있는 신호는 크게 3가지로 압축됩니다.

첫째, 정체기입니다. 집값이 하락하기 전에 항상 정체기를 거칩니다. 거래량이 줄고 호가는 높고 이따금씩 비싼 가격에 거래되면서 신고가를 갱신하는 게 정체기의 특징입니다. 이미 그런 현상들이 나타나고 있습니다. 2021년 10월 서울 반포의 아크로리버파크 84㎡(34평)은 45억 원이라는 믿기 어려운 가격에 체결되었습니다. 주식이나 부동산이나 더 비싸게 사주는 사람이 있어야 올라가는데요, 이런 계약은 일부 현금 부자들을 통해 이따금씩 체결될 수밖에 없습니다.

또한 서울 아파트 거래량도 줄고 있습니다. 2021년 상반기 서울 아파트 매매건수는 2만 5,857건으로 전년도 같은 기간과 비교하면 59.5% 수준입니다.

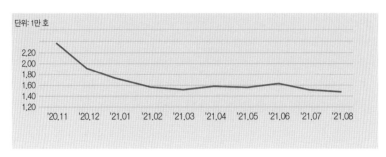

전국 미분양 추이

단위: 1만 호

출처: 국토교통부

둘째, 청약경쟁률 하락과 미분양 증가입니다. 미분양은 청약에 당첨되었지만 층과 위치가 마음에 들지 않아 청약을 포기하는 물량을 의미하는데요, 보통 미분양은 지방이나 수도권 외곽지역에서 시작되어 안쪽으로 전이됩니다. 청약경쟁률이 떨어지고 미분양이 증가하면 집값 하락의 신호탄으로 보면 됩니다.

전체적으로 미분양 물량은 감소세인 가운데 2021년 9월 미묘한 변화가 감지되었습니다. 전국 미분양 주택이 1만 3,842가구로 역대 최저치를 기록했습니다. 서울도 8월과 9월 연속으로 55가구만 미분양되었습니다. 다만 경기와 인천은 전월보다 19% 늘었는데요, 일부 전문가들은 하락세로 돌아서는 변곡점일 수도 있다는 해석을 내놨습니다.

셋째, 경매낙찰율을 유심히 살펴봐야 합니다. 경매낙찰율은 경매 감정가 대비 낙찰액 비율인데요, 보통은 80% 안팎 수준으로 형성됩니다. 그런데 2021년 상반기에 서울 아파트 경매낙찰가율은 111%

서울 아파트 경매 낙찰가율

단위: %

119.9

116.3

115.0

107.0

2021년 7월　　8월　　9월　　10월

출처: 지지옥션

를 기록했습니다. 2021년 하반기에는 더 올랐습니다. 특히 2021년 10월은 역대 최고인 119.9%로 치솟았습니다. 감정가보다 더 높게 형성되었다는 건 시세보다 더 비싼 가격에 사는 사람들이 있다는 건데요, 즉 수요가 많다는 얘기입니다. 아직까지는 수요 우위의 시장이기 때문에 거품붕괴 신호를 찾을 수는 없습니다.

최대 변수는 2022년 미국이 기준금리를 올리는 시점입니다. 인플레이션을 억제하기 위해 예상보다 빨라질 수 있습니다. 자금유출을 막기 위해 한국은행도 기준금리를 올리게 되면 본격적인 긴장국면에 돌입할 것입니다. 여기에 수도권의 청약 경쟁률이 떨어지면서 미분양이 증가하고, 경매낙찰율이 100 미만으로 떨어지는 수치가 확인되면 집값 하락세의 신호로 판단하면 됩니다.

부의 설계 2단계는 실전 주식투자의 영역입니다. 투자의 대상이 되는 산업과 기업분석으로 시작해 한국증시의 속성, 개별종목 투자와 결이 다른 ETF의 원리, 그리고 주식세계의 고수들이 제시하는 투자전략으로 이어집니다. 투자의 세상은 생사가 걸린 전쟁터에 비유될 정도로 험난합니다. 손쉽게 돈을 버는 왕도나 꽃길은 어디에도 없습니다. 산업과 시장, 전략 3가지를 우직하게 공부하고 마음의 근육을 길러서 '미스터 마켓'의 변덕에 대응하는 길이 그나마 최선입니다.

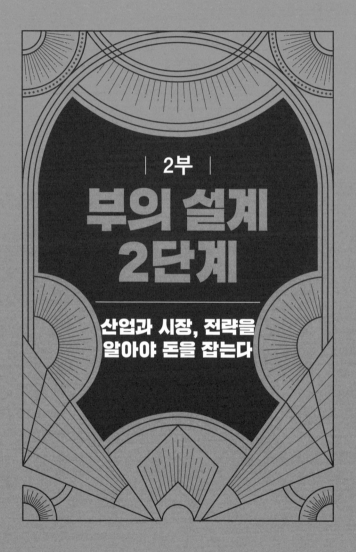

2부

부의 설계
2단계

산업과 시장, 전략을
알아야 돈을 잡는다

다가올 3년의 주식투자, 투자유망 8대 업종에 주목하라

5장부터는 실전 주식투자의 영역으로 걸어 들어갑니다. 5장에서는 2022년 이후의 시장에서 비중을 늘릴 만한 '투자유망 8대 업종'을 소개합니다. 수많은 산업 가운데서 반도체·전기차·2차전지·수소산업 등 '대형성장주'와 메타버스·엔터테인먼트·바이오·온라인유통 등 '신성장주'들로 유망업종을 선정했습니다.

코스피 26개 업종 가운데 왜 이런 산업이냐고요? 우선 미래 성장성과 현재의 수익성을 감안했습니다. 개인들이 비교적 쉽고 안전하게 접근할 수 있는지도 고려했습니다. 정보나 자금력에서 앞선 기관·외국인 쪽으로 '지나치게 기울어진 운동장'은 배제한 셈입니다.

그렇다고 해서 5장에서 다루는 내용이 쉽다는 뜻은 아닙니다. 구체적인 투자현장의 스토리인 만큼 다른 어느 분야보다 정신을 바짝 차리고 읽어야 합니다. 어설프게 알고 뛰어들었다가는 소중한 내 돈을 고스란히 날리기 십상입니다. 알아야 보이고, 보이는 만큼 돈을 버는 곳이 주식시장입니다.

대형성장주부터 살펴보면 대부분 유형기업(有形企業)으로서 삼성전자와 현대차 등 국내투자자들이 좋아하는 종목들이 많이 포함되어 있습니다. 대규모 공장에서 값비싼 기계장비 등 구체적인 자산을 투입해 돈을 버는 기업들입니다. 이에 비해 메타버스와 엔터테인먼트 등의 신성장주는 지적재산권과 저작권, 특허권, 가상자산 같은

'무형이지만 거대한 가치'를 창출하고 축적하면서 급성장해가고 있는 산업군이라고 하겠습니다.

유·무형에 관계없이 세상의 모든 기업은 밸류체인(value chain), 즉 가치사슬로 얽혀 있습니다. 어떤 기업도 혼자서 모든 상품을 만들지 못하기 때문입니다. 현대사회로 오면서 기업 간 가치사슬은 복잡하게 얽혔고, 그 정도는 갈수록 심화되고 있습니다. 예시한 8대 업종 내부에는 가치사슬로 결합된 수십 종의 기업이 각각 포진해 있습니다. 분야별로 톱니바퀴처럼 맞물려 돌아가는 가치사슬을 알지 못하면 투자종목의 산업 내 위치를 알 수 없고, 당연히 성공투자도 어렵습니다.

가치사슬을 파악하는 지름길은 해당산업의 공정, 다시 말해 가치의 창출과정을 추적하는 방법입니다. 심도 있는 공부로 가치창출과정을 알아야 투자기업의 '산업 내 주소'를 파악할 수 있고, 해당기업의 위치를 알게 되면 각종 이슈와 노이즈에도 흔들리지 않고 투자를 견지할 수 있는 심리와 역량을 자연히 갖추게 됩니다.

반도체_
'치킨게임 시즌2' 개막

반도체 치킨게임 시즌2가 바야흐로 시작되었습니다.
파운드리 실적에서 성과가 있으면 삼성전자 주가가 오를 것입니다.
글로벌 반도체 투자 급증으로 반도체 소부장 기업들의 수혜가 예상됩니다.

인적 드문 도로에서 두 명이 차를 몰고 상대를 향해 전속력으로 질주합니다. 두 명 모두 핸들을 꺾지 않고 끝까지 직진하다가 충돌하면 둘 다 죽거나 중상을 당합니다. 한쪽만 피한다면 피한 쪽은 '치킨(chicken, '겁쟁이'란 뜻의 속어)'이 되고, 안 피하고 달린 승자는 '용감한 사람'으로 칭송받습니다. 1950년대 미국에서 유행한 자동차게임에서 유래한 '치킨게임(Chicken Game)'입니다.

개인만이 아니라 기업 사이에도 치킨게임은 종종 벌어집니다. 개인끼리 치킨게임의 승자와 패자는 '용감한 자 – 겁쟁이'로 평가가 갈리는 데 그치지만, 기업 간 치킨게임은 의미가 판이합니다. 승자는 시장을 독식하고, 패자는 문을 닫게 됩니다. 기업 간 치킨게임이 더 처절할 수밖에 없는 구조입니다.

여러 산업 가운데서도 21세기 들어서는 반도체 치킨게임이 가장 유명하고 가장 치열합니다. 2007~2008년 글로벌 메모리반도체 업체들은 D램 가격을 6.8달러에서 0.5달러로 극단적으로 내리면서 생사를 건 경쟁을 벌였습니다. 팔수록 큰 손해를 보는 싸움인데, 자금력과 의지가 약한 쪽이 무릎을 꿇었습니다. 메모리 치킨게임은 2010년대에도 수시로 벌어졌고 결국 삼성전자와 SK하이닉스, 마이크론 정도만 살아남아 과실을 독점했습니다. 일본의 도시바와 엘피다, 독일의 키몬다 같은 수많은 메모리 기업들이 줄줄이 사라졌습니다.

잠시 조용하던 반도체 치킨게임이 2021년부터 다시 불붙기 시작했습니다. 이번에는 규모가 훨씬 더 큰 비메모리 분야입니다. 비메모리 분야의 패권을 잡기 위한 치킨게임은 기업 간 경쟁의 수준을 넘어 국가대항전으로 커졌습니다. 2021년 자동차 생산대란이 차량용반도체 부족에서 비롯된 것처럼 '현대산업의 쌀'로 불리는 반도체 산업이 지닌 비중을 감안하면 충분히 그럴만 합니다.

최고 실적에도 삼성전자 주가가 하락한 이유

2021년 3분기 삼성전자는 매출 74조 원, 영업이익 15조 8천억 원을 기록했습니다. 전년동기 대비 매출은 10%, 영업이익은 28% 증가한 수치입니다. 사상 초유의 매출 70조 원을 돌파한 것이고, 영업이익도 2018년 3분기 반도체 슈퍼사이클 기간의 17조 5천억 원에 이은 두 번째 성적입니다. 역대급 실적에도 불구하고 발표 이후 삼성전자 주가는 오히려 7만 원이 깨지는 수모를 겪기도 했습니다. '주가는 기업실적을 반영한다'는 증시의 기본공식이 통하지 않은 것입니다.

그 이유가 뭘까요? 2022년 메모리 업황의 불확실성에다 오너 일가의 상속세 부담도 한몫을 합니다만, 더 근본적인 문제는 삼성전자가 버는 돈보다 더 많은 돈을 투자금으로 집어넣어야 한다는 데 있습니다.

2021년 8월 25일 삼성그룹은 "향후 3년간 240조 원을 투자해 반도체와 바이오산업을 키우겠다"고 발표합니다. 삼성이 밝힌 투자금액 240조 원 가운데 200조 원 이상이 삼성전자의 반도체에 집중되며, 특히 비메모리 분야가 중심입니다. 메모리반도체 글로벌 최강자인 삼성전자가 비메모리 분야에 200조 원을 쏟아 붓겠다고 밝힌 것에 대해 시장에서는 '반도체 치킨게임 시즌2의 개막'으로 해석했습니다. 비메모리 파운드리 분야 1인자인 TSMC(대만)와, 파운드리 재개를 선언한 인텔(미국)을 향해 직진 엑셀레이터를 밟았다는 것입니다.

TSMC는 삼성전자가 지금까지 싸웠던 적수들과 차원이 다른 강자입니다. TSMC의 2021년 3분기 매출은 17조 5천억 원, 영업이익은 7조 2천억 원이었습니다. 영업이익률이 '꿈의 이익률'로 불리는 40%를 넘어 41.2%에 이르는 넘사벽입니다. 그런 TSMC와 맞서 3개년, 12분기 동안 200조 원을 투입한다는 삼성전자죠. 산술적으로 계산하면 비메모리 치킨게임의 전비(戰費)는 매분기당 16조 6천억 원에 이릅니다.

대형 M&A도 필수인데 삼성전자에 꼭 필요한 네덜란드의 차량용반도체 회사 NXP의 몸값은 500억 달러, 60조 원에 이릅니다. 치킨게임의 막대한 소요자금에 비하면 역대급이라는 15조

8천억 원의 3분기 영업이익으로도 오히려 부족합니다. 최고 수준의 실적에도 삼성전자 주가가 내린 본질적인 배경입니다.

국가대항전으로 판 커진 '반도체 치킨게임 시즌2'

보통 시리즈물은 시즌2가 시즌1보다 재미가 없다고 하죠? 그런데 '반도체 치킨게임 시즌2'는 시즌1보다 훨씬 흥미진진할 것 같습니다. 메모리에 비해 규모가 훨씬 큰 비메모리에서 싸우는 데다 기업 수준을 넘어 국가대항전 성격으로 판이 커졌기 때문입니다.

미중 기술패권전쟁에서도 제1의 전장(戰場)은 반도체입니다. 미국과 중국만이 아니라 유럽과 일본, 대만 등 내로라하는 국가들이 자국의 반도체 육성을 위해 천문학적 자금을 투입하기로 했습니다. 2022년 투입이 확정된 금액만도 한국 300억 달러, 대만 260억 달러, 중국 170억 달러 등 사상 최대인 1,000억 달러에 이릅니다.

한 대에 수백억 원짜리 극자외선(EUV) 노광장비를 비롯한 값비싼 장비를 경쟁적으로 투입해 죽기살기식 돈 싸움을 벌일 각오들입니다. 투자를 머뭇거리면 경쟁에 밀려서 죽고 투자전쟁을 계속하려니 역시 죽을 지경입니다. 승자만이 살아남는 반도체 전장(戰場)에 화약냄새가 자욱합니다.

삼성전자, 치킨게임 시즌2에서도 이길까?

반도체 치킨게임 시즌2는 사실 간단한 문제가 아닙니다. '대한민국 일등기업이자 투자자 500만 명의 대장주'라는 삼성전자의 비중

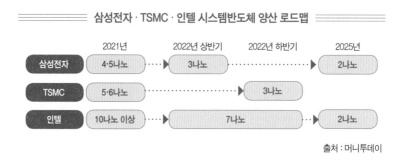

삼성전자 · TSMC · 인텔 시스템반도체 양산 로드맵

	2021년	2022년 상반기	2022년 하반기	2025년
삼성전자	4·5나노	3나노		2나노
TSMC	5·6나노		3나노	
인텔	10나노 이상	7나노		2나노

출처 : 머니투데이

을 생각할 때 나라의 명운이 걸린 싸움이라 해도 과언이 아닙니다. 다행히 삼성전자에게는 2가지 결정적인 무기가 있습니다.

첫째, 120조 원에 이르는 보유자금입니다. 주로 메모리반도체를 열심히 팔아서 모아둔 실탄입니다. 비메모리 치킨게임은 곧 천문학적 자금전쟁인데 손에 쥔 120조 원이야 말로 삼성전자 자신감의 원천입니다. 둘째, 3나노 이하 미세공정에서 TSMC를 압도할 비장의 기술력을 확보했다는 사실입니다.

GAA*는 공정효율은 30% 높이고 전력소모는 50% 줄여주는 첨단기술입니다. 삼성전자는 TSMC보다 앞서 2022년 상반기부터 GAA 기술에 기반한 3나노 공정을 시작합니다. 2가지 무기가 잘 통할 경우 현재 100곳 정도인 파운드리 고객사가 300곳 정도로 늘어나고 구글 같은 대형고객까지 몰려들면서 삼성전자 실적은 가파르게 치솟을 것으로 기대됩니다. 메모리에서 최후의 승자가 된 것처럼 비메모

GAA(Gate All Around)

반도체 전류를 조절하는 트랜지스터 성능과 효율을 높인 차세대 기술.

리 치킨게임에서도 삼성전자의 뚝심이 빛을 발할 것인지 귀추가 주목됩니다.

다만 2021년 하반기 삼성전자의 주가흐름이 약했던 데서 보듯이 치킨게임 시기에는 투자금액이 급증하면서 반도체 기업의 주가는 대체로 부진한 편입니다. 반도체 전쟁의 무기는 자금과 기술만이 아닙니다. 미국기업 인텔은 삼성전자와 TSMC 등 아시아 반도체기업을 미래안보 위협으로 간주하며 미국과 유럽 등 서방국가를 상대로 투자금 유치 로비를 강화하고 있습니다.

일본 정부는 TSMC와 마이크론의 공장을 자국 내에 유치하는 데 성공했습니다. 반도체 싸움이 자금력 외에 국력과 외교력까지 동원하는 총력전임을 실감케 해줍니다. 그러므로 반도체 투자자라면 산업 자체에 대한 이해와 함께 글로벌 경쟁이 어떻게 펼쳐지고 있는지도 파악해야 합니다.

반도체 실적에 좌우되는 코스피 주가흐름

반도체는 성장산업이면서도 경기사이클을 타는 특징이 있습니다. 슈퍼사이클 때는 이익과 주가가 급등하는 반면, 공급량과 수요처의 재고가 늘어나면 실적과 주가가 급락합니다.

반도체는 통상 10분기 정도의 상승사이클과 6분기 정도의 하락사이클을 반복하는 것으로 알려져 있는데 최근에는 그 간격이 좁혀지는 추세입니다. 반도체 주가는 실적 전망을 6개월 정도 선(先)반영하는 특징이 있어 경기사이클에 대한 이해는 필수입니다. 특히 삼성전자와 SK하이닉스 등 반도체 기업이 시총 1, 2위를 차지할 정도로 비중이 크게 때문에 반도체 업황 사이클에 따라 국내증시의 방향성이 정해지기도 합니다.

코스피와 같은 지수에 투자하는 외국계 패시브 자금의 경우 반도체 업황이 나쁘면 한국증시 자체에 대한 투자금을 줄이기도 하므로 다른 업종의 주가에도 영향을 주게 됩니다. 그러므로 비록 반도체 종목 투자자가 아니더라도 반도체 업황에 관심을 가져야 합니다. 국내주식 투자자라면 종목에 관계없이 글로벌 반도체 수요와 공급 사이클에 대해 깊이 있는 공부가 필요하다는 뜻입니다.

반도체 산업 분류 _ '회사 3종류, 제품 2종류'

이제부터는 구체적인 반도체 산업 이야기를 할 차례입니다. 모든 업종이 다 그렇지만 특히 반도체는 산업을 이해해야 어디에 투자해야 할지 그림이 그려집니다.

알아야 이깁니다. 거대한 반도체 산업이지만 '3 vs 2', 즉 '회사 3종류, 제품 2종류'를 알면 이해가 쉽습니다.

반도체는 설계와 생산, 조립·검사를 거쳐 제품이 출시됩니다. 이런 과정을 모두 하는 기업도 있고 일부만 집중하는 업체도 있습니다. 그래서 반도체 기업은 종합반도체(IDM), 팹리스, 파운드리, 이렇게 3종으로 분류됩니다.

반도체 전 과정을 다루는 종합반도체로는 삼성전자, SK하이닉스와 인텔 등이 있으며, 팹리스(Fabless)라고 불리는 설계업체는 퀄컴(미국), 브로드컴(미국), 엔비디아(미국)가 유명합니다. 설계대로 반도체를 만드는 제조전문기업을 파운드리(Foundry)라고 하는데 TSMC(대만)와 글로벌파운드리(미국), DB하이텍(한국) 등이 있습니다.

반도체 제품은 메모리와 비메모리, 이렇게 2종류로 구분합니다. 메모리는 정보를 저장하고 기억하는 반도체로 5,500억 달러, 650조 원에 이르는 세계 반도체시장에서 30%를 차지합니다. 램(RAM)과 플래시 메모리(Flash Memory), 낸드(NAND) 같은 제품명은 잘 알려져 있습니다. 비메모리는 연산과 추론 등 논리적인 정보처리 기능을 하는 시스템반도체로서 전체 반도체시장의 70%를 차지합니다. 인텔과 퀄컴 등이 강자이며 대만의 TSMC는 파운드리(비메모리 위탁생산) 1위 업체입니다.

삼성전자와 SK하이닉스는 메모리 시장의 70%를 차지하지만 비메모리에서는 갈 길이 멉니다. 메모리 1위·파운드리 2위인 삼성전자의 파운드리 시장점유율은 20% 미만으로 50%가 넘는 1위 TSMC에 비해 한참 모자랍니다.

삼성전자의 전체 매출액이 TSMC의 3배가 넘는데도 시가총액은 80%에 불과한 것은(2021년 5월 현재 TSMC 5,433억 달러·삼성전자 4,254억 달러) 삼성전자가 강점 있는 메모리보다 TSMC의 비메모리가 경제성과 성장성이 더 높기 때문입니다. 미국 텍사스 주 테일러 시에 짓기로 한 삼성전자의 새 파운드리 공장에 기대가 큰 이유도 여기에 있습니다.

반도체 투자, 공정별 밸류체인에 답이 있다

우리나라가 세계적 반도체강국이 된 것은 삼성전자, SK하이닉스 같은 종합반도체 회사뿐만 아니라 이들과 강력히 결합된 소재·부품·장비업체 덕분입니다. 반도체 생산은 웨이퍼(기판) 제조에서부터 산화, 포토, 식각, 박막증착, 금속배선, 테스트, 패키징 등 8대 공정으로 이뤄지는데 각 공정마다 국내외 밸류체인이 두텁게 깔려 있습니다.

삼성이 비메모리를 중심으로 반도체에 200조 원을 투입하기로 결정하면서 관련 소부장 업체들이 수혜주로 부각되었고 주가도 급

반도체 8대 공정별 밸류체인

①웨이퍼 제조	②산화 공정	③포토 공정	④식각 공정	
심텍 대덕전자 에프엔에스텍 SK실트론 (상장 예정)	피에스케이 테스 TEL AP시스템 원익IPS 예스티 유진테크	에스앤에스텍 동진쎄미켐 SK머티리얼즈 이엔에프테크놀로지 경인양행 미원상사 SK머티리얼즈 피에스케이 제우스 세메스 E-SOL	세메스 테스 원익IPS 원익QNC 원익머티리얼즈 에이피티씨 DMS	코미코 솔브레인 램테크놀러지 이엔에프테크놀러지 씨앤씨하이테크 에스티아이 후성
⑤박막 증착 공정	⑥금속 배선 공정	⑦전기적 테스트	⑧패키지 공정	
유진테크 원익IPS 테스 주성엔지니어링 원익QNC	SK머티리얼즈 원익머티리얼즈	와이아이케이 (샘씨엔에스) 디아이 리노공업 ICS 티에스이 마이크로컨텍솔	한미반도체 이오테크닉스 프로텍 탑엔지니어링 테크윙 미래산업	네패스 테스나 엘비세미콘 하나마이크론 SFA반도체 에이팩트 윈팩

출처: 이베스트 투자증권 리서치센터 참고

등했습니다. 사실 반도체 치킨게임은 곧 투자 늘리기 전쟁입니다. 번 돈을 고스란히 투자해야 하니 삼성전자 같은 반도체 대기업들은 죽을 맛이지만 소부장 업체들에게는 단비 같은 희소식입니다.

국내 반도체 소부장 기업들의 시가총액은 100조 원에 육박할 정도로 급성장하고 있어 그 자체로 거대한 투자대상이 될 뿐 아니라 주가상승률도 반도체 대기업보다 높은 경우가 많습니다. 투자금 대비 10배 수익을 거두는 이른바 '10루타 기업'은 삼성전자나 SK하이닉스 같은 반도체 완성품업체보다 웨이퍼 제조나 식각 등 특정분야의 숨은 강자들에게서 찾을 수 있습니다.

전기차_
"테슬라 거기 서라"

글로벌 전기차 침투율은 2025년 15%에 이를 전망입니다.
현대차는 전기차 선두권을 질주하고 있습니다.
전기차 투자대상은 플랫폼과 자율주행으로 압축됩니다.

바닥에 붙은 듯 낮은 몸체에 크고 튼튼한 바퀴. 출발신호가 떨어지면 원색의 머신(machine 경주차) 행렬이 찢어지는 굉음과 함께 트랙을 질주합니다. 속도감 만점인 'F1 그랑프리'는 지난 수십 년간 첨단자동차 제조기술의 경연장으로도 유명했습니다. 그러나 이런 장면도 얼마 남지 않았는지 모릅니다. 엔진의 힘으로 달리는 자동차는 이제 전설이 되어 가고 있습니다.

파리기후협약에 근거한 탄소중립을 위해 전 세계에서 운행중인 14억 대의 내연기관 자동차들은 2035년 유럽을 시작으로 빠르게 퇴진할 운명입니다. 지난 100여 년간 육상교통의 왕좌를 지켰던 내연기관차는 자신이 쫓아낸 마차(馬車)처럼 구시대 유물로 사라지고 전기차와 수소차 등 친환경자동차가 그 빈자리를 차지하게 됩니다. 굉음도 매연배출도 없는 전기차가 소리 없이 전 세계 자동차 시장을 집어삼키고 있습니다.

글로벌 신차 시장에서 전기차가 차지하는 비율, 즉 전기차 침투율은 2025년 15%로 높아집니다. 새로 출시되는 자동차 7대 가운데 1대 이상이 전기차가 된다는 뜻입니다. 2035년, 정해진 미래를 향한 전기차산업의 무서운 질주가 시작되었습니다. 덕분에 전기차 관련 밸류체인도 빠르게 성장하면서 스마트한 투자자들의 눈길을 끌고 있습니다.

바이든의 친환경 플랜, '전기차 시대' 앞당기다

미국 기업 테슬라가 전 세계 전기차업체 선두주자이니 전기차산업도 미국이 가장 발전되었을 것으로 생각하기 쉽지만 실상은 그렇지 않습니다. 트럼프 대통령 시절까지 전기차는 미국에서 사실상 찬밥신세였습니다. 미국의 전기차 원년은 2021년이라고 말할 수 있습니다. 2021년 1월 취임한 바이든 대통령은 첫 번째 집무가 파리기후협약 복귀서명일 정도로 전기차를 비롯한 친환경정책을 강조합니다. 미국은 세계를 주도하는 나라이므로, 미국의 정책이 바뀌면 그 파장은 대단히 커집니다.

글로벌 전기차붐은 2021년 미국의 정책 변화로 폭발적 양상을 띠기 시작했습니다. 바이든 대통령은 2030년까지 미국에서 판매되는 신차의 50%를 친환경차로 재편하는 행정명령에 서명했고, 트럼프 시절에 완화했던 자동차 연비규제도 다시 강화했습니다. 그 결과 2020년까지 유럽과 중국에 비해 뒤처졌던 미국의 전기차가 급성장세로 돌아섰습니다.

2021년 7월 말 기준, 미국의 전기차 판매는 전년 동기 대비 113%나 늘었습니다. 2020년 36만 대이던 미국 전기차 시장은 2030년 720만 대로 20배나 커질 전망입니다. 테슬라, 루시드모터스, 리비안 같은 전문 전기차 외에 GM과 포드 등의 내연기관 메이커들도 전기차 생산에 본격적으로 뛰어들었습니다.

미국이 전기차로 갈아타자 중국과 유럽은 보조금 지원과 연비 규제라는 당근과 채찍을 활용하며 견제에 나섰습니다. 특히 중국은 "내연기관차는 서방에 밀렸지만 전기차는 1위를 하겠다"며 국가적인 지원을 쏟고 있습니다. 덕분에 비야디는 2021년 6월 이후 5개월 연속 테슬라를 제치고 자국 전기차 시장 1위에 올랐고, 우링과 니오, 샤오펑, 리오토 등 토종 브랜드도 빠르게 규모를 키워가고 있습니다.

전기차산업의 성장세는 시간이 흐를수록 가속도가 붙는 양상입니다. 2021년 7%인 글로벌 전기차 침투율은 매년 30%씩 성장해 2025년 15%에 이를 전망입니다. 2025년 전 세계 신차 시장에서 전기차 비중이 15%를 넘어서고 한 번 충전으로 800km를 달리게 되는 순간부터 자동차 시장의 헤게모니는 내연기관에서 전기차로 옮겨가면서 전기차 시대가 본격 개막할 것으로 기대됩니다.

현대차그룹, 발빠른 전기차 전환

현대차그룹을 위시한 국내 자동차도 '전기차 전쟁'에 발빠르게 대응하고 있습니다. 사실 현대차는 글로벌 내연기관 메이커 가운데 전기차로의 변화에 가장 잘 대처하는 편입니다. 세계 1위 도요타가 하이브리드카에 심취해 있는 사이 현대차는 재빠르게 '테슬라화(化)' 하면서 판을 엎어버린 것입니다.

현대차에서 만든 전기차 아이오닉5와 기아차의 EV6, 그리고 제네시스 첫 전용전기차 GV60까지 선을 보였습니다. 2021년 8월에 출시한 EV6는 사전예약만 3만 대가 넘을 정도로 주목을 받았고, 아이오닉5는 유럽시장에서 인기를 끌었습니다. 2021년 1~9월까지 현대차의 전기차 판매는 2020년 같은 기간에 비해 독일에서 124%, 영국에서 72% 늘었습니다.

현대차는 2022년 6종의 전기차를 신규투입할 예정인데, 그러면 전기차 라인업은 12종으로 늘어납니다. 2023년에는 미국 도로에서 '아이오닉5 로보택시'의 무인자율주행을 실현할 계획입니다. 2025년에는 현대차가 56만 대, 기아차가 50만 대의 전기차를 판매해 테슬라, 폭스바겐과 함께 글로벌 3대 메이커로 입지를 굳히겠다는 청사진도 세웠습니다. 이런 맥락에서 현대차는 2025년부터 고급 브랜드인 제네시스는 전기차와 수소차로만 만들기로 했으며, 2030년부터는 모든 차종에서 내연기관차 생산을 중단한다고 밝혀 경쟁자들을 긴장하게 만들었습니다.

현대차그룹이 전기차에서 선전하는 비결은 뭘까요? 첫째, 전기차 플랫폼을 2020년에 이미 개발할 정도로 발빠르게 전기차 메이커로 전환했다는 점입니다. 둘째는 국산 배터리 덕분입니다. 전기차에서 가장 중요한 부품은 차 가격의 30~40%를 차지하는 배터리입니다. 전기차의 사활이 배터리에 달렸다고 해도 과언이 아닌데 한중일, 동아시아 3국만 배터리 산업이 발달되어 있습니다. 전기차 산업에서 현대차그룹의 강점은 가까운 국내시장에서 고품질의 배터리를 손쉽게 조달한다는 데서도 찾을 수 있습니다.

전기차 투자대상, 2가지로 압축하라

국내에서 전기차를 만드는 완성차 회사는 현대차와 기아차 위주로 단순한 편이지만, 더 큰 투자기회를 찾기 위해서는 전기차 밸류체인을 알아야 합니다. 현대차·기아차는 물론이고 해외 메이커들과 단단하게 결합된 소재·부품 업체들이 즐비하기 때문입니다. 아이오닉5가 돌풍을 일으키자 현대차 주가보다 부품사들 주가가 더 많이 오른 데서도 투자의 통찰을 얻을 수 있습니다.

전기차 부품은 내연기관차보다 단가가 높아 주가 측면에서 소부장 업체의 가치는 더욱 밝은 편입니다. 내연기관의 중심이 엔진이라면, 전기차의 핵심은 동력원인 배터리입니다. 배터리를 제외하고 전기차산업의 밸류체인을 논한다면 '플랫폼'과 '자율주행', 이렇게 2가지로 압축됩니다. 인체에 비유하면 플랫폼은 몸통에, 자율주행은 두뇌에 해당합니다.

① 전기차 플랫폼 관련 밸류체인

차량 제조의 핵심은 플랫폼(platform)입니다. 플랫폼은 차량의 기초골격이자 바닥구조인데 차의 성능과 안전을 결정짓는 핵심요소입니다. 차량 플랫폼을 개발하려면 수많은 시뮬레이션과 충돌 테스트 등을 거쳐야 하므로 수천억 원에 이르는 개발비와 수년이라는 긴 시간이 필요합니다. 그래서 자동차 메이커들은 소형, 중형, 대형 같은 여러 종류의 차량에 동일 플랫폼을 사용합니다. 그런데 전기차는 내연기관과 달리 엔진룸과 배기시스템이 없는 등 차이가 큰 만큼 전용 플랫폼이 필수입니다.

현대차는 2020년 12월 공개한 전기차 전용 플랫폼 E-GMP를 활용해 아이오닉5 등 여러 종의 전기차를 생산하고 있습니다. 지금까지 전기차 전용 플랫폼을 확보한 메이커는 테슬라와 폭스바겐, 현대차 정도이니 그 의미를 짐작할 수 있습니다. 현대차의 E-GMP 플랫폼 관련주는 '차체 및 동력전달과 관련된 부품업체들'인데 현대모비스와 현대위아, 만도, 한온시스템, 성창오토텍, 경창산업 등으로, 전기차 시대의 본격화와 함께 탄탄한 성장이 기대되는 종목들입니다.

② 자율주행 관련 밸류체인

가솔린엔진 대신 전기를 에너지로 사용하는 것이 전기차의 최대 특징이지만 미래산업적인 측면에서는 자율주행차를 지향한다는 데 더 큰 의미가 있습니다. 자율주행차는 운전자의 조작 없이 자동차 스스로 도로운행이 가능한 차량을 말합니다. '전기차=자율주행차' 등식이 성립하는 건 아니지만 전기에너지가 내연기관의 동력보다 자율주행에 더 적용하기 용이한 것은 사실입니다.

자율주행은 운전자의 관여 정도에 따라 1단계 운전자 보조, 2단계 부분자동화, 3단계 조건부 자동화, 4단계 고도 자동화, 5단계 완전 자동화로 발전해가는데, 관련 밸류체인의 확대·고도화는 예정된 경로입니다. 2020년 71억 달러 규모이던 글로벌 자율주행차 시장은 2030년 6,565억 달러(제한자율주행 3,456억 달러, 완전자율주행 3,109억 달러)로 100배 가까이 커질 전망입니다. 전기차 투자에 관심이 있다면 추가적으로 숙지해야 할 부분입니다.

국내의 자율주행 관련주로는 만도, 현대모비스, 삼성전기, LG이노텍, 켐트로닉스, 엠씨넥스, 칩스앤미디어, 모트렉스, 대성엘텍, 라닉스 등이 있습니다. 이름마저 생소한 기업도 있겠지만 건성으로 대하는 건 금물입니다. 자율주행의 고도화와 함께 완성차 업체를 능가하는 주가 흐름을 보여줄 '될성부른 떡잎들'이기 때문입니다.

2차전지_
"형만 한 아우 있다"

글로벌 전기차 침투율이 15%를 돌파할 2025년까지는 물론이고,
그 이후에도 수년간 K-배터리의 발전을 가로막을 장애요인은
크지 않다고 결론내릴 수 있습니다

    원청기업과 하청업체 간의 '갑을(甲乙)관계'는 산업계의 불편한 현실입니다. 우월한 위치의 원청회사가 납품업체에 부당한 요구를 일삼다 보니 '갑질'이란 말까지 만들어졌습니다. 많이 개선되었다고는 해도 산업현장의 갑질이 완전히 사라졌다고 믿는 사람은 없습니다. 그런데 갑을관계가 거의 없거나 약한 분야가 있습니다. 자동차용 배터리, 2차전지 산업입니다. 배터리 원청과 납품회사는 전형적인 갑을관계가 아니거나 오히려 을이 큰소리치는 경우도 많습니다.

    원청업체 사람들 성품이 너그러워서가 아닙니다. 2차전지는 소재확보가 가장 중요한데 자금력과 기술력을 갖춘 소수의 소재업체가 시장을 과점하는 상황입니다. 그래서 대기업이 눈치를 살필 정도로 소재업체들 콧대가 높습니다. 을의 횡포(?)에 시달리던 배터리 대기업들이 관련 소재를 스스로 조달하는 '소재 내재화'를 추진하는

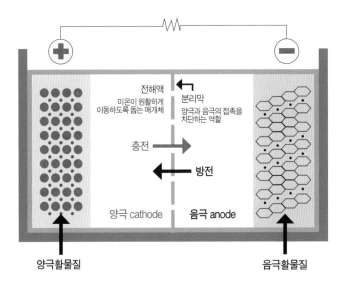

전해액
미온이 원활하게
이동하도록 돕는 매개체

분리막
양극과 음극의 접촉을
차단하는 역할

충전

방전

양극 cathode

음극 anode

양극활물질

음극활물질

것도 흥미롭습니다.

납품업체의 위상이 높은 까닭에 배터리 대기업과 소재업체 사이는 갑을관계가 아니라 협력관계, 형님아우 관계로 표현하기도 합니다. '형만 한 아우'를 찾는 일은 배터리 투자의 핵심 포인트이기도 합니다. 왜 아우들(소재업체)의 힘이 형님 못지않게 셀까요?

2차전지 원리와 밸류체인

배터리 산업을 제대로 이해하려면 2차전지의 작동원리부터 알아야 합니다. 간단한 화학공부가 필요합니다. 1차전지가 건전지처럼 한 번 쓰고 버린다면, 2차전지는 충전해서 계속 사용하는 전지로서 리튬이온배터리가 대표입니다. 분리막이라는 네트를 사이에 두고 리튬이온이 양극-음극을 오가는 과정에서 에너지가 발생하는 원리입니다.

그래서 2차전지는 양극재, 음극재, 분리막, 전해액의 4대소재와 전지박·도전재·첨가제 등 여타소재가 무엇보다 중요합니다. 2차전지 산업의 경쟁력은 값싸고 질 좋은 소재를 확보하느냐 여부에 달려 있습니다. 소재업체의 위상이 높을 수밖에 없는 이유입니다.

소재업체로부터 납품을 받아 배터리 완성품을 만드는 회사를 셀 제조업체라고 부릅니다. LG에너지솔루션(LG화학), SK온(SK이노베이션), 삼성SDI 등 국내 셀업체의 경쟁력은 세계 최강인데 기술력 좋은 소재업체들과 단단하게 결합된 덕분입니다. 배터리셀 3사별 밸류체인은 다음 도표와 같습니다.

셀 3사별 밸류체인

	LG에너지솔루션	삼성SDI	SK온
양극재	포스코케미칼, 엘앤에프	에코프로비엠 코스모신소재	에코프로비엠, 엘앤에프
음극재	포스코케미칼	포스코케미칼, 한솔케미칼	포스코케미칼, 한솔케미칼
실리콘첨가제	대주전자재료	한솔케미칼	대주전자재료
CNT도전재	나노신소재	동진쎄미켐, 나노신소재	나노신소재
분리막	SKIET, WCP	WCP	SKIET
전지박(동박)	SK넥실리스, 일진머티리얼즈, 솔루스첨단소재	SK넥실리스, 일진머티리얼즈	SK넥실리스, 일진머티리얼즈, 솔루스첨단소재
전해질/전해액	동화기업, 엔켐, 후성, 천보	동화기업, 솔브레인, 후성, 천보	엔켐, 솔브레인, 동화기업, 천보

출처: 교보증권 리서치센터 참고

특정 셀업체와 거래하는 회사도 있지만 2~3개 셀회사에 동시에 소재를 공급하는 '힘센 을'도 적지 않습니다.

셀 3사와 가치사슬로 연결된 소재업체들의 주가는 대형업체의 분할이슈나 투자 관련 뉴스가 나올 때마다 민감하게 영향을 받게 됩니다. 투자자들이 배터리 밸류체인을 이해하지 않으면 안 되는 이유이기도 합니다. 투자성과 면에서도 '아우들'의 성적이 '형님들'보다 나은 경우가 많습니다. 특히 양극재와 음극재를 동시에 생산하는 포스코케미칼을 비롯해 에코프로비엠과 일진머티리얼즈, 천보, 후성 등의 지명도는 대기업 못지않은데, 2021년 하반기 주가 상승률은 셀업체를 크게 압도했습니다.

2022년 배터리 투자의 변수, 분할상장과 해외진출 성과

2022년의 배터리 주가는 자회사 분할상장과 미국 등 해외시장 진출이라는 2가지 변수에 의해 좌우될 것 같습니다. 사실 2021년의 배터리 투자자들은 분할이슈로 뒤숭숭한 한 해를 보냈습니다. LG화학은 LG에너지솔루션, SK이노베이션은 SK온이라는 자회사를 따로 만들어 상장하기로 한 것입니다.

LG화학과 SK이노베이션의 소액주주들로선 배터리산업에 기대를 걸고 투자를 한 건데 분할을 해버리니 주주가치가 그만큼 희석되었습니다. 자기도 모르는 사이에 주가가 할인을 받은 것입니다. '개미털기'라는 비판이 나오는 이유입니다.

미국 같은 선진국에서는 이 같은 주주가치 훼손행위가 금기시되지만 국내시장에서는 "더 많은 투자금이 필요해서"라는 간단한 해명만으로 용인되는 분위기입니다. 우리 주식시장의 문화가 주주 친화적으로 개선되어야 하는 부분이기도 합니다.

어쨌든 물적분할과 자회사 상장은 정해진 만큼 두 회사의 주식 가치는 분할상장 이후의 시장 평가에 크게 좌우될 것입니다. 그래서 2022년에는 셀 제조업체들의 '분할 후 상장' 과정을 지켜본 다음 투자금액을 조절하는 전략이 필요해 보입니다.

또 다른 변수는 해외시장 진출 이슈입니다. 현재 글로벌 셀 6사는 시장점유율 순으로 CATL(중국), LG에너지솔루션, 파나소닉(일본), BYD(중국), SK온, 삼성SDI 등인데 한중일 3국이 주도하고 있습니다. 그러나 중국 배터리는 주로 내수용이어서 전체 판매량은 많아도 외부시장 경쟁력은 떨어집니다. 테슬라가 단거리용 모델에 중국산 LFP(인산철) 배터리를 탑재하기로 했지만, 그 기술력이나 에너지밀도는 국내산 NCM(삼원계) 배터리에 뒤진다는 것이 객관적인 평가입니다.

덕분에 유럽과 미국의 배터리 시장은 국내 3사에 유리합니다. 폭스바겐 등 유럽 전기차 업체들이 자구책 마련에 나선 것도 한국 3사에 대한 의존도가 너무 높다는 판단에서입니다. 배터리 내재화(자체 생산)를 선언하거나 유럽업체 노스볼트와 연계해 K-배터리를 견제하는 움직임도 보입니다. 그렇지만 속내는 가격협상의 우위를 점하기 위한 '헐리우드 액션'이란 것이 전문가들의 진단입니다.

그런 점에서 2022년 K-배터리 3사의 해외진출은 더욱 가속화될 전망이고, 그에 따른 주가 상승도 기대됩니다. 셀 3사 형님들의 활발한 해외진출은 아우들의 동반성장을 의미하는 만큼 포스코케미칼, 에코프로비엠, 일진머티리얼즈, 코스모신소재 등 소재업체들에게도 새로운 도약대가 될 것입니다.

주목받는 '한미 배터리 동맹'

앞으로 글로벌 배터리산업의 대세는 K-배터리 3사와 전기차 메이커 간의 합작사 형태가 될 것으로 김현수 하나투자금융연구위원은 분석합니다. 특히 미국이 첨단기술의 공급망 구축에서 중국을 사실상 배제하면서 '한미 배터리동맹'이 주목받고 있습니다.

SK와 포드의 합작사인 '블루오벌SK'가 13조 원을 들여 배터리 공장 3개를 짓기로 하면서 단숨에 미국 내 배터리 생산 1위 자리를 예약했고, LG에너지솔루션은 미국 1위 자동차인 GM에 이어 3위 메이커 스텔란티스와도 배터리 합작공장을 세우기로 했습니다. 삼성SDI도 일단 스텔란티스와 손을 잡았습니다. 시장에서는 삼성SDI와 스텔란티스가 수조 원 규모의 합작사를 설립할 것으로 예상하고 있습니다.

2025년 7월 신북미자유협정이 발효되면 미국은 자국 내에서 생산한 배터리를 탑재한 전기차에만 무관세와 보조금 우대혜택을 주는 만큼, 셀 3사의 미국 진출 확대는 정해진 코스나 다름없습니다. 현재 미국시장은 테슬라에 배터리를 공급하는 일본 파나소닉이 앞서가고 있지만, 머지않아 K-배터리 세상으로 바뀔 것으로 전망됩니다. 2021년 9월 삼성SDI가 파나소닉을 제치고 루시드모터스 전기차에 원통형배터리를 납품한 것을 두고 시장에서는 '패권교체의 상징'으로 평가하고 있습니다.

"K-배터리 미래, 도전은 있어도 장애는 없다"

전기차 시대가 정해진 미래인 만큼 그 심장격인 배터리 산업의 앞날은 탄탄대로처럼 보입니다. 그러나 세상일은 밝은 면이 있으면 반드시 어두운 구석도 있습니다.

2차전지 업계는 지금 "성능은 획기적으로 높이되 가격은 확 낮춰라"라는 모순적 요구에 직면해 있습니다. 한 번 충전으로 주행가능한 거리를 현재 400km 안팎에서 800km로 높여야 경제성이 갖춰지기에 갈 길이 멉니다. 반면 배터리 가격은 1기가와트당 140달러선에서 절반인 70~80달러로 낮춰야 전기차 가격이 동급의 내연기관차와 비슷해질 수 있습니다.

일본 도요타와 파나소닉 합작배터리 회사는 2022년까지 '반값 배터리'를 만들겠다고 선언해서 긴장감을 고조시킨 상황입니다. 국내 셀 3사로서는 삼원계 배터리의 '성능 향상-가격 인하' 숙제와 함께 중저가형 LFP 배터리 기술개발도 병행하지 않을 수 없는 부담이 생겼습니다.

반값 배터리보다 더 큰 미래 리스크는 전고체(電固體) 배터리입니다. 전고체는 리튬이온배터리의 기술적 한계를 극복할 수 있는 대안으로 주목받고 있습니다. 에너지밀도를 대폭 높일 수 있고 액체

전해질의 화재·폭발위험을 없앨 수 있다는 것입니다. 일본 도요타·파나소닉연합이 전고체 배터리로 판세를 뒤집을 궁리를 하고 있습니다.

국내에서는 삼성SDI가 전고체 배터리 연구에 앞서가고 있는 가운데 SK이노베이션은 미국의 전고체 강자 '솔리드파워'와 손잡고 차세대 배터리 기술 확보에 나섰습니다. 그러나 전고체 배터리가 '게임 체인저'가 될지는 미지수입니다. 일러야 2025년쯤 개발될 전고체 배터리가 양산단계에 들어가려면 또다시 수년이 소요될 것인데, 그 시점에는 리튬이온배터리도 성능과 가격 면에서 충분한 경쟁력을 확보하고 있을 것이기 때문입니다. 그런 점에서 전고체에 대한 지나친 기대나 우려는 금물이라고 김현수 연구위원은 말합니다.

한마디로 글로벌 전기차 침투율이 15%를 돌파할 2025년까지는 물론이고, 그 이후에도 수년간 K-배터리의 발전을 가로막을 장애요인은 크지 않다고 결론내릴 수 있습니다. 여기에 폐배터리 산업까지 유망한 분야로 떠오르고 있습니다. 투자자 입장에서 전기차와 2차전지를 주목하지 않을 수 없는 이유입니다.

수소경제_
"정부와 한배 탔다"

수소 어벤저스를 주도하는 현대차·SK·포스코·한화·효성 등 5대기업이
2030년까지 42조 원을 수소산업에 투자하기로 하면서
국내에서도 수소가 새로운 투자 트렌드로 뜨고 있습니다.

주식투자 제1원칙, "정부정책에 맞서지 말라"

정책에 맞서지 말라는 투자격언이 있습니다. 정책당국의 방침과
엇나가는 투자는 비록 민주주의 국가에서도 비싼 대가를 치르게 된
다는 뜻입니다. 그런데 뒤집어 보면 정책당국과 같은 배를 타면 크
게 성공한다는 말이 됩니다.

요즘 국가에서 정책으로 밀어주는 산업은 뭘까요? 단연 수소에
너지입니다. 우주질량의 75%를 차지해서 주기율표 1번인 수소는
지구상 어디에서나 구할 수 있는 풍부한 자원인 반면 부산물은 물
밖에 없는 친환경 에너지입니다. 그래서 탄소중립을 달성하기 위한
'마지막 퍼즐'이자 '궁극의 에너지'로 불립니다.

국내뿐만이 아닙니다. 세계 각국이 친환경정책 차원에서 수소산
업을 앞다퉈 지원하면서 수소차와 수소연료전지를 중심으로 한 수

소생태계가 빠르게 구축되어 가고 있습니다. 부모의 사랑을 듬뿍 받는 아기가 무럭무럭 잘 자라듯이 각국 정부의 전폭적인 관심과 지원 속에 수소경제는 순풍에 돛단 형국으로 성장하고 있습니다. 몇 년 전만 해도 존재감조차 희미했던 수소산업이 어느 새 '돈이 되는' 대형 산업으로 자라났습니다.

'수소 어벤저스'가 출범한 이유

2021년 9월 8일, 경기도 고양 킨텍스에서 역사적인 모임이 탄생했습니다. '코리아 H2 비즈니스 서밋' 현대차·SK·포스코·롯데·한화·효성 등 15개 기업이 참여한 수소기업협의체입니다.

모래알로 불리던 국내 대기업들이 모처럼 손을 잡은 배경은 뭘까요? 두 달 앞서 7월에 발표된 유럽의 탄소국경세 초안에 답이 있습니다. 2030년의 탄소 배출량을 1990년 보다 55%나 감축한다는 '핏포(Fit for) 55'를 필두로 한 탄소국경세 법안의 핵심은 '탄소배출을 줄이지 않고서는 유럽에 수출할 생각을 버려라'는 것입니다. 미국도 유사한 법안의 도입을 준비중입니다. 기후변화에 대비해 글로벌 에너지 패러다임이 탈(脫)화석연료로 방향을 정하면서 수소가 대안으로 뜨고 있습니다.

'수소 어벤저스'로 불리는 수소기업협의체의 출범은 수소생태계 구축이 그만큼 시급하다는 것과 수소산업을 둘러싼 글로벌 경쟁이 치열한 것을 상징합니다. 혼자서는 대처할 수 없을 정도로 방대하니 여러 기업이 손을 잡은 것입니다. "지금까지 추격자 전략으로 성장한 대한민국이 수소 생태계에서만큼은 글로벌 리더이자 개척자임을 선언한 사건"이라는 아름다운 풀이도 나오지만, 서로 싸울 이유가 없을 정도로 수소생태계에 미래 먹거리가 널려 있기 때문이라는 것이 솔직한 진단입니다.

3천조 거대시장 수소경제 급팽창

현재 친환경 주도주는 전기차와 배터리 산업이지만, 수소차와 수소연료전지로 대표되는 수소산업의 잠재력은 전기차 밸류체인을 능가하고도 남습니다. 승용차 등 소형교통 분야는 전기차가 유망하지만 트럭과 기차, 비행기, 선박 등 대형 수송기관용 재생에너지로는 배터리보다 수소가 더 우월합니다. 수소의 활용분야는 자동차에 국한되지 않고 연료나 산업용에너지 등 거의 모든 분야로 확대 가능합니다. 덕분에 글로벌 수소경제는 2050년 2조 5천억 달러, 3천조 원의 거대시장으로 부상할 전망입니다.

미국이 인프라 예산안 가운데 80억 달러를 수소에 투입하는 것을 비롯해 세계 각국은 수소경제의 주도권을 잡기 위해 수소산업 육성책을 경쟁적으로 쏟아내고 있습니다. 수소경제 성장률은 어떤 업종보다 높아 불과 수년 만에 거대 에너지산업으로 자리매김한 느낌입니다.

수소 어벤져스를 주도하는 현대차·SK·포스코·한화·효성 등 5대 기업이 2030년까지 42조 원을 수소산업에 투자하기로 하면서 국내에서도 수소가 새로운 투자 트렌드로 뜨고 있습니다. 수소 관련 핵심기술을 확보한 기업을 찾아내는 투자자라면 동반성장의 기회를 잡을 수 있습니다. 2021년 하반기 약세장에서도 정책 수혜주인 수소산업 주가는 대부분 강했습니다.

수소경제 4대 분야 주목

수소산업은 보통 수전해(수소 생산·공급), 수소연료전지, 수소차, 충전소 등의 4대 분야로 나눌 수 있습니다. 요즘 뉴스를 보면 여러 대기업이 너나없이 수소 생태계에 뛰어든다고 해서 갈피를 잡기 힘들 정도지만, 4가지 중 하나를 한다고 보면 틀리지 않습니다. 수소산업의 폭발적 성장 덕분에 4대 밸류체인 모두 급팽창하는 중입니다. 현재까지의 국내 수소경제 관련주를 도표화하면 다음과 같습니다.

国내 수소경제 관련주

분야	종목
수소 생산·공급	한국가스공사, SK, 한화솔루션
연료전지	두산퓨얼셀, 에스퓨얼셀
수소차	현대차, 현대모비스
충전소	효성중공업, 한화에어로스페이스

출처: MK증권

① 수전해, 그린수소를 생산하는 '절정의 친환경 기술'

수전해(水電解)는 '물(H2O)을 전기로 분해'해서 수소를 생산하는 기술입니다. 수전해를 통해 얻은 수소에는 오염물질이 없어 그린

(green 녹색)수소라고 불립니다. 참고로 수소는 생산방식이 친환경적이냐 아니냐의 여부에 따라 그레이(gray 회색)수소와 블루(blue 청색)수소, 그린수소로 구분합니다. 그레이수소는 천연가스나 나프타 분해 과정에서 나오는 부생수소(부산물)인데 생산과정에서 CO_2 발생량이 많아 친환경적이지 못합니다. 블루수소는 부생수소 생산 때 나오는 CO_2를 포집하는 경우인데 완벽한 친환경은 못됩니다. 이에 반해 그린수소는 풍력과 태양광 등의 재생에너지로 물을 전기분해해 생산한 수소로서 완전한 의미의 친환경수소입니다. 현재 수전해 사업은 미국의 '플러그파워'와 스웨덴의 '넬' 등 구미업체가 주도하고 있습니다.

국내에서는 SK와 한화가 수전해 사업에 뛰어들었습니다. 앞으로 수소의 쓰임새를 감안하면 수전해 시장의 성장성은 충분합니다. SK는 플러그파워의 지분 10%를 인수해 수전해와 연료전지 등 수소사업을 본격화하기 시작했고, 한화솔루션은 태양광사업을 통해 확보한 전기로 그린수소를 생산한다는 계획입니다. 한화는 2023년 미국 수소시장 진출을 준비하고 있습니다.

② '3가지 강점' 수소연료전지, 관련 시장 폭풍성장

물을 전기분해하면 수소와 산소가 발생하는 것은 중학교 과학책에 나오는 상식입니다. 수소연료전지(hydrogen fuel cell)는 전기분해의 역반응을 이용한 장치로서, 수소와 산소의 화학반응으로 물이 생성되면서 전기와 열을 생산하는 방식입니다. 간단하게는 석탄이나

가스 대신 '수소를 연료로 쓰는 발전소' 개념으로 이해하면 됩니다.

이게 왜 중요하냐면 장차 석탄·가스 화력발전소나 대형건물의 비상발전기, 나아가 보일러까지 대체할 것이기 때문입니다. 시장이 얼마나 커질지 짐작이 되나요? 수소연료전지는 소음이 없고, CO2 발생이 없을 뿐 아니라 에너지효율도 화석연료발전보다 높다는 3가지 강점이 있습니다. 한마디로 화력발전의 친환경 대체재란 뜻입니다.

수소연료전지는 수송용과 발전용, 건물용 등으로 다양하게 쓰이는데 전 세계 수소연료전지 시장은 한국과 일본이 주도하고 있습니다. 수송용 연료전지(수소차)는 현대차가 압도적이며, 발전용 시장에서도 한국 비중은 40%에 육박합니다. 우리 정부는 발전용 연료전지 15기가와트(GW), 건물용 연료전지 2.1기가와트(GW)를 2040년까지 보급한다는 '수소경제활성화 비전'을 2020년에 발표했습니다. 이게 어떤 의미인지 잘 와 닿지 않죠? 돈으로 환산하면 1기가와트는 대략 10조 원 규모인데 15기가와트는 150조 원, 2.1기가와트는 21조 원 규모의 거대시장에 해당합니다. 당장 2022년에만 발전용 15조 원, 건물용 5천억 원의 국내시장이 형성됩니다. 말 그대로 폭풍성장입니다.

현재 발전용 연료전지 시장점유율은 두산퓨얼셀이 33.6%로 세계 2위입니다. 두산퓨얼셀은 2021년 9월 중국 광둥성에 1,300만 달러의 발전용 연료전지 4기를 처음으로 수출했습니다. 규모는 크지 않지만 관련 업계에서는 상징적 사건으로 평가합니다. 건물용 연료전지 기업은 에스퓨얼셀, 범한퓨얼셀 등이 부상하고 있습니다. 2022년부터 전력생산량의 일정 비율을 수소연료전지로 충당하도록 하는 '수소발전의무화 제도'가 시행되는데 관련기업이나 투자자들의 기대가 큽니다.

③ 수소차, 대한민국이 주도하는 '또 다른 미래 자동차'

수소차는 작은 수소연료전지를 자동차에 탑재해 거기서 발생한 전기에너지로 모터를 구동하는 원리입니다. 수소차는 엔진이 없는 점에서 내연기관차와 다르며, 배터리 없이 내부에서 전기를 생산하는 점에서 전기차와도 차이가 있습니다.

수소차의 3가지 핵심은 탱크와 밸브, 스택입니다. 탱크는 연료전지에 수소를 공급하는 저장용기이고, 밸브는 연료전지로 가는 수소의 양을 조절하는 장치이며, 스택은 동력을 만드는 수소연료전지의 핵심장치입니다. 수소차 가치사슬도 이 3가지에 집중되어 있습니다. 셋 중에서도 탱크 제조가 특히 어려운데, 이는 수소의 강한 폭발력 때문입니다. 수소 저장용 고압탱크는 탄성도 높은 탄소섬유로 만드는데, 수소차 관련주 중에서도 탱크용 소재업체 주가가 먼저 움직였습니다.

까다로운 탄소섬유 기술력을 가진 효성첨단소재는 2021년 한 해 주가가 5배나 뛰었고, 현대차에 수소탱크를 납품하는 일진하이솔루스는 2021년 9월 상장하자마자 '따상'을 기록해 눈길을 끌었습니다. 스택 관련 부품으로는 멤브레인막이 중요한데 이를 상용화한 상아

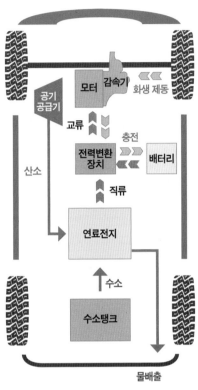

공기
공급기

모터 감속기 ≪≪ 회생 제동

교류

충전

전력변환
장치 ≫≫ 배터리

산소

직류

연료전지

수소

수소탱크

물배출

출처 : 환경부

프론테크 주가는 2021년 50% 이상 올랐습니다.

국제에너지기구 IEA는 2050년 전체 승용차 시장은 전기차 90%, 수소차 10%로 예상합니다. 10%만 해도 어마어마한 시장이겠죠? 중형트럭을 비롯한 상용차는 수소차 비중이 35%까지 높아질 것으로 보여 전망이 특히 밝습니다.

현대차가 생산한 수소차 '넥쏘'의 세계시장 점유율은 50% 이상으로 일본 도요타의 '미라이'에 2배 이상 앞서고 있습니다. 또한 현대차가 제조한 수소트럭 '엑시언트'는 유럽과 미국 진출에 성공하며 관련시장을 선점해가고 있습니다. 그린수소의 생산 확대에 힘입어 대한민국이 주도하는 수소차의 미래는 장밋빛입니다.

④ '미래의 블루오션' 수소충전소

수소차가 보급될수록 충전소도 늘어나야 마땅합니다. 그런데 전기차도 그렇지만 수소차는 충전소가 태부족해 보급에 제동이 걸린다고 해도 과언이 아닙니다. 한마디로 현재의 수소충전소는 매우 부족한 상태인데, 이는 역으로 수소충전소의 미래전망이 그만큼 밝다는 뜻입니다. 수소경제위원회는 2022년 수소충전소를 310기까지 확충하고 2030년 660기로 늘린다는 계획을 발표했습니다.

미국은 2030년까지 수소충전소 4,300개를 구축한다는 수소경제 로드맵을 마련한 상태이며 유럽도 미국과 유사한 수준으로 수소충전소를 대폭 확충한다는 계획입니다. 수소충전소 건설과 운영을 놓고 세계 각국에서 거대한 시장이 형성된다는 것을 의미합니다. 수소충전소 구축 기술을 보유한 국내기업으로는 효성중공업과 한화에어로스페이스, 엔케이, 디케이락 등이 있습니다.

제약바이오_
"3가지를 주목하라"

지속적인 성장이 예상되는 CMO와 CDMO는
대한민국 업체들이 글로벌 경쟁력을 확보할 수 있는 바이오 영역이자
리스크가 상대적으로 낮은 안전한 투자영역으로 주목받고 있습니다.

　　투자세계를 지도로 표현한다면 제약바이오 영역은 '황금이 나오지만 독충과 악어가 우글대는 정글지대'로 묘사할 수 있습니다. 한마디로 고위험·고수익 영역입니다. 리스크가 높은 반면 성공의 열매는 그 어떤 분야보다 달콤합니다. 신약개발에 성공했거나 기술수출이 이뤄졌을 경우 수십, 수백 퍼센트의 수익률을 안겨주기도 합니다.

　　정글이 그러하듯 제약바이오 영역은 범위가 매우 넓고 복잡해서 쉽게 정의하기조차 힘든 투자세계입니다. 말 그대로 '아는 만큼 보이는 영역'입니다. 높은 수익률을 올린다는 소문만 듣고 뛰어들었다가 낭패를 보기 일쑤이므로 초보자들로선 아예 관심을 두지 않는 것이 나을 수도 있습니다. 그럼에도 투자 유망종목에 포함된 이유는 제약바이오만큼 성장성이 높은 분야가 없기 때문입니다. 산업 자체의 미래는 어느 분야보다 밝은 편입니다.

4차 산업혁명을 주도하는 신성장동력 중 하나로 주목받는 급성장 영역인 만큼 머잖아 반도체, 전기차, 배터리와 비견되는 대한민국 대표산업으로 자리 잡을 것으로 기대됩니다. 뿐만 아니라 제약바이오산업 가운데는 비교적 안전한 투자영역도 존재합니다. 넓은 제약바이오 생태계는 부문별·기업별로 복잡다양한 모습을 띄는데 이 글에서는 신약후보물질 기술수출과 바이오시밀러, 한국형대안섹터인 CMO 등 3가지 핵심분야에 한정해서 소개합니다.

제약바이오 수익성 핵심, '파이프 라인과 플랫폼 기술'

제약바이오에 조금이라도 관심이 있다면 파이프라인(pipeline)과 플랫폼(platform)은 알고 있어야 합니다. 제약바이오 기업이 수익을 올리고 주가를 높이려면 파이프라인과 플랫폼 확보가 필수이기 때문입니다. 제약바이오 산업의 수익구조를 이해하는 핵심개념이란 뜻입니다.

파이프라인은 원래 송유관 등 유체수송 관로인데 제약바이오업계에서 말하는 파이프라인은 '의약품으로 개발중인 단계의 신약후보물질'입니다. 임상3상을 완료해 사용가능한 의약품으로 허가받기 이전 단계의 '후보의약품'이 파이프라인입니다. 유력한 파이프라인이 많을수록 제약바이오 업체의 주가는 높아집니다.

제약바이오 업계에서 파이프라인보다 더 중요하게 여기는 요소는 플랫폼 기술(platform technology)입니다. 제약바이오에서 플랫폼 기술이란 '기존 의약품에 적용해 다양한 후보약물을 도출할 수 있는 기반기술'을 뜻합니다. 칼을 만드는 주물틀에 비유되는 기술입니다. 한번 구축하면 여러 가지 질환의 치료제로 확장할 수 있기에 플랫폼 기술의 부가가치는 매우 높습니다.

레고켐바이오사이언스가 갖고 있는 'ADC 플랫폼 기술'을 예로 들어보겠습니다. ADC란 '항체약물접합체기술'을 말하는데, ADC 플랫폼은 어떤 항체약물을 붙여도 작동이 됩니다. 그러므로 이 기술 하나로 수백수천 종의 약물을 만들 수가 있습니다. 레고켐바이오사이언스는 2013년 상장 이후 10건이 넘는 기술수출 실적을 이뤄냈는데 플랫폼 기술을 확보했기에 가능했습니다.

한국형 대안① _ 파이프라인·플랫폼 기술수출

제약바이오 기업의 전통적인 로망은 신약개발에서의 성공입니다. 글로벌 신약시장의 규모는 측정하기 어려울 정도로 방대한데 화이자, 모더나, 아스트라제네카, 존슨앤존슨 등 구미의 대규모 제약회사가 주도하는 영역입니다. 단시일 내에 코로나 백신을 만들어낸 데서 그들의 역량을 짐작할 수 있습니다. 하지만 최근에는 국내 제약바이오 기업들의 성과도 만만치 않습니다. 임상3상에 성공해서 신약으로 개발한 경우도 없지 않을 뿐 아니라 임상1상 또는 2상 단계에서 글로벌 대형제약사에 기술수출을 해서 큰 수익을 올리기도 합니다.

사실 신약후보물질 발굴에서부터 임상시험 1·2·3상, 미국 FDA 심사와 신약판매 승인 과정은 성공률이 낮은데도 대규모 자금을 길게는 10년까지 투입해야 하는 높은 시험대입니다. 그래서 임상 1상과 2상 단계의 실적을 기반으로 신약후보물질, 즉 파이프라인을 기술수출하는 것이 국내 제약바이오 기업들에게 새로운 수익원으로 떠오르고 있습니다.

2020년 10조 원을 달성한 K-바이오의 기술수출은 2021년에도 좋은 실적으로 이어졌습니다. GC녹십자랩셀은 미국 MSD에 2조 원 규모의 세포치료제 플랫폼기술을 수출했고, 제넥신은 인도네시아 제약사에 1.2조 원의 면역항암제를, 대웅제약은 위식도역류질환 신약을 중국과 미국제약사에 수출했습니다. 특히 신약개발 속도가 미국보다 8배나 빠를 정도로 임상시험 장벽이 낮은 데다 14억 명의 거대시장을 갖고 있는 중국은 국내 제약바이오 기술수출에서 '기회의 땅'으로 불립니다. 2021년 11월 현재 국내 제약바이오 업계의 기술수출액은 모두 11.4조 원에 이릅니다.

한국형 대안② _ 바이오시밀러

바이오의약품은 사람이나 생물체의 세포·조직·호르몬 등을 이용해 유전자재결합 또는 세포배양기술로 개발한 의약품을 말합니다. 이런 바이오의약품의 복제약이 바이오시밀러입니다. 합성의약품 복제약(generic 제네릭)은 오리지널 의약품의 화학식만 알면 오리지널과 똑같은 공정으로 만들 수 있습니다.

반면 바이오는 염기서열이 동일한 의약품을 개발하려 해도 복잡한 구조 탓에 특성분석이 어렵고 배양상황에 따라 오리지널과 '완전히 동일하게' 제조하기는 불가능합니다. 유사한 복제약을 개발할 뿐입니다. '유사하다'는 뜻에서 바이오시밀러(biosimilar)라고 합니다. 그럼에도 바이오시밀러는 오리지널 바이오의약품과 비교동등성이 입증되었기에 동등생물의약품이라고 합니다.

바이오시밀러는 고가의 오리지널 바이오의약품에 비해 저렴하고 제조하기도 유리한 측면이 많습니다. 바이오 신약개발에 비해 실패 리스크가 작아 상대적으로 안전한 영역으로 알려져 있습니다. 이 때문에 국내 바이오업체들은 바이오시밀러를 새로운 블루오션으로 삼아 과감하게 뛰어들었고 큰 성공을 거뒀습니다.

국내의 대표적인 바이오시밀러 기업은 셀트리온입니다. '렘시마주'는 셀트리온이 세계 최초로 허가받은 바이오시밀러 항체의약품으로 유명합니다. 이어 삼성바이오로직스, 에이비엘바이오, 제넥신, 알테오젠, 삼천당제약 등이 바이오시밀러 파이프라인을 개발하고 있습니다. 바이오시밀러에서 기술과 자금력을 충분히 축적한 업체들이 '신약 로열티' 기업으로 발전할 가능성은 언제나 열려 있습니다. 자체적으로 코로나백신 개발에 나선 SK바이오사이언스와 코로나치료제 개발에 주력하고 있는 셀트리온이 선두그룹입니다.

한국형 대안③ _ CMO와 CDMO

국내 제약바이오에서 CMO 사업을 시작한 것은 오래되지 않았지만 어느새 주력으로 자리 잡았습니다. CMO(Contract Manufacturing Organization)란 고객사의 의뢰를 받아 의약품을 생산하는 '의약품 위탁생산업체'를 말합니다.

대표적인 CMO는 삼성바이오로직스와 SK바이오사이언스, SK바이오팜, 에스티팜, 바이넥스, 코오롱생명과학, 동국제약 등입니다. 반도체의 파운드리에 비유되는 CMO는 K-바이오의 '또 다른 대안'으로 주목받고 있습니다. 생산관리기술이 뛰어난 국내업체들은 대규모 생산시설과 까다로운 의약품 제조공정을 어느 나라보다도 효율적으로 수행하기 때문입니다. 특히 코로나19는 글로벌 CMO 수요를 급증시킨 계기가 되었습니다.

국내 CMO 기업들은 이제 CDMO로 발전하고 있습니다. CDMO란 '의약품 위탁개발생산업체(Contract Development Manufacturing Organization)'로서 CMO가 글로벌제약사의 주문대로 위탁생산만 한다면 CDMO는 연구개발과 생산 등 의약품생산의 모든 단계에 참여합니다. 영국 아스트라제네카와 미국 노바백스의 코로나백신 생산계약을 체결한 SK바이오사이언스, 미국 모더나와 백신생산 계약을 맺은 삼성바이오로직스는 CDMO의 전형입니다.

국내 바이오업체들이 CMO 또는 CDMO 계약을 체결하고 대형 제약사의 백신생산을 담당하게 되면서 대한민국은 글로벌 백신생산 허브로 부상했습니다. 2021년 150억 달러 규모인 전 세계 CDMO 시장은 연평균 14%씩 고성장해 2025년 253억 달러로 커질 전망입니다. 지속적인 성장이 예상되는 CMO와 CDMO는 대한민국 업체들이 글로벌 경쟁력을 확보할 수 있는 바이오 영역이자 리스크가 상대적으로 낮은 안전한 투자영역으로 주목받고 있습니다.

메타버스_
"가상세계 돈을 현실세계로"

최근 들어 메타버스 산업이 급성장하고 있지만
아직은 초기단계인 만큼 옥석을 철저히 가려야 하고
투자도 긴 호흡으로 임해야 한다는 것이 전문가들의 조언입니다.

어느 날 장자(莊子)가 꿈을 꾸었습니다. 나비가 되어 꽃밭을 날아다니는 꿈이었습니다. 그런데 꿈에서 깨어보니 자신은 장자라는 사람이었습니다. 그 순간 장자는 '내가 나비의 꿈을 꾼 건가 나비가 장자라는 인간이 되는 꿈을 꾸고 있는 건가?' 하는 의문을 품게 됩니다. 사유는 진전되었고 마침내 꿈과 현실을 구분하는 것 자체가 무의미하다는 것을 깨닫게 됩니다.

장자가 말한 호접지몽(胡蝶之夢)의 세상이 21세기에 구현된 듯합니다. 현실이 가상이고 가상이 현실입니다. 육체는 물리적 세상에 존재하지만 놀이와 생활은 디지털 세계에서 이뤄지는 곳, 바로 메타버스(Metaverse) 세상입니다.

메타버스는 현 산업계에서 가장 뜨거운 화두이자 새로운 혁신동력입니다. 코로나19를 계기로 비대면 서비스에 대한 수요가 확대되고 온라인 공간에 대한 수요가 증가하면서 새로운 경험을 원하는 이들을 중심으로 관심이 급증하고 있습니다.

모두가 메타버스에 올라타려고 안간힘을 쓰고 있습니다. 거대한 기회의 공간이기 때문입니다. 메타버스란 '가상'을 뜻하는 영어 메타(Meta)와 '우주·세상'을 의미하는 유니버스(Universe)의 합성어로 가상세계라고 번역됩니다.

빠르게 다가오는 메타버스 세상을 어떻게 맞이해야 할까요? 어떻게 투자하고 돈을 벌어야 할까요? 메타버스 세상에서도 돈은 필요합니다. 아니, 현실세계보다 더 절실할지도 모릅니다. 다만 돈의 유형과 기능이 달라지고 돈을 버는 방식도 완전히 달라집니다.

인터넷 세상이 열리면서 생겨났던 변화보다 더 큰 변화가 앞으로 예고되어 있습니다. 메타버스에 과감히 탑승해야 새로운 세상의 주인이 될 수 있습니다. 공부해서 이해하고 나의 터전으로 만들지 않으면 메타버스 세계는 장밋빛 세상이 아니라 검은색 세상이 될 수도 있습니다.

3편의 영화로 메타버스를 이해하다

메타버스 세계를 이해하는 손쉬운 코드는 3편의 영화라고 하겠습니다.

먼저 〈매트릭스〉입니다. 2199년 인공두뇌를 가진 기계(AI)가 지배하는 세계에서 인간들은 태어나자마자 기계가 만든 인공자궁 안에 갇혀 AI의 생명연장을 위한 에너지로 사용되고 뇌에는 매트릭스

라는 프로그램을 입력당합니다. 실제로는 2199년이지만 인간들은
매트릭스의 프로그램에 의해 평생 1999년의 가상현실을 살아갑니
다. 워쇼스키 형제(자매)가 만든 영화 속의 매트릭스는 기계가 만든
암울한 가상세상입니다.

제임스 카메룬 감독이 그린 영화 〈아바타〉와 스티븐 스필버그 감
독의 작품 〈레디 플레이어 원〉도 메타버스 세계를 이해하는 데 도움
이 됩니다.

영화 〈아바타〉에서 인류는 다른 행성 판도라의 원주민 나비족의
DNA를 섞어 만든 '아바타(avatar, 분신)'를 만듭니다. 정신은 지구
인이지만 아바타 육체를 통해 지구와 전혀 다른 판도라의 세상에서
살아갑니다. 영화 〈레디 플레이어 원〉의 주인공은 2045년 암울한 현
실에서 벗어나 VR헤드셋을 쓴 채 가상현실 게임인 '오아시스'에 접
속해 살아갑니다. 오아시스는 주인공의 말처럼 "내 삶의 의미를 찾
을 수 있는 유일한 공간이자 상상하는 모든 것이 이뤄지는 곳"입니
다. '혼을 쏙 빼놓는' 게임 속 세상 오아시스가 바로 메타버스 세
계입니다.

'로블록스'가 메타버스 선두주자

우리 시대 메타버스의 선두주자는 미국의 게임업체 로블록스
(Roblox)입니다. 로블록스의 게임 속 세상은 상상하는 모든 것이 가
능합니다. 기존의 게임은 현실세계와 단절된 게임만의 세상이었던
반면, 로블록스가 만든 세계는 현실을 반영하고 현실에 영향을 미친

다는 점에서 완전히 다릅니다.

로블록스는 이용자가 자신의 아바타를 만들어 가상세계에서 게임을 하는 방식입니다. 로블록스는 매일 4,800만 명이 5천만 개의 게임을 즐기는 메타버스 플랫폼입니다(2021년 8월 기준). 월간 활성이용자는 2억 명이 넘고 게임개발자는 800만 명을 넘어섰으며 게임수도 5천만 개를 돌파했습니다. 이용자가 폭증하고 1인당 이용시간도 하루 150분으로 늘어나면서(페이스북 1일 평균 이용시간은 20~30분) 2017년 500억 원이던 매출액이 2021년 2조 2,000억 원으로 커졌습니다. 4년 만에 45배나 증가한 셈입니다.

로블록스 안에서는 게임 외에 영화나 드라마 등 콘텐츠도 제작하고 아이템을 판매하는 등의 경제활동도 가능합니다. 로블록스에서의 각종 거래는 로벅스(Robux)라는 캐시로 이뤄집니다. 이를 통해거대한 경제효과가 생겨나고 있으며, 현실과 가상세계의 구분이 희미해지고 있습니다. 가상세계에서 번 돈으로 현실세계에서 부자가될 수 있는 것입니다.

로블록스만이 아닙니다. 경쟁 플랫폼인 포트나이트(Fortnite)는전 세계 이용자 수가 3억 5천만 명에 이르고, 국내 메타버스 플랫폼인 제페토의 글로벌 이용자 수도 2억 4천만 명에 이릅니다. 가상의 신대륙이 곳곳에서 출현하고 있는 것입니다. 메타버스 이용자의80%는 아직 10대지만 20~30대 MZ세대도 메타버스에 빠르게 동참하고 있습니다.

제페토와 이프랜드

한국판 로블록스도 활발히 가동하고 있습니다. 그것은 바로 네이버의 제페토(Zepeto)입니다. 제페토 역시 이용자의 아바타가 가상세계에서 생활하는 방식인데 이용자가 직접 만든 게임을 친구들과 함께 즐기고 수익도 올릴 수 있습니다. 2018년 출시된 제페토는 2020년 9월 여성 아이돌 그룹 블랙핑크가 연 가상 팬사인회에 전 세계 팬 4,600만 명이 몰리면서 주목을 끌었습니다. 가상공연이나 팬사인회뿐 아니라 은행 연수프로그램도 열리고 있습니다.

2억 4천만 명의 글로벌 이용자를 끌어모은 만큼 게임이나 콘텐츠 제작자들은 돈도 벌 수 있습니다. 제페토 운영사가 만든 창작지원 플랫폼 '제페토 스튜디오'를 이용해 게임이나 패션아이템 등을 제작하는 방식입니다. 거래는 제페토 내 가상화폐인 '코인'과 '젬(ZEM)'을 통해 이뤄지는데, 제작아이템의 판매수익이 5천 젬(약 43만 원) 이상이면 현금으로 받을 수 있어 수익을 올리는 이용자가 늘고 있습니다.

제페토가 활성화되자 SK텔레콤이 도전장을 냈습니다. 이프랜드(ifland)입니다. '가능성(if)이 현실이 되는 공간(land)'이라는 의미입니다. 이프랜트에 접속한 이용자는 자신의 아바타를 통해 모임공간을 열거나 참석할 수 있습니다. 모임장소는 사무실, 카페, 교실, 운동장 등 18개 테마로 구성되어 현실과 다를 바 없습니다. 아이템을 사고팔아 돈을 벌거나 내가 좋아하는 아이돌과 팬미팅을 즐기는 등 현실의 삶을 그대로 구현할 수 있습니다.

제페토와 이프랜드가 이끄는 한국의 메타버스! 앞으로 어떤 성과를 거둘지 흥미롭습니다.

글로벌 대기업, 사활 건 '가상대륙' 각축전

메타버스는 현실과 연결되어 있으면서도 가상세계의 특징상 무한한 확장성을 가졌다는 점이 최대 강점입니다. 돈 냄새가 물씬 풍기는데 후각 좋은 기업들이 가만히 앉아 있을 리 없겠죠? 메타버스가 모바일 다음 세대를 이끌 플랫폼이라는 확신이 생기면서 글로벌 대기업들도 가상의 신대륙에 속속 상륙하고 있습니다.

페이스북은 5년 안에 메타버스 회사로 완전히 바꾸겠다고 선언하고 메타버스에 100억 달러를 투자하기로 했습니다. 회사 이름도 '메타(Meta)'로 개명해 가상세계 분위기를 냈습니다. 페북 창업자 마크 저커버그는 메타버스란 가상현실과 증강현실, PC, 모바일기기, 게임콘솔 등 모든 컴퓨팅 플랫폼에서 접속할 수 있는 '궁극의 플랫폼'이라고 강조합니다. 아마존과 애플, 구글, 마이크로소프트, 트위터 같은 빅테크들도 페북(메타)에 뒤지지 않게 메타버스에 뛰어들었거나 뛰어들 채비를 하고 있습니다.

손정의 회장의 소프트뱅크가 네이버에 2천억 원을 투자해 제페토의 일본시장 진출에 협력하기로 한 가운데, 삼성전자와 현대차 등 국내 대기업과 은행들도 메타버스에 빠르게 올라타고 있습니다. 가상의 전시장과 가상점포, 메타버스 테마파크 등을 만들어 신제품전시회나 신입사원 모임을 열기 시작했습니다.

스포츠와 공연, 의료 등 현실세계의 거의 모든 영역이 메타버스 세상으로 확장될 것이란 전망 속에 "2021년 1,500억 달러 규모인 메타버스 시장은 2030년 1조 5천억 달러 이상으로, 즉 10배 넘게 커질 것"이라는 예측이 나오고 있습니다. 미래를 생각하는 투자자라면 메타버스 세상을 모르면 안 된다는 말입니다.

VR 등 메타버스 관련 산업도 급팽창

이용자가 급증함에 따라 메타버스 관련산업도 덩달아 커지고 있습니다. 게임과 콘텐츠는 말할 것도 없고 기술시장도 급팽창하고 있습니다. VR(Virtual Reality 가상현실) 시장은 2019년 330억 달러에서 2030년 4,505억 달러로 13배, AR(Augmented Reality 증강현실) 시장은 2019년 135억 달러에서 2030년 1조 924억 달러로 80배 이상 커질 것으로 전망됩니다.

'폭풍성장'이란 표현도 부족합니다. AR·VR을 아우르는 전 세계 XR(eXtended Reality 확장현실) 시장규모는 2019년 464억 달러에서 2030년 1조 5천억 달러로 커질 것으로 예상됩니다. 가히 번개와도 같은 속도라고 할 만합니다.

메타버스의 성장에 따라 기업들도 마케팅에 적극 활용하는 추세입니다. 매장에서 판매하는 제품을 가상의 집에 설치해볼 수 있도록 한 이케아 플레이스(IKEA Place)나 매장에서 판매하는 신발을 가상으로 신어볼 수 있도록 구현한 구찌 등의 사례가 유명합니다. 산업 각 분야에서의 메타버스 활용은 이제 시작에 불과합니다.

쏟아지는 메타버스 펀드·ETF, 옥석은 가려야

2021년 7월 코스닥에 상장한 AR 개발업체 맥스트는 공모가의 2배로 시초가를 형성한 뒤 첫날부터 사흘간 상한가를 치는 이른바 '따상상상'을 기록했는가 하면, 3월에 상장한 메타버스 관련주 자이언트스텝은 주가가 공모가 대비 10배로 치솟아 눈길을 끌었습니다. 개별종목뿐 아니라 '메타버스'라는 이름이 들어간 펀드와 ETF가 우후죽순처럼 쏟아지기 시작했습니다.

2021년 6월에 출시된 삼성자산운용과 KB자산운용의 메타버스 펀드에는 출시 2달 만에 700억 원이 넘는 뭉칫돈이 몰렸고, 2021년 9월에는 미래자산운용과 삼성자산운용, KB자산운용, NH아문디자산운용에서 메타버스 관련주에 투자하는 ETF 4종을 나란히 출시했습니다. 그러자 단기간에 너무 많은 관련 상품이 나왔다는 우려마저 제기되었습니다.

사실 장밋빛 미래에도 불구하고 아직까지 메타버스 관련종목들의 실적은 초라합니다. 2021년 1분기 실적을 보면 국내 메타버스 관련주 10곳 중 8곳은 적자였고, 상당수 업체의 주가는 지나치게 고평가되어 있습니다.

이즈미디어 주가는 고점에 비해 반토막이 난 상태이고, 맥스트와 자이언트스텝도 고점 대비 30~40% 하락을 경험했습니다. 메타버스 산업이 아직은 초기단계인 만큼 옥석을 철저히 가려야 하고, 투자도 긴 호흡으로 임해야 한다는 것이 전문가들의 조언입니다.

온라인유통,
신(新)삼국지 승자는?

유통산업 전체에서 차지하는 온라인유통의 비중은 급증하는 만큼
유통 관련주 투자도 온라인기업이 가장 유망할 것으로 예상됩니다.
배송분야의 경쟁을 염두에 두고 유통산업을 주시해야 합니다.

유통산업은 전통적 의미의 '장사'나 '상업(商業)'의 현대판 버전
입니다. 즉 반도체나 전기차, 배터리 등이 공(工)의 범주에 속한다면
유통은 상(商)의 영역이라고 하겠습니다. 상업은 경제라는 몸통에서
혈관의 기능을 담당하는데, 유통산업의 사전적 정의는 '생산자로부
터 소비자에게로 재화와 서비스를 이전시킴으로써 장소 및 시간의
효용성을 창출하는 산업'입니다.

개인가게나 전통시장을 제외한 기업형 유통은 대형마트와 백화
점, 면세점, 편의점, 온라인유통 등으로 구분되지만, 어떤 산업보다
개인(소비자) 파워가 강하다는 것은 모든 유통분야가 동일합니다.
그래서 유통은 개인들의 관심과 흥미가 높은 분야이기도 합니다. 기
업형 유통산업은 1980년대 이후 시장규모와 업태 면에서 1년이 멀
다하고 신속히 발전했으며 이런 변화는 갈수록 빨라지고 있습니다.

온라인화, 디지털화의 진전에 따라 유통산업의 변화는 이제 혁명적 양상을 띠고 있습니다. 여러 유통부문 중에서도 현재의 유통혁명은 'e커머스(전자결제)'와 결합된 온라인이 주도합니다. 우리시대 '장사의 신(神)'은 단연 온라인유통입니다. 온라인 혁명과 신속배송 경쟁에서 승리한 유통기업이 거대한 가치를 독점할 것이 분명합니다.

네이버·쿠팡·이마트 삼자대결 본격화

장사의 본질이 '더 좋은 목을 잡아 더 많은 손님을 받는' 업종이므로 경쟁 그 자체는 특이할 게 없습니다. 하지만 e커머스와 결합한 온라인유통 쪽의 경쟁은 예전의 장사와 차원이 많이 다릅니다. 거대자본을 투입해서 '갈 데까지 가보는' 무한경쟁의 양상을 띠고 있습니다. 연간 40~50%씩 성장하는 국내 온라인유통 시장은 현재 네이버와 쿠팡, 이마트, 이 3자 간의 대결구도입니다.

제각기 시장점유율 30% 안팎으로 절대강자가 없는 가운데 사업영역별 합종연횡도 활발합니다. '국민 메신저' 카카오톡을 활용한 카카오커머스도 3조 원대 '선물하기 시장'을 장악하고 명품시장으로 영역을 확대한 데 이어 풀필먼트(fulfillment 물류대행) 사업 진출을 모색하고 있으나 아직은 후발주자로서 3대 강자와는 격차가 있습니다.

미국 뉴욕증시 상장을 통해 5조 원의 실탄을 보유하고 몸집 키우기에 나선 쿠팡과 국내 플랫폼 최강자 네이버 간의 2파전이던 'e커머스 온라인유통'은 2021년 6월 이마트가 이베이코리아를 인수하면서 3자 경쟁으로 바뀌었고 무한자금을 쏟아 붓는 전면전으로 확대되었다고 박종대 하나금융투자 수석연구위원은 말합니다.

쿠팡과 이마트는 공산품과 식품으로 카테고리가 달라 경쟁을 미루고 있었지만, 이마트가 이베이코리아를 인수한 이후 전면전이 불가피해졌습니다. 과거 공조협력관계이던 네이버와 이마트도 이마트가 이베이코리아를 인수한 이상 공산품 거래시장을 놓고 격돌을 피할 수 없게 되었습니다.

온라인유통 신(新)삼국지, 서로 다른 강점·약점

이제 온라인유통 3강의 경쟁력을 살펴볼 차례입니다. 네이버는 가격비교를 통해 온라인쇼핑에 뛰어든 특이한 사례입니다. 네이버쇼핑은 2020년부터 네이버페이로 구매하면 3%를 돌려주는 페이백 시스템을 활용하면서 온라인유통에 발을 담갔습니다. 네이버는 '소비자를 위한 물류시스템 구축'을 전면에 내걸고 있습니다. 포털사이트인 네이버는 국내에서 가장 많은 소비자 데이터를 가지고 있기에 소비자들의 구매패턴 등 유용한 정보를 입점 밴더들에게 제공할 수 있습니다.

온라인유통의 핵심은 양질의 상품을 가진 밴더들을 모으고 락인(lock-in)시켜 최대다수의 소비자들을 유인하느냐의 여부인데, 네이버의 데이터는 밴더들에게 굉장한 메리트입니다. 네이버의 강점이 데이터라면 약점은 배송이었는데 이마저도 CJ대한통운과의 협업으로 물류센터를 확보하면서 문제가 풀렸습니다. 배송문제가 해결되자 네이버는 온라인유통 플랫폼으로서의 위상을 확고히 다질 수 있게 되었습니다.

쿠팡의 경쟁력은 무엇보다도 막강한 배송능력에 있습니다. 쿠팡은 자체적인 배송시스템을 구축했습니다. 이른바 '배송의 내재화'입니다. 물류센터를 직접 운영하는가 하면, 배송차량도 직접 소유하고 있습니다. 아울러 상품의 직매입을 통해 주문을 받는 순간부터 신속한 배송이 가능합니다.

쿠팡은 유통을 통해서 플랫폼업체가 되기를 꿈꾸고 있습니다. 온라인유통 사업을 통해 막대한 트래픽을 확보하고 플랫폼업체가 되면 OTT와 광고마케팅 등 여러 가지 신규사업이 가능하게 됩니다.

이마트는 대형마트에서 나오는 대규모 현금파워에다 온라인 카테고리 가운데 성장률이 가장 높은 식품에서 1등이라는 점이 강점입니다. 여기에 공산품 유통시장 점유율이 10%가 넘는 이베이코리아를 인수하면서 '식품 온라인＋공산품 온라인＋대형마트'라는, 즉 온·오프라인 합계 1위의 유통업체로 부상했습니다.

그렇지만 쿠팡이 100개 정도의 물류센터를 가지고 있는 데 반해 이베이코리아는 3개밖에 없으니 경쟁이 어렵습니다. 이마트로서는 향후 배송전쟁에 많은 자금 투입이 불가피합니다. 쿠팡이 100개의 물류센터에 안주하지 않고 5조 원의 자금을 지속적으로 투자할 기세인 만큼 이마트의 투자부담은 더 커질 수 있습니다.

유통전쟁 승패, 자금력으로 결정날 듯

온라인유통 삼국지는 전자결제의 편의성보다 '배송파워'에서 결정날 것으로 판단됩니다. 온라인유통의 경쟁이 배송전쟁의 양상으로 전개되고 있다는 뜻입니다. 소비자의 주문을 받는 즉시 가장 빠른 속도로 문전배송을 할 수 있는 기업이 이기는 싸움입니다. 퀵커머스(quick-commerce), 즉 빠른 배송이 핵심이기에 온라인유통시장의 최대화두는 물류인프라 구축입니다.

쿠팡은 '로켓배송'이란 이름으로 시간대까지 맞춰 배송함으로써 소비자들의 마음을 사로잡았고 시장점유율도 높였습니다. 당초 네이버는 쓱닷컴(이마트)의 물류인프라 확장에 동참할 계획이었지만 이마트가 이베이코리아를 인수한 이후에는 경쟁자가 되었습니다. 네이버는 CJ대한통운과 아워박스, 품고, 딜리버드 등 7개의 풀필먼트 업체와 물류동맹을 통해 배송역량을 확보했습니다.

온라인 배송전쟁은 신선식품이라는 가장 어려운 영역에서 승부를 보게 되었습니다. 신선도 유지가 관건인 신선식품은 온라인유통업체가 넘보기 어려운 영역으로 치부되고 있었습니다.

마켓컬리가 선발주자이지만 영업손실이 증가하고 있어 미래가 불투명합니다. 신선식품 배송에서 이기려면 6개월간 신선상태를 유지할 수 있는 '기체제어(controlled atmosphere)저장고'를 확보해야 하고, 시즌상품을 순식간에 소진할 수 있는 오프라인 매장이 필수입니다. 경기도 이천에 기체제어저장고 19개를 갖춘 '후레쉬센터'에다 수많은 오프라인 매장을 확보하고 있는 이마트가 상품의 다양성과 신선도 유지 측면에서 단연 유리합니다.

쿠팡도 차량을 내재화한 덕분에 대규모 비용추가 없이도 새벽배송이 가능합니다. 결국 신선식품을 비롯한 배송전쟁의 승자가 온라인유통시장은 물론이고 대한민국 전체 유통시장을 석권할 가능성이 큽니다. 배송전쟁의 승자가 온라인유통, 나아가 대한민국 유통산업을 석권할 것이란 그림이 그려지면서 3자 경쟁은 타협이 불가능한 전면전 양상으로 번졌습니다.

치열한 경쟁 와중에 쿠팡의 2021년 2분기 영업손실이 6천억 원에 이르고 이마트 쓱닷컴의 영업손실이 265억 원에 이르는 등 적자규모가 커지는 점은 유의할 대목입니다. 모든 산업경쟁이 그렇지만 온라인유통 신(新)삼국지도 결국은 자금력에서 승부가 날 것이 분명합니다.

국내 유통강자들, 해외사업 늘릴 듯

국내 유통전쟁의 승자는 시장을 장악한 이후 배송료 등을 소비자에게 전가시키는 방법 등으로 수익성을 높여나갈 것으로 예상됩니다. 아울러 국내시장에서의 경험을 바탕으로 동남아와 일본, 구미 등지로 사업영역을 확장해 나갈 것으로 전망됩니다. 한국만큼 e커머스와 신속배송이 활발한 시장이 지구상에 또 없는 만큼 국내 유통강자들의 잠재적 경쟁력은 세계 최강이라고 판단할 수 있습니다.

유통산업 전체에서 차지하는 온라인유통의 비중은 빠르게 높아지고 있어 유통 관련주 투자도 온라인기업이 가장 유망할 것으로 예상됩니다. 투자자들은 배송분야의 경쟁을 염두에 두고 유통산업을 주시할 필요가 있습니다. 유통업체의 주가 밸류에이션도 당장의 영업이익보다 시장점유율을 얼마나 높여 나가느냐가 좌우할 것으로 판단됩니다.

쿠팡보다 실적이 좋은 오프라인 강자 이마트의 시가총액은 4조 3천억 원 수준으로(2021년 10월 기준) 미국 증시에 상장한 쿠팡의 54조 원에 비하면 13분의 1에 불과한데, 국내 유통기업의 주가가 언제든지 급등할 수 있음을 시사하는 대목입니다.

K-콘텐츠.
"대한민국이 세계 최고"

코로나19라는 돌발변수를 계기로 엔터테인먼트는
'플랫폼'이라는 새로운 성장동력을 장착했습니다.
OTT 시대의 최대 수혜주는 역시 K-드라마입니다.

"그 백성들은 노래와 춤을 좋아하여 나라 안의 촌락마다 밤이 되면 남녀가 떼지어 모여서 서로 노래하며 유희를 즐긴다." 1800년 전 출간된 삼국지 위서동이전의 기록에서 보듯이 우리 민족은 '잘 노는 DNA'를 가진 모양입니다. 음악과 드라마, 영화, 게임 등 놀이문화산업에서 대한민국은 세계 톱(Top)이라고 해도 과언이 아닙니다. 특히 2021년은 대한민국 놀이산업에 있어 최고의 한 해였습니다. '빌보드 핫100 차트'를 휩쓴 BTS(방탄소년단)와 넷플릭스 드라마 〈오징어게임〉은 지구촌을 뒤흔든 신드롬이 되었습니다.

한류가 아시아를 넘어 전 세계로 확산하는 데 힘입어 우리의 놀이문화산업, K-콘텐츠 주가도 뜨고 있습니다. 범(汎)콘텐츠주로 묶이는 엔터테인먼트와 드라마는 다른 어느 나라보다 대한민국이 강한 산업입니다. 그래서 어떤 분야보다 미래성장성이 돋보입니다.

"잘 만든 드라마 한 편의 가치가 자동차 수십만 대를 수출한 것보다 낫다"는 지적은 틀리지 않습니다. 여기에다 코로나19 이후 새로운 성장동력을 장착했다는 점도 K-콘텐츠의 강점으로 꼽힙니다.

BTS의 하이브, 플랫폼 효과 타고 급성장

요즘 엔터테인먼트주는 '굉장히'란 표현이 어울릴 정도로 뜨겁습니다. 무엇보다 코로나19 효과 덕분입니다. 코로나 이후 예상과 달리 음반이 잘 팔리기 시작한 것입니다. 2021년 2분기 기준으로 전년 동기 대비 80% 이상 성장했습니다. 엔터테인먼트 대장주는 BTS 소속사인 하이브입니다.

하이브의 고공행진은 "연간 50억 달러의 수익 창출력을 가졌다"는 BTS의 '매력자본 효과'도 있습니다. 2021년 9월, BTS의 미국 오프라인 공연 재개 결정으로 주가가 급등한 데서도 잘 드러납니다. 그렇지만 BTS 파워가 가장 중요한 요인은 아닙니다. 단순 음악회사에서 플랫폼 기업으로 자리매김한 것이 핵심입니다.

2020년 10월에 상장한 하이브(상장 때의 사명은 빅히트)는 2019년 6월부터 '위버스(Weverse)'라는 플랫폼을 갖고 있었습니다. 처음에는 단순한 거래중계 플랫폼이었는데, 2021년 초 네이버의 'V라이브'와 합병하면서 성격이 완전히 달라졌습니다. V라이브의 실시간 운영 노하우가 더해지면서 위버스는 글로벌 수준의 거대한 트래픽을 확보했습니다.

현재 위버스는 매달 233개국의 팬 3,500만 명이 방문하고 유료구

독자도 270만 명에 이르는 대형 플랫폼으로 성장했습니다. 여기에 이타카홀딩스라는 미국의 유명 에이전시를 인수하면서 2021년 하반기부터 국내 K-POP 아이돌뿐만 아니라 해외 유수의 아티스트들도 위버스 플랫폼에 합류했습니다. '엔터주로는 PER 30배 이상은 못 준다'던 주가도 네이버와 합작사를 만든 데 이어 이타카홀딩스 인수에 성공하자 하이브는 네이버·카카오 못지않은 플랫폼으로 인정받게 되었고 PER 50배도 가능하다는 인식 아래 주가는 폭등했습니다.

하이브 낙수효과, 전통 엔터 3사로 확산

하이브 성공의 효과는 전통 엔터주들에게도 자극제가 되었습니다. YG와 SM, JYP 등 기존의 엔터테인먼트 3사도 재정비에 나섰습니다. 엔터사의 실적과 주가는 당연히 소속 아티스트(연예인)들의 인기 수준과 흥행 파워에 절대적으로 좌우됩니다. 그런데 전통 엔터 3사의 사정은 조금씩 다릅니다.

YG엔터테인먼트는 4인조 걸그룹 '블랙핑크'와 12인조 아이돌 보이그룹 '트레저'의 활약 덕분에 2021년의 이익이 3배 이상 뛰었습니다. 2020년이 부진했던 만큼 영업이익 증가폭은 더욱 컸습니다. SM엔터테인먼트의 2021년 이익은 전년 대비 5~6배로 폭등했고, 주가도 2021년 한 해 동안 2배 이상 올랐습니다.

'디어유버블(DearU bubble)'이라는 메시징 플랫폼사업이 인정을 받고 23인조 다국적 남성그룹인 'NCT'가 글로벌 수준으로 업그레이드된 것이 성공의 배경입니다. '포스트 BTS'에 가장 가까운 아티스트로 NCT가 꼽히는 상황이기에 SM은 2022년에도 실적 예상치나 모멘텀 모두가 나쁘지 않습니다. 반면 JYP는 2021년 이익 측면에서 크게 성장하지 못했기에 주가는 한동안 횡보를 거듭했습니다. JYP는 2015년에 데뷔한 9인조 여성댄스그룹 '트와이스'의 파워가 절정을 지난 상황에서 8인조 보이그룹 '스트레이키즈'와 5인조 걸그룹 '있지' 등 신예들의 성장에 기대를 걸고 있습니다.

코로나 시대에 내성을 키운 국내 엔터테인먼트 회사들은 위드 코로나로 오프라인 공연이 정상화되면서 재도약의 기회를 잡았습니다. 2022년 '엔터주의 시간'이 다가오면서 국내 엔터사들의 주가는 강한 상승흐름이 예상됩니다.

엔터 플랫폼 양강시대 진입

국내 엔터테인먼트 플랫폼은 하이브의 '위버스'와 게임회사 엔씨소프트의 '유니버스(Universe)', SM의 '디어유버블' 등 3개가 있는데 3대 플랫폼 간의 경쟁과 합종연횡도 관심사입니다. 위버스와 유니버스가 아티스트와 팬 간의 메시지 소통은 물론이고 온라인 공연과 굿즈상품 거래도 가능한 종합플랫폼이라면, 디어유버블은 연예인과 팬이 1대 1 메시지만 주고받는 플랫폼입니다.

메시징 플랫폼은 일정한 구독료를 내면 연예인이 "오늘 날씨가 추우니 따뜻하게 입고 나가세요"와 같은 실시간 메시지와 셀카 영상, 직접 녹음한 음성파일 등을 보내줍니다. 팬심을 잘 읽은 데다 경쟁이 덜한 틈새시장을 공략한 덕분에 2020년 2월 출시한 디어유버블은 1년 만에 120만 명의 구독자를 확보하는 성공을 거뒀습니다. (위버스와 유니버스 진영에 소속된 아티스트들도 디어유버블에는 얼마든지 가입할 수 있습니다.)

2021년 1월에 출범한 유니버스는 후발주자인데 CJ 계열과 카카오 계열의 연예인, 그리고 군소기획사 소속 아티스트까지 27팀을 규합해 선두주자 위버스와 맞대결을 선언한 상황입니다. 게임업체가 만든 플랫폼답게 각 아티스트에게 어울리는 캐릭터를 설정하는가 하면 콘텐츠와 게임을 결합해 인기를 끌고 있습니다.

2021년 말 기준 플랫폼 파워를 비교하면 '위버스 3 vs 유니버스 1'의 규모입니다. 이 같은 경쟁구도는 유니버스 진영인 CJ ENM이 SM의 지분인수에 나서면서 격변을 예고하고 있습니다.

2021년의 음반시장 시장점유율은 하이브가 33%로 1위이고 SM이 20%로 2위인 반면 CJ ENM이나 카카오의 시장점유율은 미미합니다. 후발 사업자인 CJ ENM이 SM을 인수하면 점유율이 단번에 25% 가까이 오르면서 33%인 1위 하이브를 턱밑까지 추격하는 상황이 됩니다. 그럴 경우 CJ·카카오 계열의 유니버스 진영은 네이버·하이버의 위버스 진영과 박빙의 양강구도를 형성하게 됩니다.

경쟁이 산업을 키웁니다. '위버스 vs 유니버스' 두 진영 간의 치열한 전쟁은 K-POP의 수준과 가치를 더욱 높여줄 활력소가 분명합니다. 글로벌 음악산업의 리더로 부상한 양대 K-POP 플랫폼이 만들어 나갈 2022년 이후의 새로운 미래가 기대됩니다.

OTT 경쟁 최대 수혜주는 K-드라마

456억 원의 상금이 걸린 의문의 서바이벌 게임이 열리고 빚에 쫓기는 수백 명의 사람들이 거액을 손에 넣기 위해 불나방처럼 뛰어듭니다. 탈락은 곧 죽음이 되는 충격적인 스토리가 2021년 하반기 세계인의 이목을 사로잡았습니다. 넷플릭스 시리즈 〈오징어게임〉입니다. 넷플릭스 순위가 집계되는 94개국에서 한 번씩 1위에 오르는 기염을 토했습니다.

〈오징어게임〉에 이어 여성 액션복수극 〈마이네임〉과 〈지옥〉이 전 세계를 뒤흔들었는가 하면, 이에 앞서 조선판 좀비시리즈 〈킹덤〉과 은둔형 고등학생이 이사간 아파트에서 겪는 이야기를 다룬 〈스위트홈〉 역시 넷플릭스를 통해 한국 드라마의 힘을 보여줬습니다.

넷플릭스로 대표되는 OTT 시대가 열리면서 한국 드라마제작사의 가치도 상승흐름을 타고 있습니다. OTT는 'Over The Top'의 줄임말로 인터넷동영상서비스를 말합니다. 넷플릭스와 디즈니플러스, 애플TV플러스가 글로벌 OTT 경쟁을 주도한다면 웨이브(wavve)와 티빙(TVING), 왓챠(watcha) 등 국내 브랜드도 몸집을 키워가고 있습니다. 인터넷과 모바일 시대가 본격화되면서 OTT는 지상파와 케이블TV 시장을 잠식하는 수준을 넘어 콘텐츠와 관련된 새로운 대안시장을 만들어 가고 있습니다.

OTT 경쟁 격화의 최대 수혜주는 K-드라마제작사입니다. 마음껏 창작할 수 있는 마당이 생겨났기 때문입니다. 넷플릭스만 하더라도 2021년 한 해 한국드라마 제작에 5,500억 원을 투자하겠다고 공언했는데 〈오징어게임〉의 성공으로 2022년의 투자금액은 더 늘어날 가능성이 있습니다. 아울러 디즈니플러스와 애플TV플러스, 웨이브와 티빙, 왓챠 등의 드라마 제작 투자금액도 K-드라마의 선전에 힘입어 크게 증가할 것으로 기대됩니다. K-드라마 자체의 성공도 관심이지만 주식투자의 이익까지 더해질 경우 일석이조, 금상첨화라는 표현이 어울릴 것 같습니다.

드라마주 투자, 대형·중소형 제작사 구분해야

미래 성장성이란 관점에서 K-드라마는 K-POP과 더불어 글로벌 시장에서 경쟁력이 충분한 콘텐츠입니다. 넷플릭스 CEO 헤이스팅스가 〈오징어게임〉 속 체육복을 입고 2021년 3분기 실적발표를 한 일은 K-드라마에 대한 기대감을 상징합니다. K-POP이 플랫폼이라는 성장동력을 추가했다면, K-드라마는 OTT 경쟁심화라는 새로운 성장엔진을 갖게 되었습니다. 때문에 관련 종목 주가의 우상향은 크게 의심할 여지가 없어 보입니다.

다만 드라마주 투자는 대형제작사와 중소형 제작사를 구분해야 합니다. JTBC 산하의 '제이콘텐트리'나 tvN 산하의 '스튜디오드래곤' 같은 대형제작사는 안정적으로 물량을 공급할 수가 있습니다. 주된 공급처, 캡티브 채널(captive channel)이 있기 때문입니다. 그래서 안정적인 실적이 나오고 PER 30배에 사서 45배에 팔겠다는 트레이딩 전략을 짤 수가 있습니다.

반면 중소형 제작사들은 제작물량이 들쭉날쭉합니다. 어떤 해에는 4개를 공급했다가 다음 해에는 1개만 제작하는 식입니다. 안정적인 공급 채널이 없기 때문입니다. 그래서 중소형 제작사 투자자들은 철저하게 모멘텀 플레이를 해야 합니다. 새로운 대작을 제작할 때 주가가 튀는 방식입니다.

다만 규모의 크기를 막론하고 K-콘텐츠주 모두에게 희망적인 점은 글로벌 OTT 강자들은 물론이고 국내 토종 OTT들도 땅따먹기 경쟁을 벌이기 시작했다는 사실입니다. 일단 넷플릭스, 디즈니플러스 등 글로벌 OTT와 장기공급계약을 맺은 대형 드라마제작사들은 최상의 제작환경을 갖춘 셈입니다. 웨이브와 티빙, 왓챠 등 토종 OTT들도 국내시장을 지키기 위해서라도 오리지널 드라마에 대한 투자를 확대하지 않을 수 없는 처지입니다. 그래서 대형제작사들은 물론이고 중소형제작사들도 중장기적 전망은 어둡지 않은 편입니다. 범(汎)콘텐츠 영역인 엔터테인먼트와 드라마 투자를 굳이 비교하면 엔터주가 보다 유리한 편입니다. "웬만한 엔터 종목도 굉장히 잘 고른 드라마 주식보다 성과가 좋다"고 김현용 현대차증권 수석연구위원은 강조합니다.

다만 엔터와 드라마 구분 없이 범콘텐츠 섹터는 철저하게 실적보다 모멘텀으로 움직입니다. 유명 아티스트들의 컴백 날짜나 컴백앨범 출시, 새로운 드라마 런칭은 중요한 모멘텀입니다. '소문에 사고 뉴스에 팔라'는 격언이 가장 잘 적용되는 영역이란 것입니다.

6장

한국증시,
약점 알아야 실패도 없다

손자병법에 나오는 "지피지기 백전불태(知彼知己 百戰不殆)"는 식상할 정도로 유명한 말이지만 곱씹어볼 가치가 충분합니다. 적을 알고 나를 알면 백 번 싸워도 위태롭지 않다는 뜻으로 "지피지기 백전백승(知彼知己 百戰百勝)"이라고도 합니다.

손자병법은 싸움의 기술을 다루는 만큼 주식투자에 응용할 만한 통찰들이 적지 않은데 저는 36계 그 어떤 구절보다 위의 '지피지기' 대목이 핵심이라고 생각합니다. 먼저 '나를 안다'는 지기(知己)는 투자자 자신의 자금사정과 성격, 심리, 산업과 기업에 대한 지식수준 등을 객관적으로 평가해야 한다는 의미로 적용할 수 있습니다. 그런데 투자에서 더 중요한 것은 '적을 아는' 지피(知彼)입니다. 주식투자자가 맞서 싸워야 하는 적은 시장 그 자체입니다. 투자자라면 당연히 나의 상대인 국내증시의 강점과 약점을 알아야 합니다. 내 적의 특징과 강약을 정확하게 파악하고 싸운다면 백 번을 투자해도 위태롭지 않을 것입니다.

미국 등 해외시장과 비교할 때 국내증시 투자의 장점은 분명합니다. 우리 시장이니 언제든지 손쉽게 투자할 수 있고(높은 접근편의성), 개별 기업들에 대한 이해도가 높다(친숙성)는 것이 본질적인 강점입니다.

반도체와 배터리를 비롯해서 세계적 경쟁력을 갖춘 기업들이 대거 포진되어 있어 흐름만 잘 타면 어떤 시장보다 높은 수익률을 올릴 수 있다(역동성)는 점도 한국증시의 매력입니다. 2020년의 코스피 상승률은 30.8%로 G20국가 중 1위를 기록했습니다.

하지만 당연히 국내증시를 주목하는 독자들을 상대로 '코리아 마켓이 최고!'라며 국뽕을 펼쳐야 할 이유는 없어 보입니다. 투자자들 입장에선 우리 주식시장의 밝은 면보다 감춰진 약점을 파악하는 것이 더 중요하기 때문입니다.

5장에서 살펴본 것처럼 한국증시는 성장성 높은 세계적 기업들 덕분에 매우 역동적인 시장이지만 아킬레스건도 적지 않습니다. 그래서 이번에는 국내증시와 국내 기업들이 갖고 있는 한계점을 충분히 지적하고, 그에 대비할 수 있는 심리적 팁을 제공함으로써 투자의 실패를 줄일 수 있도록 돕는 내용들을 주로 담았습니다. 투자전략을 잘 세우기 위해서라도 국내시장의 강약을 세심하게 공부해둘 필요가 있습니다.

'소규모 개방증시',
외국인 놀이터?

뒤늦게 추격매수를 하는 것은 금물이지만
자금과 정보에서 앞서는 외국인과 기관투자자의 움직임을
눈여겨 살피는 일이야말로 성공투자의 지름길입니다.

대한민국 경제를 '소규모 개방경제'라고 표현하는데, 국내 주식 시장의 특징 역시 '소규모 개방증시'라고 규정할 수 있습니다. 국내 증시의 시가총액은 전 세계 시장의 2% 정도로서 대단히 작은 것은 아니지만 미국, 중국, 일본, 유럽 등 경쟁국에 비하면 상대적으로 소규모가 분명합니다. 여기에 거대한 외국계 자금이 아무런 제한 없이 수시로 들락거리는 점을 감안하면 '소규모 개방증시'라는 네이밍은 크게 빗나간 표현이 아닙니다.

투자도 경쟁이라고 할 때 경쟁의 영역에서 덩치가 갖는 의미는 작지 않습니다. '글로벌 핫머니(단기성 투기자금)'의 거대한 규모에 비해 우리증시의 시가총액은 애플 한 종목과 비슷할 정도로 크지 않다는 점이 국내증시의 현실이자 약점이라고 하겠습니다. 작은 배가 파도에 쉽게 요동치듯 글로벌 펀드자금을 상대하는 '소규모 개방증시'는 흔들림이 클 수밖에 없습니다.

현재 국내증시에 투자된 외국계 자금의 비중은 34~35% 수준이지만 주가의 상승·하락을 가르는 데 있어 외국계의 역할은 거의 절대적입니다. 외국계 자금은 국내시장을 마음껏 요리해서 고수익을 올린 다음 순식간에 빠져 나가기 일쑤입니다. 그래서 개인투자자들을 중심으로 "한국증시는 외국인 놀이터다"라는 자조적인 비난도 나옵니다.

도이치증권 임직원들이 벌인 11·11 옵션쇼크

2010년 11월 11일 장마감 10분 전, 2조 440억 원의 매도주문이 도이치증권 창구에서 쏟아지면서 코스피가 50p 넘게 폭락했습니다. 주가하락 때 이익을 보는 풋옵션을 미리 사뒀던 도이치은행 임직원들이 꾸민 일이었습니다. 자신들은 최소 448억 원의 이익을 얻었지만 순식간에 국내증시에서 시가총액 29조 원이 날아갔고, 와이즈에셋자산운용은 900억 원의 손실을 본 뒤 경영사정이 악화되어 금융투자업 인가가 취소되기에 이르렀습니다. 훗날 검찰조사 결과, 작전을 꾸민 도이치은행 홍콩지점 임직원 3명은 보유주식을 모두 팔아서 코스피200 지수를 폭락시키면 풋옵션으로 거액을 벌 수 있다고 계산했습니다.

11·11 옵션쇼크는 외국계 자금이 국내증시를 어떻게 바라보고 있는지를 실감케 해준 역사적 사례로 꼽힙니다. 거대자금을 주무르는 외국계들 입장에서 한국증시는 마음만 먹으면 시세조종이 가능

한 시장으로 여겨지는 것입니다. 도이치증권 쇼크와 같은 대규모 작전은 이후에 재연되지 않았지만 외국계 자금이 장기간에 걸쳐 은밀하게 국내시장을 조정하는 것은 불가능하지 않다고 국내 투자자들은 여전히 의심하고 있습니다.

국내시장이 정상을 벗어나 움직인 경우는 굳이 사례를 꼽지 않아도 될 정도로 허다한데 대부분 외국인들의 예상 밖 매매로 인한 것들이었습니다.

한국증시는 핫머니들의 놀이터인가?

한 경제신문의 기사를 보겠습니다.

'국내증시가 외국인 투자자들의 입김에 힘없이 밀리고 있다. 외국인들이 국내 상장사 시가총액의 20%, 순이익의 10%가량을 차지하는 삼성전자에 대해 매도공세를 멈추지 않으면서 2000을 넘나들던 코스피 지수는 1830 수준에 묶였다. 외국인들이 정보기술(IT)주에 대해 매도 쪽으로 방향을 틀면서 IT주 전반도 하락세다. (중략) 9일 유가증권시장에서 외국인은 1,013억 원을 순매도하며 닷새째 팔자를 이어갔다. 올 들어 지난 8일까지 2008년 금융위기 이후 최대치인 10조 6천억 원어치를 순매도했다. 지난 6월에는 전체 순매도 금액의 절반 가까운 5조 1,470억 원을 팔아치웠다. 이에 따라 상반기 코스피 지수는 6.70% 하락했고 외국인 매도세가 본격화한 6월 이후론 낙폭이 커져 한 달 새 8.53% 급락했다. 외국인이 3조 5,358억 원어치나 순매도한 전기전자업종 종목은 실적에 관계없이 약세를 면치 못했다. 올 들어 외국인이 많이 판 삼성전자(5조 1,260억 원 순매도)는 18.73% 주가가 빠졌다.'

2013년 7월 9일자 한국경제신문 온라인판 보도내용입니다. '2000을 넘나들던 코스피지수는 1830에 묶였다'는 내용만 없으면 2021년의 일로 생각할 만합니다. 삼성전자의 2021년 2분기 실적이 12조 5천억 원의 어닝서프라이즈였음에도 1월부터 7월까지 주가는 계속 바닥수준이었습니다. 외국인의 지속적인 매도가 최대 원인인 것은 2013년과 다를 바 없습니다. 국내증시가 외국인의 입김에 힘없이 휘둘린 사례는 매년 반복되고 있습니다. 왜 그럴까요?

그 이유는 국내증시가 가진 취약성 때문입니다. 국내 주식시장은 외국자금에 완전히 개방된 반면 시장규모는 크지 않습니다. 참고로 국내증시 시총은 코스피가 2,200조~2,300조 원 안팎이고 코스닥은 400조~450조 원 정도입니다. 2,900조 원에 이른 마이크로소프트나 애플 한 종목의 시총보다 작거나 비슷한 수준입니다. 금융시장은 총성 없는 전쟁터입니다. 싸움에서 덩치는 승패를 가르는 결정적인 변수가 됩니다. 경제규모와 시장규모도 마찬가지입니다.

2,600조~2,700조 원 규모인 국내 주식시장 비중은 글로벌 주식시장의 2% 안팎에 불과합니다(미국 나스닥은 1위부터 10위까지의 시가총액만도 1경 원에 이릅니다). 시장규모가 작기 때문에 거대 외국자본의 영향력이 훨씬 취약할 수밖에 없습니다, 국내증시가 외국계 거대자본의 놀이터라는 비판은 완전히 근거 없는 억지가 아닙니다.

외국계 리포트에 목매는 삼성전자 주가

그렇게 크지 않은 시장인 데다가 대장주인 삼성전자의 비중이 20~25%에 이릅니다. 즉 시총 1위 삼성전자와 시총 2위 SK하이닉스 등 한두 종목의 방향만 바꿔버리면 코스피지수가 흔들리는 구조입니다. 지수의 방향이 바뀔 경우 선물과 옵션 등 코스피지수와 연관된 파생상품의 수익이 크게 달라집니다. 국내증시는 외국계 거대 핫머니, 헤지펀드들의 사냥감이 되기 쉬운 구조라는 뜻입니다.

삼성전자에 공매도가 많이 붙는 이유는 코스피지수를 내리려는 의도와 무관하지 않습니다. 삼성전자를 공매도 치면 코스피 전체 지수가 흔들리고 하락에 베팅한 파생상품에 이득을 안겨줄 수 있습니다.

2021년 5월, 코로나로 1년 반 금지됐던 공매도가 재개된 이후 사실상 외국인 독무대임이 드러났습니다. 공매도 거래 비중의 약 80%는 외국인이 차지했습니다. 공매도가 유동성을 공급하고 경쟁력을 상실한 좀비기업을 청소하는 순기능도 갖고 있지만, 외국계가 빌린 주식을 정한 기일 안에 상환하는지 등의 법규준수 여부를 세밀하게 관리할 필요성이 제기됩니다.

외국계가 국내주가를 떨어뜨리는 또 다른 방법은 보고서를 이용하는 것입니다. 2021년 8월 미국의 투자은행 모건스탠리는 '메모리 – 겨울이 오고 있다(Memory – Winter is Coming)'라는 자극적인 제목의 리포트를 통해 삼성전자와 SK하이닉스 등 반도체 대장주의 주가를 대폭 끌어내렸습니다. 2021년 5월 하순에는 LG화학과 삼성

SDI 주가가 급락했습니다. LG화학은 글로벌투자은행 크레디트스위스가, 삼성SDI는 모건스탠리의 리포트가 직격탄이었습니다.

글로벌 전기차 시장은 매년 20%씩 성장하는 반면 배터리 제조사의 수익성은 약화되고 있다는 요지였습니다. LG화학 주가는 이틀새 10% 가까이 폭락했고, 삼성SDI도 한동안 충격에서 벗어나지 못했습니다. 그렇지만 LG화학과 똑같은 '비중 축소' 의견에도 중국 CATL은 되레 주가가 6%나 올라 대조를 이뤘습니다. 시장규모가 외국계에 흔들리지 않을 정도로 크다는 게 중국증시의 상대적 강점이기도 합니다.

투자수익률, '외국인-기관-개인' 순의 의미는?

2021년 상반기 투자수익률은 외국계 1위, 기관 2위, 개인 3위로 나타났습니다. 상위 10개 종목의 수익률 추정치를 비교한 결과 외국인 6.3%, 기관 5%인 반면 개인은 -0.3%로 저조했습니다. 이런 차이가 외국인들이 국내증시에서 작전을 펼친 결과일까요? 외국계 자금은 국내증시의 단물만 빨아먹는 무익한 존재들일까요?

그렇게 해석하면 곤란합니다. 결국은 실력이 문제입니다. 외국인들이 국내증시에서 돈을 쓸어담는다면서 원망하고 투정하는 것은 정답이 아닙니다. 극단적으로 가정해서 35%쯤 되는 외국계자금이 모두 빠져나간다면 국내증시는 내국인들에게 좋아질까요? 이론적으로는 시총이 35% 빠지는 것이니 3000선인 코스피지수는 1700~1800 정도로 폭락할 것입니다.

존리 메리츠자산운용 대표는 "외국자금의 수익률이 월등히 높다고 '국내주식은 외국인 놀이터'라고 비난하는 것은 금융을 이해하지 못한 결과"라고 지적합니다. 외국자금이 투자함으로써 우리기업의 가치가 그만큼 높아진 점을 인정해줘야 한다는 것입니다. 외국계 자금을 백안시하고 견제하기보다 국내투자자들의 역량을 키우는 일이 급선무이고 근본적인 해결책이라는 것입니다.

다만 글로벌 핫머니 등 외국계 자금이 선물시장이나 보고서 등을 활용해 시장의 변동성을 키우는 경우는 앞으로도 없지 않을 것인데, 지금까지 흔히 범했던 뇌동매매 패턴에서 벗어나 해당 종목의 펀더멘털과 시장의 수급상황 2가지 기준으로 판단해 대처하면 승산은 충분합니다.

머니올라 주말판인 '염블리의 비밀노트'에서는 외국인과 기관, 개인들이 순매수한 상위 10개 종목을 매주 알려주고 있습니다. 뒤늦게 추격매수를 하는 것은 금물이지만 자금과 정보에서 앞서는 외국인과 기관투자자의 움직임을 눈여겨 살피는 일이야말로 성공투자의 지름길이라고 하겠습니다.

고비마다
발목 잡는 연기금

국민연금은 급등을 가로막는 훼방꾼으로 미움을 받기도 하지만
하락장에서는 백기사의 역할도 합니다. 즉 국내증시가 폭락할 경우
자금을 더 많이 넣어 주가를 떠받치는 완충역할을 맡는 구조입니다.

　　1960~1980년대 국내 주식시장은 2명의 큰손이 좌지우지했습니다. '광화문곰' 고성일 회장과 박현주 미래에셋회장이 스승으로 모셨다는 '백할머니' 백희엽 씨가 그 주인공입니다. 시장이 작던 시절, 큰손들이 이른바 몰빵투자를 하면 주가가 출렁거렸으니 '곰주가'라는 말이 생겼고, "명동증권거래소 거래금액의 3분의 1은 큰손들 자금"이라는 이야기도 나왔습니다. 1980년대 이후 기관들이 힘을 쓰면서 큰손은 개인에서 기관투자자로 바뀌었습니다.

　　현재 국내 주식시장에서 제일가는 큰손은 단연 국민연금입니다. '연기금' 대표인 국민연금의 국내주식 투자규모는 180조 원 정도로 전체 시총 2,600조~2,700조 원의 시장을 충분히 움직일 수 있는 힘을 갖고 있습니다. 명동증권거래소 시절의 광화문곰, 백할머니를 합쳐놓은 셈입니다.

문제는 국민연금이란 큰손이 개인투자자들의 바람과 반대로 움직일 때가 많다는 점입니다. 2021년 1분기 국민연금은 지속적인 매도세로 지수의 상승을 가로막았습니다. 국민연금은 특히 삼성전자와 현대차 등 대형주를 계속 팔았습니다.

국민연금이 대형주를 계속 매도한 이유는 있습니다. 국민연금의 포트폴리오는 국내증시와 해외증시, 채권 등으로 골고루 분산투자하도록 되어 있습니다. 그런 만큼 국내주식이 올라서 예컨대 20%였던 비중이 25%가 되면 그만큼 줄게 됩니다. 우리 국민연금만 그러는 게 아니고 모든 글로벌 IB펀드나 글로벌 자금들이 이런 식으로 지역별 비중을 조절합니다.

그렇다고 국민연금이 국내증시의 발목만 잡는 것은 아닙니다. 폭락의 위기에서는 구원투수 역할도 합니다. 국내증시의 시원스런 질주를 가로막는 방해꾼과 위기 때 나타나는 소방수의 모습을 함께 가진 국민연금의 두 얼굴, 증시 투자자라면 충분히 숙지하고 있어야 합니다.

'미운 털' 국민연금, 51일간 15조 원 순매도

2021년 벽두부터 국민연금은 주식투자자들의 거친 반발에 직면했습니다. 2020년 12월 24일부터 시작해서 2021년 3월 12일까지 무려 51거래일간 국내주식을 줄기차게 팔기만 했기 때문입니다. 2021년 1월의 상승장이 한풀 꺾인 이후 국민연금의 순매도는 약세흐름으로 바꾼 '원흉'이었습니다.

국민연금이 2021년 1분기 동안 매도한 주식금액은 자그마치 15조 원에 이르렀습니다. 특히 동학개미들이 많이 담았던 삼성전자와 SK하이닉스, 현대차 등 대형주 위주로 매도하면서 개인투자들의 실망감이 컸습니다.

국민연금의 순매도 행진은 2021년 3월 15일 순매수로 돌아서며 멈췄지만, 이후에도 수시로 대량매도 물량을 쏟아내며 주식투자자들의 애를 태웠습니다. 화가 머리끝까지 난 한투연(한국주식투자자연합회) 회원들은 4월 9일 국민연금 기금운용위원회가 열린 서울의 한 호텔로 몰려가 항의시위를 벌일 정도였습니다. 국민연금은 도대체 왜 국내증시에서 미운 털이 박혔을까요?

국민연금 기금운영위원회와 국내주식 투자비중

국민연금이 2021년 1분기 지속적인 매도를 한 것은 이유가 있습니다. 그것은 바로 기금운용위원회가 정해준 '국내주식 투자비중' 때문입니다.

국민연금 기금운용위원회는 이미 2020년 5월 회의에서 2021년의 국내주식 비중을 16.8%로 확정했습니다. 그런데 2020년의 유동성 장세에 힘입어 코스피 지수가 3000선을 돌파하면서 국민연금이 보유한 국내주식들의 가격이 높아졌고, 글로벌 포트폴리오에서 대한민국 주식 비중은 21%에 이르게 되었습니다. 그러니 국민연금으로서는 높아진 국내주식 비중을 낮춰야 했고, 그 방법은 줄기찬 매도였던 것입니다. 21%를 16.8%로 낮추려면 이론적으로 '4.2%p 차이만큼의 주식'을 매도해야 합니다.

특히 국내주식 비중을 빠르게 낮추려다 보니 삼성전자와 현대차 등 물량이 많은 대장주를 팔아야 했고, 이는 대형주 위주로 투자하는 개인투자자들의 기대와 배치되는 결과를 낳았습니다. 51거래일간 15조 원어치를 순매도했지만 국민연금의 국내주식 비중은 기대만큼 낮아지지 않았습니다.

국민연금이 단기간에 16.8%의 비중을 맞추려고 할 경우 국내증시의 대폭락은 피하기 어려웠습니다. 이는 국내증시를 위해서나 국민연금을 위해서나 매우 곤혹스러운 상황이었습니다.

국민연금 리밸런싱, 여유 생긴 국내주식 투자비중

국민연금 기금운용위원회는 2021년 4월 9일의 회의에서 국내주식을 더 많이 보유할 수 있도록 '이탈 허용범위'를 확대하기로 결정했습니다. '국민연금기금 목표비중 유지 규칙(리밸런싱)' 안건을 논의한 결과 국내주식 자산배분 이탈 허용범위를 기존의 ±2%에서 ±3%로 1%p 늘리기로 한 것입니다. 즉 16.8%라는 국내주식 비중 자체는 유지하되 이탈 허용범위를 ±3%로 높이게 되면서 국내주식을 최대 19.8%까지 보유할 수 있게 된 겁니다(이론적으로는 최소 13.8% 보유도 가능해졌습니다).

이때부터 국민연금의 강한 매도세는 다소 꺾였고 추가적인 매수가 이뤄지면서 투자자들의 원망도 다소 완화되었습니다. 하지만 주가가 오를 경우 국민연금의 국내주식 비중은 언제라도 20%가 넘는 상황이어서 추가매도의 가능성은 여전합니다. 차제에 국내주식 비중을 더 높여야 한다는 목소리가 터져 나온 이유입니다. 2020년 코로나 사태 이후 동학개미운동이 벌어지면서 국내증시의 규모가 커지고 수익률도 높아진 만큼 전체 투자금액에서 국내주식의 비중을 더 높일 필요성이 있다는 논리입니다.

실제로 2020년 국민연금의 국내시장 수익률은 5%가 넘는 반면 해외주식 수익률은 4% 정도에 그친 만큼 국내주식 비중을 더 높여야 한다는 주장이 설득력을 가지게 되었습니다. 이런 의견은 개인투자자들은 물론이고 정치권 등에서도 쏟아져 나왔습니다.

국민연금의 규모가 커질수록 국내주식의 비중은 더 줄여야 하지만 거센 목소리 때문인지 국민연금은 '2022~2026 중기자산배분안'에서 국내주식 비중을 '13.5%, 14.0%, 14.5%', 이 3가지 안 가운데 '가장 덜 줄이는' 14.5%를 선택했습니다. 물론 반대의견도 있습니다. '국민의 노후를 책임져야 할 국민연금의 투자처로 위험자산인 국내증시의 비중을 높은 수준으로 유지하는 것이 옳은가' 하는 점과 미국 등 해외주식시장에서의 수익률이 평균적으로는 국내보다 더 높다는 점도 감안해야 한다는 것입니다(2021년 해외주식 수익률은 국내보다 높았음).

그렇지만 국내주식 비중 확대에 반대하는 사람들도 국내증시의 규모와 수익률이 과거에 비해 제고된 점은 인정하고 있습니다. 국민연금의 투자비중 논란은 정답이 없는 셈인데 국내증시의 수익률과 건강성이 높아질수록 국민연금의 투자도 늘어날 수 있을 것입니다.

상승장의 애물단지, 하락장에선 백기사로 역할

시총 2,600조~2,700조 원 정도의 국내증시에서 실제로 거래되는 주식비중은 대략 500조 원 안팎이라고 보면 됩니다. 대주주의 물량은 시장에 잘 나오지 않기 때문입니다. 이런 상황에서 국민연금의 180조 원은 거대한 변수가 됩니다. 국내증시라는 크지 않은 연못에 국민연금이라는 '고래'가 살고 있는 만큼 무작정 급등을 기대하기는 어렵습니다.

지수가 올라가면 대량매물이 쏟아지는 구조라는 뜻입니다. 이런 점에서 국민연금은 애물단지의 얼굴을 가지고 있는 것이 사실입니다. 그렇지만 국민연금은 코로나19 직후 등과 같은 대형 경제위기 때는 적극적인 매수여력이 생겨납니다. 국내주가가 떨어지면 전체 투자금액 가운데 국내주식 비중이 낮아지는 만큼 투자할 여력이 커지기 때문입니다. 다시 말해 국민연금은 급등을 가로막는 훼방꾼으로 미움을 받기도 하지만 하락장에서는 백기사의 역할도 한다는 것입니다. 즉 국내증시가 폭락할 경우 자금을 더 많이 넣어 주가를 떠받치는 완충역할을 맡는 구조입니다.

국민연금의 포트폴리오는 '투자의 나침반'

국민연금의 투자 포트폴리오는 외국인과 기관에 비해 정보력이 떨어지는 개인투자자들에게 훌륭한 나침반이 될 수 있습니다. MTS나 HTS시스템을 통해 국민연금 등 연기금의 투자종목을 벤치마킹하는 것은 좋은 투자방법입니다.

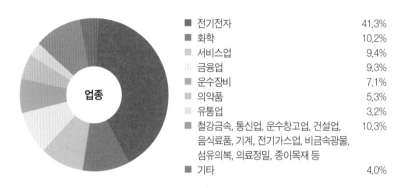

업종	
■ 전기전자	41.3%
■ 화학	10.2%
■ 서비스업	9.4%
■ 금융업	9.3%
■ 운수장비	7.1%
■ 의약품	5.3%
■ 유통업	3.2%
■ 철강금속, 통신업, 운수창고업, 건설업, 음식료품, 기계, 전기가스업, 비금속광물, 섬유의복, 의료정밀, 종이목재 등	10.3%
■ 기타	4.0%

출처: 국민연금 홈페이지

참고로 위의 표는 국민연금의 '포트폴리오 구성' 상황입니다. 전기전자 41.3%, 화학 10.2%, 서비스업 9.4%, 금융업 9.3% 등입니다.

국민연금은 2021년 7월 19일 국내주식 벤치마크를 개선한다고 밝혔습니다. 코스피와 코스닥에서 각각 50종목씩 추가로 편입한다는 결정입니다. 즉 코스피200에서 50종목을 더하고 코스닥100에서 50종목을 더해 코스피 250종목, 코스닥 150종목을 벤치마크한다는 것입니다.

벤치마크는 '투자대상으로 미리 정해둔 목록'을 의미합니다. 증권업계와 발 빠른 개인투자자들은 국민연금 벤치마크 개선의 수혜주를 찾기 위해 열심인데, 훌륭한 투자방식이라고 할 수 있습니다.

외환위기 때보다 높은 기업부채율

영업손실이 누적되는 좀비기업들은 우선 살아남기 위해
허위공시 등 불공정 거래를 저지르는 경우가 종종 발생하는 만큼,
대형주보다 중소형주 투자에서는 철저한 주의가 필요합니다.

주식투자는 결국 기업의 가치를 사는 것입니다. 기업의 가치를 결정하는 중요한 요인 가운데 하나가 부채비율입니다. 영업실적이 좋아도 부채비율이 높을수록 기업가치는 추락하며 당연히 주가도 제값을 받지 못하는 구조입니다.

그래서 주식에 투자할 때는 먼저 해당 기업의 부채비율을 점검하는 일이 필수입니다. 당장의 부채비율도 중요하지만 부채의 흐름도 꼼꼼하게 살펴야 합니다. 성장성만 충분하다면 기업부채는 크게 걱정하지 않아도 되지만, 성장성이 꺾인다면 무서운 부담요인이 될 수 있습니다.

특히 금리가 오를 경우 부채가 많고 성장성이 낮은 기업은 존폐의 기로에 설 수 있습니다. 성장성이 약한 기업일수록 금리인상에 취약하다는 뜻입니다. 최근 글로벌 긴축흐름 속에서 가파르게 치솟

고 있는 상장기업부채비율은 국내증시의 발목을 잡는 가장 큰 불안
요인이 되고 있습니다.

치솟는 국내기업 부채비율, "IMF 시절 넘어섰다"

2021년 6월, 전경련 산하 한국경제연구원은 최근 5개 년간 우리
나라의 민간부채 증가속도가 국제적으로도 우려할 만한 수준이라면
서 '2016~2020 중 한국의 민간부채 현황과 G5와의 비교'라는 자료
를 발표했습니다. 가계부채도 심각하지만 기업부채는 GDP를 이미
상회하고 있다는 것입니다.

대한민국 경제는 IMF 외환위기를 겪으면서 기업부채의 무서움
을 충분히 실감했습니다. 요즘은 사라진 경제계 용어로 대마불사(大
馬不死)라는 말이 있습니다. '쫓기는 대마는 비록 위태롭게 보여도
결국엔 살 길이 생겨 죽지 않는다'는 바둑격언인데, 한때 '덩치 큰
대기업은 절대로 망하지 않는다'는 뜻으로 쓰였습니다. 바둑판에서
는 여전히 대마불사가 통용되지만 재계에서는 IMF를 겪으면서 퇴출
되었습니다.

1998년 6월, 5대그룹 계열사 등 55개 대기업이 정리되고 이듬해
인 1999년 8월 재계 4위 대우그룹이 공중분해되면서 대마불사 신화
는 사라졌습니다. 사실 IMF 때까지 국내기업들은 '대마불사교(敎)'
신자처럼 "큰 말(大馬)이 되면 죽지 않는다"를 암송하며 종류를 가
리지 않고 돈을 빌려 덩치 키우기 경쟁을 벌였습니다. 부채규모가
500억 달러로 자본금 총액의 4배가 넘었던 대우그룹이 대표적인 사

례입니다.

외환위기 직전인 1997년 1분기 국내기업의 GDP 대비 부채비율은 104%였습니다(GDP 대비 국내기업부채율의 절정은 외환위기 직후인 1999년 1분기의 113.6%입니다). 즉 당시 기업들의 부채가 GDP, 즉 국내총생산보다 더 많았다는 뜻입니다. 대마불사를 신봉한 대가는 IMF 위기로 충분했나 싶었는데, 요즘 상황을 보면 꼭 그렇지도 않은 모양입니다.

2020년 3분기 국내기업의 GDP 대비 부채율이 111%에 이르렀습니다. IMF 직전을 능가하는 수준입니다. 기업부채의 증가추이를 감안하면 2021년 말~2022년의 기업부채비율은 더 높아질 가능성이 큽니다. 한마디로 우리의 기업부채는 IMF 시절보다 더 심각한 셈입니다. IMF 외환위기 같은 기업발 경제대란이 언제든지 터질 수 있다는 뜻입니다.

가계와 기업의 부채비율이 높다는 것도 문제지만 더 큰 위험은 증가속도에 있습니다. G5와 비교해보면 그 심각성이 드러납니다. 국내기업의 GDP 대비 부채비율은 2016년 94.4%에서 2020년 111%로 16.7%p 높아졌습니다. 프랑스, 일본보다는 양호한 편이지만 G5 평균보다 분명 높습니다.

높은 부채비율은 금리인상 시기에 기업에게 치명상을 입힐 수 있습니다. 특히 주요통화국가가 아닌 우리나라의 기업들은 위기상황에서 G5국의 기업보다 더 큰 충격을 받을 수 있습니다.

IMF 조사결과 한국기업들의 부채수준은 G20 평균보다 높으며,

한국, 가계 및 기업부채의 GDP비중 추이

단위: %

'99년 1분기:113.6

'20년 3분기:110.5

GDP 대비 기업부채

'20년 3분기:101.1
(GDP 대비 가계부채)

출처 : BIS credit statistics

특히 중소기업의 40%는 부채가 위험수준인 것으로 평가되었습니다. 우리보다 기업부채가 더 심각한 주요경제국으로는 GDP 대비 기업부채율이 160%에 이른 중국 정도입니다. 중국의 경우 반도체그룹 칭화유니가 파산한 데 이어 부동산그룹 헝다를 비롯한 주요 기업집단이 연쇄부도 위기에 처할 정도로 심각한 상황입니다. 우리 기업들 처지도 중국보다 여유로운 편이 아닙니다.

문제는 중소기업, '제2의 IMF' 위험성

기업이 이자를 낼 능력을 나타내는 수치로 이자보상배율이 있습니다. '이자비용 대비 영업이익비율'인데, 2020년 상반기 4.4배에서 2021년 상반기 3.5배로 하락했습니다.

영업이익이 이자보다 적어 이자보상배율 1에도 못 미치는 기업도 있습니다. 돈을 벌어 이자도 갚지 못한다는 말인데, 사실상 죽은 기업입니다. 이자보상배율이 1 미만이어서 죽어야 할 회사가 파산

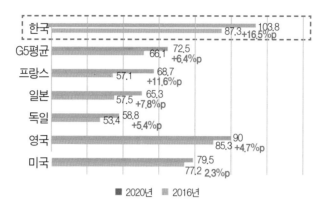

가계부채비율(한국 vs G5)

구분	2020년	2016년	증감
한국	103.8	87.3	+16.5%p
G5평균	72.5	66.1	+6.4%p
프랑스	68.7	57.1	+11.6%p
일본	65.3	57.5	+7.8%p
독일	58.8	53.4	+5.4%p
영국	90	85.3	+4.7%p
미국	79.5	77.2	2.3%p

■ 2020년 ■ 2016년

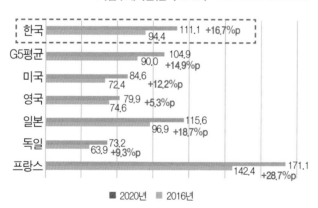

기업부채비율(한국 vs G5)

구분	2020년	2016년	증감
한국	111.1	94.4	+16.7%p
G5평균	104.9	90.0	+14.9%p
미국	84.6	72.4	+12.2%p
영국	79.9	74.6	+5.3%p
일본	115.6	96.9	+18.7%p
독일	73.2	63.9	+9.3%p
프랑스	171.1	142.4	+28.7%p

■ 2020년 ■ 2016년

출처 : 한국경제연구원

하지 않고 버티는 경우를 점잖게는 '한계기업'이라고 표현하지만 직설적으로는 좀비기업이라고 말합니다.

서울신문이 코스닥 상장 중소기업 가운데 사업보고서를 공시한 608곳을 전수분석한 결과, 2020년과 2021년 1분기 중 한 차례라도 이자보상배율 1 미만을 기록한 경우는 20.1%인 122곳으로 집계되었습니다. 10곳 중 2곳은 좀비화된 기업이라는 말입니다. 이들 기업의 평균부채비율은 2019년 92.6%에서 2020년 105.4%, 2021년 1분기엔 117.9%로 상승했습니다(서울신문 2021년 8월 2일 보도). 기업의 부채비율은 '부채÷자기자본×100'인데 부채비율이 100% 이상이라는 것은 빚이 자기자본을 넘어섰다는 뜻입니다.

전경련이 자산총액 500억 원 이상의 기업을 대상으로 조사했더니 2018년부터 2020년까지 연속해서 이자보상배율이 1 미만인 한계기업이 18.9%로 나타났습니다(문화일보 2021년 9월 28일 25면). 전경련 조사의 18.9%는 3년 연속 '좀비실적'을 냈다는 점에서 그 정도가 악성입니다.

한국은행에 따르면 1년차 좀비기업이 정상기업으로 될 가능성은 37%, 8년차 좀비기업이 정상기업이 될 확률은 4%에 불과합니다. 한번 좀비기업이 되면 되살아나기가 어렵다는 말입니다.

이런 상황에서 '금리인상'이라는 저승사자가 움직이기 시작했습니다. 금리가 오를 경우 좀비기업은 물론이고 생사의 경계선에 위치한 상당수 중소기업이 부채 부담을 견딜 수 없게 됩니다.

중소기업은 상장사가 많지 않으므로 주식시장에 미칠 영향은 제한적이라고 여길 수도 있습니다만, 그렇지 않습니다. 기업들은 서로 연결되어 있기 때문입니다. 중소기업 대부분은 대기업과 중견기업의 협력사인데, 중소기업의 몰락은 공급사슬에 타격을 주고 대기업에까지 곧바로 리스크가 파급되는 구조입니다. 또한 기업이 부실화되면 그 부담을 금융권이 고스란히 떠안게 되면서 금융부실로 불이 옮겨 붙습니다. 마침내 제조업과 서비스 분야를 넘어 금융계까지 경제 전반이 그로기 상태에 빠집니다. 기업부채로 인한 '제2의 IMF'는 얼마든지 가능하다는 뜻입니다. 가계부채도 위험하지만 기업부채가 더 무서운 이유입니다.

금리인상 시기, 부채기업발 주가폭락 우려

금리가 오르면 부채는 기업을 무섭게 옥죄게 됩니다. 투자를 위한 신규자금 조달비용이 커질 뿐 아니라 기존 부채의 부담도 늘어나게 됩니다. 즉 돈을 벌어 이자를 갚고 나면 남는 게 없어집니다. 부채가 많은 기업도 0%대 저금리에서는 그럭저럭 버티지만, 금리가 2%에 육박할 경우에는 이자비용이 커지면서 이익이 급감합니다. 당연히 주가에는 악영향을 미치게 됩니다. 성장성이 낮은 취약한 부문부터 주가폭락의 우려가 있습니다. 불안한 시나리오는 이미 시작이 되었는지도 모릅니다.

한국은행은 2021년 8월의 금통위에서 0.5%의 기준금리를 0.75%로 인상했습니다. 11월에는 다시 1.00%로 올렸습니다. 모든 신흥국은 미국의 긴축 움직임에 앞서 선제적으로 금리를 올려야만 외화인출 사태와 자산시장 폭락을 막을 수 있기 때문입니다. 금리가 오르면서 취약기업들의 어려움이 가중되고 있습니다. 많은 업체들이 언제 쓰러질지 모른다는 두려움에 떨고 있습니다. 상장기업 가운데서도 금리인상의 파도를 넘지 못하는 경우가 급증할 것이란 우려의 목소리가 커지고 있습니다.

결국 현재의 주가수준은 금리가 달라지면 언제든지 바뀐다는 말입니다. 이럴 때일수록 투자자들은 내실이 건강한 기업과 겉모습만 분장한 허약한 기업을 구분하는 '매의 눈'을 가져야 합니다. 영업손실이 누적되는 좀비기업들은 우선 살아남기 위해 허위공시 등 불공정 거래를 저지르는 경우가 종종 발생하는 만큼, 대형주보다 중소형주 투자에서는 철저한 주의가 필요합니다.

좀비기업 급증, 재무제표는 필수

투자할 좋은 기업을 고르기 위한 3가지 체크 포인트가 있습니다.
영업활동현금흐름을 파악하고, 유상증자·사채발행 여부를 체크하며,
충당금 등 비현금수익비용을 살펴봐야 합니다.

〈오징어게임〉이 나오기 앞서 넷플릭스 세계를 뒤흔든 K-드라마가 있습니다. 조선판 좀비 시리즈 〈킹덤(Kingdom) 1·2〉가 2019년 이후 3년간 지구촌 사람들의 눈귀를 사로잡았습니다. '되살아난 시체'를 뜻하는 좀비(zombie)는 움직이고 있지만 실제로는 죽은 자입니다. 조용히 숨을 거두면 큰 문제가 아닌데 좀비는 멀쩡한 사람까지 물어서 같은 좀비로 만들어버리니 너무나도 위험합니다.

기업 중에서도 좀비가 있습니다. 벌어서 수익을 내기는커녕 이자도 갚지 못하는 '죽은 기업'인데 사라지지 않고 연명하면서 연관 업체나 투자자에게 해악을 끼치게 됩니다.

앞에서 언급했듯이 코스닥에 상장된 종목 가운데도 좀비기업이 적지 않습니다. 이런 기업에 투자할 경우 당연히 수익을 내기보다 큰 손실을 보게 되겠죠? 이런 기업은 금리가 오르거나 금융위기 등

이 닥칠 경우 순식간에 파산하면서 투자자들까지 '경제적 좀비'로 만들어버리기 십상입니다.

그렇지만 막상 현실에서 좀비기업을 찾아내기는 그리 쉽지 않습니다. 스스로 좀비라고 실토하는 기업은 없고, 오히려 분칠을 해서 위장하기 때문입니다. 그래서 좋은 기업과 좀비기업을 구분하는 눈이 필요합니다. 재무제표가 좋은 기업과 좀비기업을 가려주는 '돋보기'가 될 수 있습니다.

늘어나는 좀비기업

한국은행에 따르면 2020년 국세청에 법인세를 신고한 비금융기업 80만 개 가운데 '이자보상비율'이 1 미만인 기업, 즉 영업이익으로 대출이자를 갚지 못하는 경우가 40.9%로 나타났습니다. 2019년의 36.6%보다 4.3%p 높아졌습니다. 국내기업 41%가 '좀비화'되었다는 어두운 현실이 드러난 것입니다(2021년 10월 28일 한국경제 12면).

앞에서 언급했듯이 코스닥에 등록(상장)된 중소기업 중에도 좀비기업이 20%에 이른다고 하면 사실상 좀비화된(좀비에 가까운) 기업은 상장기업 가운데서도 상당한 비중을 차지한다고 봐야 합니다.

그러면 왜 이렇게 좀비기업이 늘어났을까요? 2가지 이유를 들수 있습니다. 하나는 시중에 유동성이 넘쳐나고 금리가 낮기 때문입니다. 돈을 못 버는 좀비기업도 제로금리 덕분에 이런저런 자금을 융통하게 되면서 한참동안 죽지 않고 버틸 수 있게 된 것입니다. 또다른 이유는 2020년 코로나 사태 이후 '원리금 상환유예조치' 등 기업에 대한 사회적 지원이 늘어난 데서 찾을 수 있습니다. 회생할 가능성이 낮은 기업이 정부나 채권단의 긴급조치 덕분에 간신히 연명하는 것입니다.

드라마 〈킹덤〉에서 몰려드는 좀비군단이 너무 많다 보니 관군이 제대로 대응하지 못하는 것처럼 너무 많은 기업이 좀비화되자, 대규모 실업 등 경제적 파장을 우려한 당국에서 과감하게 대처하지 못하는 셈입니다. 어쨌든 시장원리에 따라 퇴출되어야 할 좀비기업이 사회적 지원을 차지함으로써 정작 '성장 잠재력이 높은 기업'에게 가야 할 자원을 삭감하는 결과를 만드는 등 경제 전반에 미치는 악영향이 만만치 않습니다.

왜 재무제표를 봐야 하나?

시중에 유동성이 넘쳐나는 저금리시대가 되면서 경쟁력을 잃은 기업들이 좀처럼 죽지 않고 있습니다. 간신히 좀비기업을 면했지만 사실상 좀비화된 경우도 부지기수입니다.

투자를 하려면 기업의 민낯을 볼 줄 알아야 합니다. 분칠한 좀비기업에 속아서는 안 됩니다. 그래야 미래가 밝은 건강한 기업인지, 죽은(또는 죽어가는) 기업인지 구분할 수 있습니다. 좀비기업이나 좀비화된 기업이라고 해서 스스로 소멸위기를 맞았다고 홍보하는 일은 없습니다. 가능한 튼실한 기업이라고 내세워야 그나마 생존기간을 늘릴 수 있기 때문입니다.

다행히 모든 상장기업은 사업보고서를 공시하게 되어 있습니다.

사업보고서만 제대로 살펴도 분칠한 좀비기업에 투자하는 우를 범하지 않을 수 있습니다. 사업보고서의 핵심은 재무제표(財務諸表)입니다. 공개된 재무제표를 통해 기업의 건강 정도를 체크할 수 있는 것입니다.

재무제표는 기업의 가치를 측정하기 위한 출발점입니다. 재무제표를 모르고 투자하는 것은 가치도 모르면서 돈을 지불하는 것이며, 내 돈을 투전판에 버리는 것과 크게 다르지 않습니다. 재무제표 분석을 통해 해자를 갖춘 위대한 기업을 발굴할 수도 있고, 반대로 죽어가는 기업을 골라낼 수도 있습니다.

재무제표에서 반드시 챙겨야 할 사항은?

그렇지만 재무제표에도 교묘하게 분장하고 마사지를 한 경우가 허다해서 초보자들은 재무제표를 보면서도 '진상'을 잡아내는 데 실패하기 일쑤입니다. 그래서 재무제표 보는 법을 먼저 익혀야 합니다. (이 책은 재무제표 전문서적이 아닌 만큼, 재무제표 읽는 법을 본격적으로 다루지는 않습니다. 관련 서적을 통해 깊이 있는 학습이 가능할 것입니다.) 재무제표에서 뭘 살펴봐야 할까요?

카카오 사례를 들어 설명해보겠습니다. 네이버 금융에 접속해 '카카오'의 '전자공시' 항목을 누르면 '공시자료'가 뜹니다(금융감독원 전자공시시스템 다트(DART)를 통해서도 확인이 가능합니다). 그 중에서 맨 앞의 '정기공시'를 클릭하면 좌측 상단에 '사업보고서' 항목이 나옵니다.

체크를 한 뒤 엔터를 치면 2020년 12월 현재의 사업보고서가 열립니다. 사업보고서를 클릭하면 좌측에 〈111 재무에 관한 사항〉의 4.재무제표가 나옵니다. 재무제표를 열면 위에서부터 '재무상태표' '포괄손익계산서' '자본변동표' '현금흐름표' '이익잉여금처분계산서' 등이 이어집니다.

보다 간단한 방법도 있습니다. 네이버 금융에서 카카오를 검색한 다음 '종목분석'을 클릭하면 시세 및 주주현황, 기업개요, 펀더멘탈, 밴드차트에 이어 'Financial Summary' 창이 나옵니다. 여기에 매출액부터 영업이익 등의 숫자가 나옵니다. 복잡한 숫자들을 보면 초보자들은 겁부터 먹을 수 있습니다만, 모든 것을 살펴볼 필요는 없습니다. 꼭 필요한 숫자만 챙기면 됩니다. 즉 '영업이익, 영업이익성장률, 영업활동현금흐름'은 반드시 살펴야 합니다. 기업의 건강 정도를 한눈에 살펴볼 수 있기 때문입니다.

영업이익이 크고 영업이익률이 매년 높아가는 기업이 건강한 기업입니다. 영업이익이 20%를 넘어선 기업은 '경제적 해자를 갖춘 위대한 기업'으로 분류할 수 있습니다.

'경제적 해자'란 다른 기업이 감히 넘을 수 없는 높은 진입장벽을 마련했다는 것을 의미입니다. 영업이익이 해마다 커지는 기업은 영업이익 성장률이 높게 마련입니다. 영업이익을 낸다고 해도 매년 같은 규모이면 성장이 정체된 기업이지만, 영업이익 성장률이 높은 기업은 가파르게 성장하는 기업으로서 대단히 매력적인 투자대상이라고 할 수 있습니다.

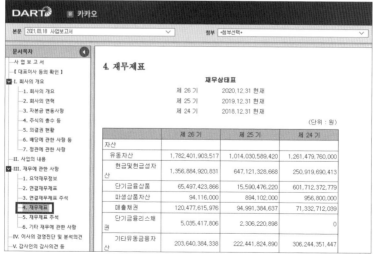

출처: 네이버

좋은 기업과 나쁜 기업을 구분하는 3가지 포인트

투자할 좋은 기업과 투자하지 말아야 할 나쁜 기업, 즉 옥석을 구분하기 위해서는 3가지 체크 포인트를 잘 따져봐야 합니다. 첫째 영업활동현금흐름을 파악하는 것이고, 둘째 유상증자·사채발행 여부 체크이며, 셋째 충당금 등 비현금수익비용을 살펴보는 방법입니다.

첫 번째 체크 포인트는 영업활동현금흐름을 파악하는 것입니다. 투자자 입장에서 가장 좋은 기업은 급등주겠죠? '3가지가 좋은 기업'을 찾는 것이 지름길입니다. ①영업이익률과 ②영업이익성장률이 좋은 것은 물론이고, 첫 번째 체크 포인트로 지목한 ③영업활동현금흐름이 좋은 기업을 찾다 보면 급등주를 골라낼 수 있습니다.

참고로 영업흑자인데도 영업활동현금흐름이 좋지 못한 기업은 분칠한 회사일 가능성이 높습니다. 예컨대 생산품을 외상으로 판매하는 경우에도 회사매출이 늘고 영업흑자처럼 기록되지만 건강하지 못한 매출증가입니다. 이렇게 분칠한 사례를 찾아내는 방법이 바로 영업활동현금흐름을 보는 것입니다. 현금수입이 많이 들어오는 회사가 건강한 기업입니다. 영업이익이 많아도 현금수입이 적으면 의심해봐야 합니다.

두 번째 체크 포인트는 유상증자와 사채발행 여부입니다. 영업실적이나 상황이 안 좋은데 유상증자나 사채를 발행한 내역을 살펴봐야 합니다. 유상증자나 사채발행은 좀비기업들이 생존하는 수법이기에 그렇습니다. 우량회사가 사업규모를 더 키우기 위해 유상증자나 회사채를 발행하는 경우와 어렵지 않게 구분할 수 있습니다.

　세 번째 체크 포인트는 영업이익으로 잡혔지만 현금이 들어오지 않는 비현금수익이 얼마나 되는지도 잘 살펴야 합니다. 충당금 환입, 평가이익 등 비현금수익 비중이 높은 경우 건강하지 못한 기업일 가능성이 높습니다. 이 역시 좀비기업들이 영업적자를 가능한 줄이기 위한 방편으로 많이 활용하는 방법이므로 잘 구분해야 합니다. 재무제표 주석사항에 반드시 적게 되어 있으므로 꼼꼼히 살펴보면 '숨은 그림'을 찾아낼 수 있습니다.

밀려오는 삼각파도,
결국 버블은 터지나?

현재 글로벌 증시는 고평가 영역에 들어선 것이 분명하지만
버블이 붕괴하는 시기에도 부의 기회는 있습니다.
버블 붕괴에 대비해 2022년에는 현금비중을 늘려야 합니다.

"삼각파도가 몰려오고 있다"

주식투자의 최대 리스크는 내가 산 종목이 매수가격 이하로 떨어져 투자손실을 보는 것입니다. 그래서 주식은 위험자산으로 분류됩니다. 투자할 때 리스크를 감수해야 한다는 말입니다. 안전자산인 금이나 채권은 가격변동이 적어서 큰 위험 없이 투자할 수 있다면 주식은 언제든지 값이 떨어질 수 있습니다. 그렇지만 개별종목의 주가 하락 리스크는 '선택의 문제'로서 피할 길이 전혀 없지는 않습니다.

예컨대 여러 종목에 분산투자하거나 지수에 투자할 경우 개별종목 선택 실패에 따른 리스크는 일정 부분 방어할 수 있습니다. 그런데 피하기 어려운 '끝판왕'이 있습니다. 대공황이나 글로벌 금융위기 등 자산시장 전체가 무너지는 경우입니다. 이른바 버블이 터질

때는 가장 조심스런 투자자도 방어 역량을 상실하게 됩니다. 시장 참여자들이 가장 두려워하는 시나리오가 '자산 버블의 붕괴'입니다.

요사이 "버블 붕괴가 멀지 않았다"는 주장이 심심찮게 나오고 있습니다. 훌륭한 투자자라면 버블이 터질 가능성에도 대비할 필요가 있습니다. 역사상 버블 붕괴는 자주 있었고 앞으로도 언제든지 가능하기 때문입니다. 거품은 꺼지게 마련이기에 투자자들은 늘 버블 여부를 잘 관찰해야 합니다. 그러나 버블 붕괴에 대비한 투자전략을 마련해놓고 움직인다면 약간의 거품현상은 두려운 일이 아닙니다. 버블 붕괴가 새로운 부(富)의 기회가 될 수도 있습니다. 거듭 말하지만 아는 것이 힘이고 알아야 이깁니다.

『트리플 버블』이라는 책을 쓴 한상완 2.1 지속가능연구소장은 2021년 현재 버블을 일으키는 3개의 파도가 자산시장으로 몰려들고 있다고 주장합니다.

삼각파도의 첫 번째는 원자재 슈퍼사이클입니다. 국제유가가 배럴당 80달러에 이르렀고 철광석과 구리, 알루미늄, 니켈 등 각종 원자재 가격이 급등하고 있습니다. 원자재 대국 중국의 PPI, 즉 생산자물가가 10%를 넘어선 현실이 글로벌 원자재 대란을 말해줍니다.

두 번째는 코로나 극복과 함께 찾아올 폭발적인 수요의 회복입니다. 코로나19로 소비가 위축되면서 미국의 저축률이 5%에서 10% 수준으로 치솟은 사실에서 보듯이 2020~2021년간 소비가 잔뜩 위축되었습니다. 코로나로 억눌렸던 소비가 집단면역이 이뤄지는 순간부터 보복소비로 이어질 것이란 전망들이 많습니다.

세 번째는 글로벌 유동성 확대입니다. 특히 기축통화국인 미국 정부와 연준이 확장적 재정정책과 통화완화정책을 펴는 것이 버블을 걷잡을 수 없이 키운다고 강조합니다. 3개의 파도가 한꺼번에 '글로벌 경제호(號)'를 때리는 것이 '트리플 버블'이라는 이야기입니다. 요즘 상황을 보면 무서운 삼각파도가 몰려들고 있다는 말이 허황되어 보이지 않습니다.

2021년 글로벌 주식시장은 과연 버블인가?

"증시는 고평가되었다." 증시 비관론자이자 거품경고로 유명한 투자거물 제레미 그래덤이 설립한 자산운용사 GMO가 2021년 7월에 펴낸 보고서의 결론입니다. 뉴욕증시의 간판지수인 S&P500지수가 2021년 2분기에 8.6%나 올랐는데 S&P500지수의 실질이익수익률(earning yield, S&P500에 포함된 기업들의 순이익 총합을 주가지수로 나눈 값)은 2분기에 마이너스로 돌아서 40년 만에 최저치라는 지적입니다. 한마디로 2021년 2분기 S&P500지수는 1999년의 '닷컴 버블'을 능가하는 더 큰 거품을 만들어냈다는 것입니다.

실물경제와 자산시장의 괴리가 점점 커져 위험수위라는 경고는 곳곳에서 터져 나오고 있습니다. GDP(국내총생산) 대비 주식시장의 시가총액을 표현한 버핏지수는 증시의 버블 여부를 따지는 대표적인 지표로 꼽힙니다.

2021년 미국 증시의 버핏지수는 300%를 넘어섰고, 한국증시도 123%입니다. 버핏지수가 100%를 넘기면 시장이 고평가되었다고 판단하는 만큼, 미국은 '한참 과열'이며 한국증시도 고평가 영역에 접어들었다고 평가할 수 있습니다.

미국의 투자자문사 RIA의 어드바이저인 랜스 로버츠(Lance Roberts)는 현재의 주식시장 지표는 매우 취약한 상태이며 S&P500 지수는 최대 50% 하락할 수 있다고 경고했습니다.

또한 워런 버핏, 조지 소로스와 함께 세계 3대 투자자로 불리는 '투자의 전설' 짐 로저스 로저스홀딩스 회장은 2021년 3월부터 "주식시장이 완벽한 버블상태는 아니지만 버블의 신호를 보이고 있다"고 우려했습니다. 개인들의 주식투자 붐, 스팩(SPAC)을 통한 우회상장 급증 등이 커지는 버블의 신호라고 지적했습니다.

반면 레이 달리오는 아직 거품의 절정은 아니라는 입장에 서 있습니다. 레이 달리오는 증시의 거품을 측정하는 6가지 척도를 제시하는데 '신규구매자가 시장에 얼마나 많이 진출했는가' '구매에 높은 레버리지로 자금을 조달하고 있는가' 등이 그것입니다. 6가지 척도로 평가할 때 2021년 미국 주식시장의 버블 값은 77% 정도로서 아직 100% 버블은 아니라고 진단합니다. 현재의 글로벌 증시는 고평가 영역에 접어든 것이 분명하지만 '금방이라도 터져버릴 수 있는 버블 단계인가?'라는 질문에는 의견이 엇갈린다고 하겠습니다.

버블을 미리 알고 대처할 방법은 없을까?

버블은 터지기 전까지는 버블인지 알 수가 없습니다. 현재의 주식시장이 버블인지 여부를 판단하기는 더욱 어렵습니다. 버블 여부를 평가하기 위해 고안한 지수를 활용할 수도 있을 것입니다. 버핏지수와 CAPE 지수가 대표적입니다. 앞에서 언급한 것처럼 버핏지수로 평가하면 미국시장은 이미 대단한 버블상태로 접어든 셈입니다. 시가총액이 GDP와 동일한 수준, 즉 버핏지수가 100%를 넘기면 버블로 평가하는데, 현재 미국증시의 버핏지수는 300%나 되기 때문입니다.

버핏지수를 신뢰하는 사람이라면 지금이라도 주식투자를 접어야 합니다. 반론도 있습니다. 기업과 시장의 상황이 예전과 달라졌다는 것입니다. 미국 빅테크 기술주의 영업이익 가운데 40%가 미국 바깥에서 나온다는 것이 반론의 핵심입니다. 다국적기업이 주도하는 세상에서 특정국가의 GDP와 증시의 시가총액을 비교하는 것은 큰 의미가 없다는 말입니다.

또 다른 버블 평가지수로 제시된 것이 로버트 쉴러 교수의 CAPE 지수입니다. 노벨경제학상 수상자로 『비이성적 과열』이란 책을 통해 2000년 닷컴버블의 종말을 예측한 것으로 유명한 쉴러 교수는 CAPE 지수를 개발해 주식시장의 거품여부를 진단합니다. CAPE 지수는 '경기조정주가수익비율'로 번역되는데 '물가상승률을 토대로 최근 10년간 S&P500 지수의 평균 PER을 도출한 값'입니다. 2021년 7월의 CAPE는 38.49로서 1999년 IT 버블 당시의 44와 비슷한 수준으로 위험하다는 것이 쉴러 교수의 진단입니다.

하지만 쉴러지수 역시 참고용일 뿐 주식시장의 버블 여부를 정확히 평가하는 자료라는 증거는 되지 못합니다. 다만 현재의 주가가 과거 어느 때보다 높고 PER로도 고평가 영역에 접어든 것이 사실인 만큼 신중한 투자접근이 필요해 보입니다.

월가 부자들이 말하는 '버블 붕괴 시기' 투자의 통찰

미국의 E-트레이드증권이 2021년 초 100만 달러 이상의 주식자산을 보유한 투자자 188명을 대상으로 설문조사를 한 결과 응답자의 91%가 '증시에 거품이 이미 끼었거나 곧 닥칠 것'이라고 답했다고 CNBC가 보도했습니다.

중요한 것은 대처방법입니다. 주식자산가 대부분이 증시 거품에도 불구하고 자산을 현금화하지 않을 것이라고 답했습니다. 주가는 한동안 더 오를 것으로 예상했기 때문입니다. 증시에 거품이 있다고 서둘러 정리하는 것이 아니라 여전히 낮은 종목과 섹터를 찾아내 저평가 영역에서 더 많은 수익을 올리겠다는 각오였습니다.

버블의 삼각파도가 밀어닥치고 있다고 진단한 한상완 소장도 "버블 직전까지 투자할 수 있다"고 강조합니다. 버블이 무서워 투자를 꺼린다면 가진 자산은 녹아내린다는 이야기입니다.

버블이 터진다고 자산시장이 사라지는 것은 아닙니다. 투자의 기회는 얼마든지 있습니다. 현금을 보유해서 투자를 지속할 여력이 있을 경우 가격이 내린 자산시장에서 새로운 기회를 잡을 수 있습니다. 역대로 수많은 부자들은 버블 붕괴 시기에 부의 기회를 잡은 행운아들이었음을 상기해야 합니다.

버블 붕괴는 금리인상을 통해 이뤄질 것인데, 연준의 금리인상이 유력한 2022년 말~2023년 초가 예사롭지 않습니다. 미국의 10년물 국채금리가 2% 수준으로 올라가면 그때부터는 "언제든지 안면을 노리는 잽이 날아올 것인 만큼 가드를 올려 방어에 나서야 한다"고 한상완 소장은 충고합니다. 투자자들이 가드를 올리는 방어행위는 바로 현금비중을 높이는 것입니다.

참고로 금리가 올라가고 자산의 거품이 빠질 때 그 충격은 내수 산업과 서비스업종이 상대적으로 크고 수출제조업은 덜 힘들 것이라는 것이 한상완 소장의 진단입니다. 버블이 붕괴할 때에는 환율이 급등(달러강세=원화약세)할 것인데 수출제조업들의 경우 환차익을 얻는 만큼 버블 붕괴의 충격을 감내할 여지가 생긴다는 말입니다. 투자 시에 참고할 만한 내용입니다.

7장

완전히 새로운 투자방식,
ETF의 세계

투자에서 국경은 이미 사라진 지 오래되었습니다. 국내 동학개미에 빗대 미국과 유럽 증시에 투자하는 서학개미, 중국시장에 투자하는 중학개미가 흔한 용어가 되었습니다. 실제로 2021년 9월 기준국내 투자자들의 해외주식 보유금액은 79조 원으로, 2020년 1월의18조 원에 비해 4.3배, 2019년 1월의 13조 원에 비하면 6배나 늘었습니다. 해외주식 투자자의 2021년 평균수익률이 24%로, 국내주식수익률 10.3%를 2배 이상 능가한 것이(2021년 11월 25일 한국경제신문 1면) 해외시장 투자가 급증한 배경으로 꼽힙니다. 국민들의 외화자산 보유가 늘어나는 일 자체는 나쁘지 않습니다.

동학개미운동을 주도한 존리 메리츠자산운용 대표도 "글로벌 시장에 투자해서 국부(國富)를 늘리는 일은 더 이상 미룰 수 없는 과제"라고 강조합니다. 그렇지만 미국과 유럽, 중국 등 글로벌 시장투자는 국내 주식투자와는 모든 면에서 완전히 다른 영역입니다.

해외주식 투자의 가장 큰 어려움은 정보 부족입니다. 그래서 저평가된 유망주를 발굴하기보다는 뉴스에 나오는 유명종목 위주로접근하기 쉽습니다. 문제는 애플과 테슬라, 구글 같은 유명종목은주가가 한참 많이 올랐다는 데 있습니다. 뒤늦게 추격매수를 하다가상투를 잡기 일쑤입니다. 또한 소수의 종목에 집중하다 보면 '계란을 한 바구니에 담는 위험'을 피하기 어렵습니다.

이런 문제들을 시스템적으로 해결한 대안상품이 바로 ETF입니다. 'Exchange Traded Fund'의 약자로서 '상장지수펀드'라고 번역되는 ETF는 지수의 평균수익률을 추종하는 만큼 대형주뿐 아니라 수십 개 유망종목도 포함하고 있습니다.

그래서 ETF 투자는 자연스럽게 유망주 투자와 분산투자 효과를 거두게 됩니다. 한 바구니에 담긴 계란은 외부의 충격을 받으면 한꺼번에 깨져버릴 수 있지만 여러 꾸러미에 나눠 담은 계란은 위험을 분산할 수 있는 원리입니다.

최근 주식투자의 무게중심은 ETF로 옮겨갔다 해도 과언이 아닌데, 특히 해외주식은 개별종목보다 ETF가 '더 쉽고 더 안전한' 최선의 투자방식으로 꼽힙니다. 2021년 9월 국내투자자들이 가장 많이 매수한 해외주식 1위가 2,300억 원어치를 산 '프로셰어즈 울트라프로 QQQ(나스닥100 지수의 1일 등락률을 3배로 추종하는 ETF)'인 것을 비롯해 10개 상위종목 가운데 4개 종목이 미국과 중국의 ETF였습니다(조선일보 2021년 9월 29일자 B5면, 한국예탁결제원 자료). 이번에는 ETF 투자의 장단점과 함께 ETF를 활용한 해외시장 투자 이야기를 풀어봅니다.

ETF·인덱스 펀드, '지수불패'를 증명하다

시장 전체에 투자해 시장수익률만 추구하는 패시브 투자가
액티브 투자보다 훨씬 안전하고 수익률도 평균 이상입니다.
무서운 지수의 힘이야말로 패시브 투자의 본질적인 강점입니다.

무서운 지수의 힘이 패시브 투자의 본질

주식투자 방식은 크게 '액티브 투자(active investment)'와 '패시
브 투자(passive investment)'로 나뉩니다. 액티브 투자는 '적극적,
능동적'이란 의미처럼 매수할 만한 종목을 적극적으로 발굴하는 방
식인 데 반해 '소극적, 수동적'이란 뜻을 담은 패시브 투자는 종목을
찾기보다는 정해진 지수의 수익률을 그대로 따라가는 투자방식입
니다.

현실에서의 패시브 투자는 코스피200 등 주요지수에 연동되어
움직이도록 설계한 투자입니다. 지수의 등락에 따라 기계적으로 편
입된 종목을 사고파는 투자법으로서 시장평균수익률을 목표로 합니
다. 뒤에서 다룰 액티브 투자에 비하면 종목을 고르는 수고가 없어
운용보수 등의 비용이 덜 듭니다. 인덱스 펀드와 상장지수펀드(ETF)

가 대표적인 패시브 투자입니다.

　패시브 투자는 바이앤홀드(buy&hold)로서 장기투자를 하는데, 단기수익률은 액티브 투자가 높을 수 있지만 장기적으로는 시장 전체에 투자하는 패시브 투자의 수익률이 더 무섭습니다. 세계적인 투자회사 '뱅가드그룹'을 창시한 존 보글이 1970년부터 2016년까지 46년간 355개 뮤추얼펀드의 운용성과를 분석했더니 S&P500 지수보다 수익률이 높았던 펀드는 불과 45개, 13%에 지나지 않았다고 합니다.

　시장수익률만 추구하는 패시브 투자가 훨씬 안전하고 수익률도 평균 이상이라는 뜻입니다. 무서운 지수의 힘이야말로 패시브 투자의 본질적인 강점이라고 하겠습니다.

'시장을 산다', 파워 커지는 인덱스 펀드

　'시장을 산다'는 패시브 투자의 철학을 거래상품으로 만든 것이 인덱스 펀드(index fund)입니다. 1976년 미국의 펀드매니저 존 보글이 S&P500 지수와 연동시킨 인덱스 펀드를 처음으로 선보였습니다. "건초더미에서 바늘을 찾는 것보다 건초더미를 통째로 사는 것이 더 낫다"는 논리를 설파하며 큰 성공을 거뒀습니다.

　한마디로 인덱스 펀드란 일반 주식형펀드처럼 특정종목을 선택하는 것이 아니라 주가지수의 움직임에 연동되게 포트폴리오를 구성함으로써 시장평균수익률의 실현을 목표로 하는 운용기법입니다. 통상적인 펀드가 담당매니저라는 전문가에게 돈을 맡기는 것이라면, 인덱스 펀드는 지수를 추종하도록 시스템적으로 설계되어 있습니다.

예컨대 코스피를 추종하는 인덱스 펀드라면 코스피 지수가 10% 상승하면 이 상품 수익률도 10% 오르는 구조입니다. 인덱스 펀드는 각 업종의 주가흐름을 대표할 수 있는 종목들로 포트폴리오를 구성해 주식시장을 모사(模寫)하는 방식입니다. 국내의 인덱스 펀드는 '200개 우량종목을 시가총액에 따라 가중평균해 만든 주가지수'인 코스피200의 주요종목을 비율에 맞게 편입하는 경우가 많습니다.

주식부자인 워런 버핏이 아내에게 "주식투자를 한다면 개별종목을 사지 말고 인덱스 펀드를 사라"고 권할 정도로 나름 합리적인 투자법입니다. 시장수익률을 따른다고 하니 수익률이 높지 못할 것이라고 생각할 수 있지만 실제는 다릅니다. 지수가 가진 무서운 힘 덕분입니다. 사실 개인투자자 대부분은 시장의 평균수익률을 이기지 못하는 것이 현실입니다.

미국 〈월스트리트저널〉이 펀드매니저와 개인투자자, 원숭이를 대상으로 주식투자 수익률 게임을 벌였습니다. 펀드매니저와 개인투자자는 기술적 분석과 경험으로 투자종목을 선정한 반면, 원숭이는 주식시세표에 다트를 던져 아무 기업이나 찍었습니다. 2000년 ~2001년 10개월간 진행된 수익률 게임의 승자는 원숭이였습니다. 아마추어 투자자는 물론이고 제아무리 똑똑한 펀드매니저라도 시장보다 더 좋은 성과를 낼 수 없다는 것을 보여준 사례입니다. 참고로 미국의 S&P500 지수는 지난 10년 새 300% 이상 올랐는데, 이때 지수를 추종한 수많은 인덱스 펀드의 투자자들은 달콤한 성과를 맛볼 수 있었습니다.

인덱스 펀드의 영향력은 갈수록 커져가는 구조입니다. 주요국의 연기금을 비롯한 큰손들이 패시브 투자를 고수하고 있기 때문입니다. 2014년 MSCI를 추종하는 세계 펀드자금은 3조 5천억 달러였는데 2020년 말 14조 5천억 달러로 급증했습니다.

이처럼 시장 자체에 투자하려는 펀드가 인덱스 펀드인데 국내에서는 코스피, 코스피200, 코스닥 지수 등이 있고 미국의 다우존스, S&P500, 나스닥종합지수, 러셀2000, 유럽의 유로스톡스50 등이 유명한 인덱스 펀드입니다. 투자방법은 간단합니다. 증권사를 방문해서 펀드에 가입할 수도 있지만 요즘은 증권사 어플을 통해 손쉽게 가입하고 있습니다.

ETF(상장지수펀드) 전성시대

교토삼굴(狡兔三窟), '영리한 토끼는 위험에 대비해 3개의 굴을 판다'는 동양의 지혜가 담긴 고사성어입니다. 비슷한 내용의 서양 속담이 "계란을 한 바구니에 담지 말라"입니다. 1981년 노벨 경제학상을 수상한 제임스 토빈 예일대 교수가 언급한 이후 가장 유명한 주식격언이 되었습니다. 특정자산에 치우친 투자는 위험한 만큼 가능한 분산투자를 하는 것이 리스크를 줄인다는 충고입니다.

도입부에서도 언급했지만 이 격언에 가장 부합하는 투자방식이 ETF(Exchange Traded Fund), 상장지수펀드입니다. ETF는 인덱스 펀드를 거래소에 상장시켜 투자자들이 개별종목처럼 편리하게 거래할 수 있도록 만든 상품입니다. 투자자들이 개별주식을 고르는 데 수고를 하지 않아도 되는 펀드투자의 장점과 언제든지 시장에서 원하는 가격에 매매할 수 있는 주식투자의 장점을 모두 가지고 있는 상품으로, 인덱스 펀드와 주식을 합쳐놓은 상품입니다.

1993년 1월 미국 증권거래소에서 매매된 '스테이트 스트리트 글로벌 어더바이저스(SSGA)'라는 운용사가 만든 'SPDR S&P500'이 세계 최초의 ETF이며, 국내에서는 2002년 10월에 첫 ETF가 출시되었습니다.

상장지수펀드라고 하지만 ETF는 일반 펀드와 많은 점에서 차이가 있습니다. 일반 펀드는 가입절차를 마쳤다 해도 1~2일 뒤의 가격으로 투자를 시작하게 되고, 펀드를 팔 때도 1~2일 뒤의 가격으로 환매가 됩니다. 매수·매도의 투자결정에 시차가 발생하는 구조입니다. 개별종목을 선택하는 수고가 없다는 점은 인덱스 펀드와 동일하지만 ETF는 '언제든지 매매 가능하다'는 점에서 차이가 있는 것입니다. 즉 ETF는 주식처럼 실시간 가격으로 매매할 수 있다는 점이 최대 강점입니다.

게다가 ETF는 환매수수료가 없습니다. 일반 펀드는 90일 정도의 환매제한기간을 두는데, 중도에 팔 경우 통상 이익금의 절반 이상을 환매수수료로 요구합니다. 반면 ETF는 당일에 사서 당일에 매도해도 환매수수료를 내지 않습니다. 운용보수도 일반 펀드에 비해 훨씬 낮은 것이 ETF의 또 다른 장점입니다. (뒤에서 다루는 '액티브 ETF'는

'패시브 ETF'보다 운용보수가 약간 높지만 일반 '액티브 펀드'보다는 낮은 편입니다.)

ETF의 구성은 해당 지수에 포함된 상품의 바스켓(10개 이상의 주식 조합)과 동일한 것이 일반적이지만 최근에는 해당 지수보다 변동 폭을 크게 만든 '레버리지 ETF'나 해당 지수와 반대로 움직이면서 수익이 발생하는 '인버스 ETF'가 발행되기도 하고, 투자상품을 지역별·업종별로 확대하거나 좁힌 다양한 상품이 홍수처럼 쏟아져 나오고 있습니다. 전 세계시장에 투자하는 ETF가 있는가 하면, 선진국이나 신흥국시장 또는 특정국가의 시장에 투자하는 ETF도 출시되었습니다. 반도체·2차전지·우주항공 등 특정업종이나 특정테마에 투자하는 ETF가 있고, 배당주·대형주·소형주에 특화된 상품도 나오는 등 수천 종의 ETF가 글로벌 증시에 이미 출시되어 있고, 그 숫자는 빠르게 늘어나고 있습니다.

2021년 들어 8월 말까지 전 세계 ETF 자금의 순유입 규모는 8,417억 달러, 1천조 원에 이르렀고, 글로벌 ETF 운용자산 규모는 10조 달러를 돌파했습니다. 우리 돈으로 1.2경 원이라는 천문학적 자금이 ETF 자산에 몰린 만큼 요즘의 주식시장을 한마디로 표현한다면 'ETF 전성시대'라고 하겠습니다.

왜 ETF 투자가 좋을까?

투자상품으로서 ETF의 장점은 그 자체로 포트폴리오 투자 효과가 있다는 데 있습니다. 수십 개에 달하는 종목을 편입하고 있기 때문에 적은 돈으로도 분산투자가 가능해지는 것입니다. 표준화된 상품이므로 개별적으로 주식을 거래할 때보다 거래비용이 훨씬 적게 듭니다. 상품구성이 다양해 투자자들의 선택범위가 넓다는 것도 ETF의 장점으로 꼽힙니다.

기간에 따라 투자방법을 달리하는 것도 가능합니다. 장기투자자라면 매월 조금씩 적립식으로 ETF를 사들이면 됩니다. 종목분산에 덧붙여 투자시기까지 분산함으로써 투자위험을 더욱 낮추는 셈입니다.

주식시장에 대한 방향성이 확실한 경우엔 레버리지 ETF와 인버스 ETF(기초지수와 역방향으로 움직이는 상품)를 활용할 수 있습니다. 상승장에서 레버리지 상품을 들고 있다가 하락장이 시작되면 인버스 상품으로 갈아타는 식입니다.

국내에서는 자산운용사가 자사의 브랜드를 붙여 KODEX, TIGER 등의 이름으로 ETF를 발행하고 있습니다. 이들 ETF 상품에 연계되는 지수는 국내 시장지수뿐 아니라 산업별 지수, 각종 테마지수 등과 해외 주요국의 시장지수 및 섹터지수, 상품가격지수, 원자재 가격 등으로 다양합니다.

예컨대 친환경·2차전지·반도체·바이오·항공우주 등 특정섹터 관련이나 원자재·배당주 등 다양한 스타일을 추종하는 ETF가 상장되어 인기를 얻고 있습니다. 한국거래소의 일평균 ETF 거래규모는 23억 달러로 뉴욕증권거래소, 나스닥거래소, 상하이증권거래소, 시카고옵션거래소에 이어 세계 5위였습니다. 국가순위를 따지면 미국과 중국에 이어 3위권이니 국내 ETF 시장의 활성화 정도를 실감할 수 있습니다.

투자목적에 부합하면서도 안정적인 수익률을 제공하는 수많은 상품이 상장되어 있고 실시간 거래가 가능하다는 편의성이야말로 ETF 투자가 늘어나는 배경입니다(ETF 투자의 장점과 본격적인 투자요령에 대해서는 『ETF 초보자가 가장 알고 싶은 최다질문 TOP 56』 '나수지 지음, 메이트북스, 2021'을 참고할 수 있습니다).

인덱스 펀드는 안정적인 수익률을 얻을 수 있다는 강점이 있지만 가입 및 환매의 절차와 조건이 복잡하다는 한계가 있습니다. 이에 반해 ETF는 인덱스 펀드의 강점에다 실시간으로 소액매매가 가능하다는 또 다른 매력을 갖추고 있는 것입니다. 상장지수펀드라는 이름처럼 ETF는 지수에 투자하는 패시브 펀드로 시작되었지만 최근에는 펀드매니저들이 직접 주식을 골라 매매하는 액티브 ETF가 출현해서 새로운 투자세계를 열어가고 있습니다. (액티브 ETF의 구체적인 특징은 다음에서 다룹니다.)

액티브 펀드는
잘 고르면 대박, 잘못하면 쪽박

액티브 펀드는 펀드매니저가 개입해서 포트폴리오를
시장상황에 맞게 적극적으로 변화를 줄 수 있기 때문에
박스권 장세에서는 패시브에 비해 유리하다는 평가도 있습니다.

액티브 투자는 단기간 운용이 더 적합

액티브 투자(active investment)는 패시브 투자와 반대개념으로서 지수를 그대로 복제하는 방식이 아니라 펀드매니저들의 개인적 판단을 가미한 투자방식입니다. 수많은 주식 가운데 유망한 종목들을 골라 담아서 시장의 평균수익률을 능가하는 것을 추구하는 투자방식입니다. 좋은 기업이지만 대중에게 제대로 알려지지 않아 제 가치를 받지 못하는 경우가 많은 만큼 전문가의 눈으로 발굴하면 시장의 비효율성을 극복할 수 있다는 취지에서 비롯된 투자법입니다. 개별 종목을 매매하는 전형적인 주식투자도 크게 보면 액티브 투자에 해당한다고 하겠습니다.

액티브 투자를 선호하는 사람들은 패시브 투자가 실적이 좋지 않거나 악재가 있는 기업에게도 투자금이 유입되는 점에 분개합니다. 한마디로 가치를 고려하지 않은 패시브 투자에 대한 반발이 액티브 투자라고 하겠습니다. 액티브 투자 지지론자들은 패시브 투자의 산업 자체는 좋은데 평균 이상의 종목을 찾기 어려운 초기시장과 비교우위 기업을 고르기 힘든 경우에만 한정하라고 권합니다.

다만 장기적으로 볼 때 액티브 투자의 수익률은 지수투자에 미달하는 경우가 많고 운용보수가 비싸다는 부담도 있어 액티브 투자는 단기간 운용이 더 적합해 보입니다.

주식형 펀드 대다수는 '액티브 펀드'

액티브 펀드(active fund)는 주식시장 전체의 움직임을 상회하는 운용성과를 목표로 하는 펀드로, 우리에게 익숙한 주식형 펀드는 대부분 액티브 펀드입니다. 받아들일 수 있는 위험수준 내에서 최대의 수익을 얻고자 하는 투자방법으로서 코스피와 같은 시장평균수익률을 목표로 하는 패시브(인덱스) 펀드보다 공격적입니다.

액티브 펀드의 주인공은 펀드매니저라고 할 수 있으니, 유망한 종목을 발굴하고 적절한 매수·매도 시점을 결정하고 투자 포트폴리오를 탄력적으로 운용하는 등의 적극적이고 과감한 전략을 통해 시장수익률을 초과하는 수익률을 올리고자 노력합니다. 즉 펀드매니저의 시장예측 판단력과 역량에 따라 높은 성과를 기대할 수 있으며, 대부분 주식형 펀드로 운용됩니다.

국내의 액티브 펀드들은 통상 '코스피200 지수'보다 높은 수익률을 목표로 합니다. 패시브 펀드라고도 불리는 인덱스 펀드가 코스피 등 주가지수 흐름을 복사한 종목들을 선택해 운용함으로써 지수 상승률만큼의 수익률을 추구하는 소극적인 투자라면, 액티브 펀드는 그보다 높은 수익률을 얻기 위해 공격적으로 투자하기 때문에 변동성과 리스크가 크고 안정성이 떨어집니다.

액티브 펀드는 또 판매수수료와 매니저 보수, 거래비용이 인덱스 펀드보다 높고 운용회사의 조직이나 펀드매니저의 능력이 펀드의 성과를 좌우하는 특징이 있습니다. 액티브 펀드는 특정 테마의 강세가 예상될 때 적극적으로 비중을 조절하며 대응할 수 있어 중소형주와 배당주 등이 강세를 보일 때 좋은 성과를 냅니다. 대체로 단기 투자수익률은 높을 수 있으나 장기 투자수익률은 인덱스 펀드에 비해 낮은 경우가 허다합니다.

또한 성장형 종목에 투자하는 만큼 주력산업의 성장률이 떨어지고 저성장 국면에 접어들면 성과가 하락하는 단점도 있습니다. '장기적으로 보면 액티브 펀드의 90%가 지수보다 성과가 저조하다'는 분석도 있습니다. '잘 고르면 대박, 잘못하면 쪽박'이 액티브 펀드의 두 얼굴입니다.

액티브 ETF의 등장, 다시 열린 액티브 펀드 시대

2008년 글로벌 금융위기 이후 10년간은 인덱스 펀드를 비롯한 패시브 투자 전성시대였습니다. 액티브 투자의 수익률은 무너진 반면 패시브 투자의 위험관리 능력이 부각되었기 때문입니다. 그 결과 액티브 펀드, 즉 주식형 펀드는 이제 한물갔다는 평가가 대세였습니다. 그러다가 2020년 코로나19를 계기로 시장은 또 바뀌었습니다. 다시 액티브의 시대가 열린 것입니다. 액티브 펀드가 새로 뜬 이유는 역설적으로 패시브 펀드로 출발한 EIF의 활성화와 관련 있습니다.

ETF 비중을 70~80% 정도 기본으로 깔아둔 다음 펀드매니저가 투자금의 20~30%를 적극적으로 운용하는 것이 추가수익을 올리는 방법임이 확인된 것입니다. 반도체 투자를 예로 든다면 자금의 70~80%는 반도체 ETF에 넣고 20~30%는 기술력이 뛰어난 소부장 업체를 발굴해 집중매수하는 방식으로 안정성과 수익성을 동시에 만족시키는 것입니다. 액티브 ETF는 우리에게 익숙한 주식형 펀드를 증시에 상장한 상품으로서 '액티브 펀드'와 '패시브 ETF'의 장점을 고루 갖췄다는 평가를 받고 있습니다.

그렇지만 최근의 액티브 ETF는 완전한 의미의 액티브 투자는 아닙니다. 자본시장법에 따라 지수 등 벤치마크를 0.7 이상 추종하도록 한 상관계수 규정 때문입니다. 즉 투자비중의 70%는 벤치마크를 추종하되 30%까지만 매니저들이 자율적으로 종목을 선택할 수 있도록 하고 있습니다. 70%의 패시브와 30%의 액티브를 합쳤다고 하는 게 솔직한 표현입니다.

ETF의 본고장 미국은 물론이고 동아시아 금융의 허브인 홍콩 또한 국내 ETF와 같은 '상관계수 유지'를 의무화하지 않습니다. 또한 미국의 액티브 ETF는 포트폴리오를 바로 공개하지 않고 한 달이나 한 분기 뒤에 공개함으로써 운용전략 노출을 방지할 수 있는 반면, 국내 액티브 ETF는 투자 포트폴리오를 매일매일 공개해야 합니다.

그래서 국내 운용업계는 불만이 없지 않습니다. 이러한 몇 가지 문제점에도 불구하고 액티브 ETF는 해외는 물론이고 국내에서도 투자 시장의 새로운 트렌드로 자리매김했습니다.

'1년에 185% 수익', 액티브 ETF 인기몰이

미국의 액티브 ETF는 2014년 출범한 자산운용사 '아크인베스트먼트'가 주도한 셈입니다. 국내 투자자들에게 '돈나무 언니'로 알려진 캐시우드 대표의 주도로 성장주 위주의 액티브 ETF를 잇달아 선보이며 화려한 성적을 올렸습니다. 특히 ARKG(바이오 기업 투자 ETF)는 코로나19 수혜도 받았지만 2020년 한해 185%라는 괴력의 수익률을 올렸고, ARKK(148%)와 ARKW(150%), ARKF(101%)까지 4개 종목이 100%가 넘는 수익률을 기록했습니다. 아크인베스트먼트의 성공을 계기로 미국 ETF 시장에서는 액티브 ETF가 새로운 대세로 부상했으며, 2021년 4월 말 기준으로 557개, 250조 원 규모의 액티브 ETF가 상장되었습니다. 전체 ETF 시장의 3.6%에 해당합니다.

국내증시에서 주식형 액티브 ETF는 2021년 상반기에 본격적으로 선보였습니다. 2021년 5월 25일 상장된 8개 액티브 ETF가 대표적입니다. TIGER글로벌BBIG액티브ETF, TIME폴리오BBIG액티브, TIGER퓨처모빌리티액티브ETF, 네비게이터친환경자동차밸류체인 액티브 등인데, 이들 ETF는 25개 안팎의 기업을 포함하고 있습니다.

국내 액티브 ETF의 힘은 출범 두 달 만에 확인되었습니다. 횡보장 속에서도 8개 모두 플러스 수익률을 올린 데다 TIME폴리오BBIG

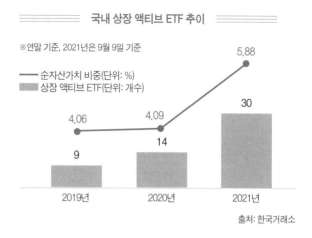

※연말 기준, 2021년은 9월 9일 기준

5.88

━━━ 순자산가치 비중(단위: %)
▨▨▨ 상장 액티브 ETF(단위: 개수)

4.06　　　　　4.09

30

14

9

2019년　　　　2020년　　　　2021년

출처: 한국거래소

액티브의 경우 불과 두 달 만에 14.2%의 고수익을 기록했습니다. 패시브 ETF와 달리 적극적인 종목교체와 공격적인 리밸런싱(편입비중 조정)이 주효했다는 평가를 받습니다.

2021년 9월 현재 국내증시의 액티브 ETF는 주식형 16개, 채권형 14개 등 모두 30개이며, 순자산가치 합계는 3조 8천억 원으로 502개 전체 ETF 시장의 5.88%에 이르는데 '투자의 대안'이라는 신뢰를 얻으면서 갈수록 성장세가 빨라질 것으로 전망됩니다.

액티브 ETF는 펀드매니저가 개입해 포트폴리오를 시장상황에 맞게 적극적으로 변화를 줄 수 있기 때문에 박스권 장세에서는 패시브에 비해 유리하다는 평가도 있습니다. 액티브 펀드와 액티브 ETF는 전문적인 펀드매니저가 운용하는 만큼 매일 공개되는 투자 포트폴리오를 통해 새로 편입하거나 비중을 높이는 종목은 뭔지, 반대로 처분하거나 비중을 낮추는 종목은 또 뭔지를 챙겨보는 것은 개별 종목 투자자들에게 좋은 정보와 지침이 될 수 있습니다.

레버리지와 곱버스, 청룡열차와 다르다

개인이 할 수 있는 제일 멍청한 일이 인버스에 투자하는 일이며,
두 번째로 바보 같은 일이 인버스에 장기투자하는 것이라는 지적은
주식시장에 발을 담근 개인투자자들이 정말 새겨들을 만합니다.

ETF 투자 가운데는 통상적인 주식투자보다 '고위험 고수익(high risk, high return)'을 노리는 과감한 투자법이 있으니 그것은 바로 레버리지와 곱버스입니다.

레버리지(Leverage)의 본래적 의미는 '수익 증대를 위해 부채, 즉 차입자본을 끌어와 자산매입에 나서는 투자전략'을 뜻하지만 ETF 투자에서는 지수 상승분의 2배 수익을 내기 위한 투자방법을 의미합니다. 강한 주가 상승에 베팅하는 ETF로서 지수가 오르면 상승률 2배가량의 수익을 거둘 수 있습니다.

인버스(Inverse)는 레버리지와 반대로 지수가 하락하는 쪽에 베팅하는 투자법이죠. 인버스의 2배가 이른바 '곱버스'입니다. 레버리지나 곱버스는 운이 좋으면 단번에 높은 수익을 올리기도 하지만 설계구조상 장기투자에 적합하지 않아 손실을 볼 가능성이 높습니다.

기초자산에 해당하는 지수가 등락을 거듭하다 제자리로 복귀할 경우에도 수익률은 오히려 떨어지는 구조이기 때문입니다. 이른바 '음(陰)의 복리효과'입니다.

놀이동산의 롤러코스터(roller coaster), 일명 청룡열차는 심한 오르내림을 반복하며 탑승자들에게 극도의 스릴과 박진감을 안겨준 다음 원래의 출발지로 돌아가지만, 레버리지나 곱버스는 지수가 출발점으로 가더라도 승객을 원래 위치에 내려주지 않습니다. 이 원리를 이해하지 못한 채 레버리지나 곱버스에 뛰어드는 것은 매우 무모한 투자입니다.

KODEX레버리지 vs KODEX200선물인버스2X

레버리지는 증시가 대세상승기라고 판단될 때 수익률을 높이기 위한 단기 투자수단으로 사용됩니다. 반대로 인버스나 곱버스는 주식시장이 대세하락기일 때 수익률을 올리기 위한 헤지수단으로 이용됩니다.

국내의 대표적인 레버리지 ETF는 'KODEX레버리지'이며 인버스 상품으로는 'KODEX200선물인버스'가 있습니다. 인버스의 2배인 곱버스는 'KODEX200선물인버스2X'가 대표선수 격입니다. KODEX레버리지는 코스피200 지수의 하루 등락률을 정방향으로 2배 따라가는 ETF이며, KODEX200선물인버스2X는 코스피200 선물지수의 하루 등락률을 역방향으로 2배 추종하는 상품입니다.

지수가 일관되게 오를 때는 레버리지 투자로 평균상승률의 2배

수익을 올릴 수 있으며, 지수가 지속적으로 하락할 경우 인버스나 곱버스 투자자는 오히려 돈을 벌 수 있는 구조입니다. 문제는 지수란 녀석이 일관되게 오르거나 내리지 않고 변덕이 심하다는 데 있습니다. 즉 지수의 본성이 오르내림을 반복한다는 게 레버리지와 곱버스 투자가 어려운 이유입니다.

레버리지와 곱버스 두 상품을 동시에 투자했을 때의 결과를 보면 이해가 쉬울 것 같습니다. A는 코스피 상승을 기대하고 레버리지 ETF에, B는 하락을 예상하고 곱버스에 베팅했습니다. 이후 6개월 동안 코스피는 상승과 하락을 반복하다가 투자 시점 대비 0.2% 상승했습니다. 두 사람 중 누가 돈을 벌었을까요?

지수가 조금이라도 오른 만큼 곱버스에 베팅한 B는 당연히 잃었을 것이고 레버리지에 투자한 A는 조금 벌었을 것 같지만 사실은 두 사람 모두 손실을 봤습니다. 지수는 거의 제자리로 돌아왔지만 손실률은 각각 5~20%에 달했습니다(한국경제신문 2020년 6월 2일자). 레버리지와 곱버스에 장기투자할 경우 '승자'는 없고 모두가 패자가 된다는 뜻입니다. 그 이유는 '음의 복리효과' 때문입니다.

음의 복리효과

음의 복리효과는 복리의 마법과 원리적으로는 유사하지만 방향은 정반대입니다. 지수의 등락이 반복되면서 원금을 까먹는 것을 음의 복리효과라고 합니다.

이해하기 쉽게 예를 들어 설명하겠습니다. 코스피 지수가 1000

일 때 코스피를 2배 추종하는 1만 원짜리 레버리지 ETF가 있습니다. 지수가 10% 하락해 900이 되면 이 레버리지 상품 가격은 20% 내린 8,000원이 됩니다.

다음날 지수가 11.1% 올라 다시 1000이 되었습니다. 그러면 이 레버리지 ETF는 22.2% 올라 9,776원이 됩니다(8,000×122=9,776). 지수는 전과 동일하지만 레버리지 ETF 가격은 224원이 사라졌습니다. 이것이 바로 음의 복리효과입니다. 만약 3배짜리 레버리지 상품이라면 음의 복리효과는 더 커지게 됩니다.

국내 서학개미들은 2021년 9월 30일부터 10월 6일까지 1주일간 나스닥100 지수의 1일 등락률을 3배로 추종하는 '프로셰어즈 울트라프로 QQQ ETF(TQQQ)'를 1,706억 원어치나 순매수하는 통 큰 베팅을 했습니다. 지수가 10% 하락해 900이 되면 1만 원짜리 3배 레버리지 ETF는 7,000원으로 하락하고, 다음날 지수가 11.1% 올라 다시 1000이 되면 ETF 가격은 33.3% 올라서 9,331원이 됩니다(7,000×133=9,331). 지수는 같아졌지만 3배 레버리지 ETF 가격은 669원이 사라지게 됩니다.

지수가 떨어졌다가 다시 회복할 경우 일반 주식투자자는 본전이지만 레버리지 투자자는 손해를 보는 구조입니다. 일반적인 복리효과가 자산을 기하급수적으로 불리는 '마법의 방정식'이라면, 음의 복리효과는 원금을 기하급수적으로 삼켜버리는 '무서운 칼날'이라고 하겠습니다.

레버리지와 곱버스가 어려운 이유

레버리지 ETF는 투자기간의 '누적수익률'이 아니라 '1일 수익률'의 2배, 3배를 따라가게 설계되어 있습니다. 따라서 변동성이 클수록 음의 복리효과는 극대화되어 투자자는 큰 손실을 입게 마련입니다.

극단적으로 지수가 첫날 20% 떨어졌다가 둘째 날 20% 상승, 사흘째 20% 폭락, 나흘째 20% 폭등한 경우를 상정해보겠습니다. 첫날 지수가 20% 하락했으니 레버리지 가격은 40% 하락해 6,000원이 됩니다.

둘째 날 20% 올랐으니 가격은 40% 올라서 8,400원이 됩니다. 셋째 날에 지수 20% 하락, 가격이 40% 떨어지면 5,040원이 됩니다. 나흘째 지수 20% 상승, 가격 40% 상승이면 7,056원이 됩니다. 인덱스 펀드 투자자는 지수가 같으니 수익도 손해도 없지만 1만 원짜리 '2배 레버리지 ETF' 투자자의 손실은 엄청나게 커졌습니다.

음의 복리효과는 곱버스에도 역방향으로 동일하게 적용됩니다. 변동성이 커지면 손해가 눈덩이처럼 커지는 구조입니다. 청룡열차 놀이는 오르내림을 반복하며 스릴과 쾌감을 선사하고 출발지로 돌아가지만 레버리지나 곱버스의 등락은 탑승객에게 심한 손해와 좌절감을 안겨주고 마무리된다는 점을 인식해야 합니다.

레버리지 ETF와 곱버스의 문제는 이뿐만이 아닙니다. 인덱스 펀드와 달리 운용수수료가 높고 배당도 잘 주지 않습니다. 그런데 배당소득세 15.4%를 원천징수합니다.

이밖에도 MDD(Maximum Draw Down, 최대낙폭지수)가 발생해

낙폭이 지나치게 클 경우 상품자체가 사라질 수도 있는 등 여러 가지 단점이 있습니다.

레버리지와 곱버스, 가급적이면 피하자

앞에서 레버리지와 곱버스 투자의 위험성을 충분히 설명했지만 레버리지나 곱버스 투자자는 의외로 많습니다. 개인 매수종목 1위에 오른 날이 허다할 정도입니다. 2020년 11월과 2021년 4~5월경 곱버스 투자는 가히 하늘을 찌를 기세였습니다.

역대 코스피 지수의 평균 PER은 13배인 반면 당시의 평균은 14~15배에 이른 만큼 "주가는 고점이며 반드시 하락장이 온다"는 나름의 경험에 근거한 곱버스 매수열풍이었습니다. 2020년 하반기 2600선이던 코스피가 2021년 상반기 3300선까지 올라갔으니 5~6개월 사이에 곱버스 투자자들이 입은 손실은 계산할 필요조차 없을 것입니다. 염승환 이베트스투자증권 이사는 머니올라에 출연해 이렇게 이야기했습니다.

"고객들을 상담하면 곱버스 하시는 분들은 밤에 잠자기 전에 이런 생각을 한대요. 제발 북한에서 미사일 한방 쏴주고 미중 무역분쟁 더 크게 터지고 대형지진이라도 일어나라. 안 좋은 일인데 내가 먹고 싶으니까. 사람 심리라는 게 그렇게 될 수도 있거든요. 마음이 피폐해지는 투자인 것 같아요."

곱버스는 손실규모도 클 뿐 아니라 정신이 피폐해지는 투자법인 점을 감안할 때 인공지능이 아니라 심장을 가진 사람이 하기에는 벅

찬 기법이라고 생각됩니다.

　사실 인버스는 '주식시장이 망한다'에 베팅하는 건데 지수는 장기적으로는 우상향하므로 성공하기 힘든 투자임이 분명합니다. 개인이 할 수 있는 제일 어리석은 일은 인버스에 투자하는 일이며, 두 번째로 바보 같은 일은 인버스를 장기투자하는 일이라는 지적은 새겨들을 만합니다. 인버스의 2배인 곱버스는 더 말할 나위가 없습니다.

1억으로 16억 만드는
미국 ETF의 힘

각종 거래비용과 운용보수, 세금 등을 모두 감안할 때
만약 동일한 지수를 추종한다면 미국 ETF를 직구하는 것보다
국내에 상장된 해외주식형 ETF에 투자하는 것이 더 유리합니다.

모순투성이 주식투자, 미국 ETF는 다르다

옛날 중국 초(楚)나라의 무기상인이 시장에서 창과 방패를 팔고 있었습니다. 창을 들고 외칩니다. "이 창은 예리함이 천하제일이어서 어떤 방패라도 단번에 뚫어버립니다." 이번에는 방패를 자랑합니다. "이 방패는 견고하기가 천하일품이어서 어떤 창도 뚫지 못합니다." 그러자 한 구경꾼이 묻습니다. "당신의 그 예리한 창으로 견고한 방패를 찌르면 어찌되는 거요?" 말문이 막힌 상인은 얼굴을 붉힌 채 그대로 달아났습니다. 창 모(矛)에 방패 순(盾), 앞뒤가 서로 맞지 않는 상황을 일컫는 '모순(矛盾)'이라는 고사성어가 나온 유래입니다.

그런데 우리가 살아가는 세상의 많은 일에는 이처럼 모순적인 상황이 늘 발생합니다. 투자도 마찬가지입니다. 주식투자를 해본 사람이라면 누구나 '저위험 고수익(low risk, high return)'이라는 모순

적인 로망을 갖게 됩니다. 즉 위험부담은 없이 많은 돈을 벌고 싶은 욕망을 가지고 있는 거죠.

'저위험 고수익'은 애당초 성립하기 힘든 모순이지만 상당히 근접한 해법이 나타났습니다. 바로 미국 ETF입니다. ETF마다 수십 개의 강력한 기업들이 포함되어 있으니 설령 한 종목의 주가가 급락하더라도 다른 종목이 상승하거나 유지할 경우 큰 손실은 없습니다. 저위험, 즉 로우 리스크(low risk)는 확보한 셈입니다.

게다가 미국 ETF의 수익률은 예상 밖으로 높은 편입니다. 2020년 한 해에만 185%라는 극단적인 수익률을 올린 경우를 비롯해 최근 10년간 미국의 대표적인 ETF는 연평균 15% 안팎의 고수익을 기록했습니다. 지금 1억 원을 넣을 경우 20년 뒤에는 16억 원에 이르는 놀라운 성적입니다. 이만하면 '저위험 고수익'이라는 모순을 상당부분 해소했다고 볼 수 있지 않을까요?

현재 미국에는 5천~6천 종의 ETF가 시장에 나와 있으며, 거기에 더해 매년 수백 개의 새로운 상품이 출현하고 있습니다. 국내 시장에 상장된 미국 ETF도 상당수에 이릅니다. 요즘은 새롭게 급부상하는 업종이나 배당주 등에 투자하는 테마형 ETF 투자가 각광받고 있습니다.

ETF가 탄생한 지 채 30년이 되지 않았지만 현재의 미국증시는 단연 ETF가 주도하고 있습니다. "미국 ETF를 알면 투자의 신세계가 보인다"는 말은 그래서 설득력이 있습니다.

미국 ETF, 어떻게 골라야 하나?

미국 ETF의 최대 매력은 연 15%에 이르는 수익률 그 자체에 있습니다. QQQ는 세계 6위의 자산운용사 인베스코(Invesco)가 만든 '나스닥100 지수' 추종 ETF입니다.

지난 10년 동안 QQQ는 연평균 17%의 수익률을 올렸는데 15%라고 보수적으로 계산할 경우에도 1억 원을 투자하면 5년 후에는 2억 원, 10년 뒤에는 4억 원으로 불어납니다. 20년 뒤에는 16억 원이 되고, 40년 뒤에는 256억 원이 됩니다. 만약 젊은이가 사회생활을 시작하면서 QQQ 같은 미국 ETF에 차곡차곡 투자했을 경우, 그가 은퇴할 즈음에는 다른 투자 없이도 100억 원대 이상의 자산가가될 수 있다는 계산이 나옵니다. 놀라운 복리의 힘을 실감할 수 있는 투자시장이 바로 미국 ETF입니다.

그렇다면 미국 ETF에 투자할 경우 수많은 상품 가운데 어떤 것을 골라야 할까요? 안전성과 수수료, 이 2가지 기준이면 충분합니다.

안전성을 체크하기 위해서는 어떤 자산운용사가 ETF를 관리하는지 필수적으로 살펴봐야 합니다. 미국의 3대 자산운용사로는 블랙록(Blackrock), 뱅가드(Vanguard), 스테이트 스트리트(State Street)가 있고, 인베스코(Invesco)와 아크인베스트먼트(Ark investment) 등도 유력 운용사입니다. 이런 대형 운용사가 운영하는 ETF라면 일단 믿어도 됩니다. 글로벌 외환위기와 버블닷컴을 비롯한 수많은 위기를 극복하고 일어선 역전의 회사들이기 때문에 그렇습니다. 참고로 뱅가드가 운용하는 ETF 상품 VOO는 S&P500 지수를 추종하는데 2021년 순유입액이 9월 말 기준 409억 달러, 우리돈 48조 원에 이를 정도로 톱 자산운용사에 대한 투자자들의 기대치는 높은 편입니다.

ETF는 장기투자를 목적으로 하기 때문에 수수료도 중요한 변수입니다. 이 문제는 너무 복잡한 만큼 구체적인 선택과정에서 충분히 살펴봐야 하겠습니다.

미국 ETF 대표선수는 3종

미국 ETF는 수천 종에 이르고 1년에 수백 종이 새로 출시되고 있지만 전통적인 강자는 3가지로 구분됩니다. QQQ, SPY, DIA인데요, 각각 나스닥과 S&P500, 다우지수를 추종하는 미국의 'EIF 대표선수'입니다.

① QQQ

미국의 우량 기술주들이 포진한 나스닥100(나스닥 상위 100종목의 우량주) 지수를 추종하는 ETF로서 8개 안팎의 산업에 분산투자를 하고 있습니다. 티커(ticker 주식에 부여되는 특정코드. 라틴문자와 숫자로 구성) 이름은 'Invesco QQQ trust'입니다. 자산운용사는 인베스코이며, 수수료는 연간 0.2%입니다. 운용자산은 약 2천억 달러, 우리 돈으로 230조 원에 이르는 규모를 자랑합니다. 보유중인 주식의 45.56%를 기술주에 투자하고 있으며 통신주 19.55%, 소비순환재 12.27% 등으로 구성되어 있습니다. 금융주는 전혀 포함되어 있지 않은 것으로 유명합니다.

QQQ에 포함된 상위 10종목은 애플(11%)과 마이크로소프트 (9.82%), 아마존(8.35%)을 비롯해 페이스북, 알파벳(구글), 테슬라, 엔비디아, 페이팔, 인텔 등 누구나 알 수 있는 빅테크기업들입니다. QQQ에 투자하면 글로벌 최상위의 빅테크기업들에 투자하는 것과 다를 바 없는 것입니다.

② SPY

S&P500 지수를 추종하는 대표적인 ETF로서 S&P500에 포함되어 있는 다양한 산업에 분산투자하고 있습니다. 역사가 길고 가장 유명한 ETF이기도 합니다. 정식 티커명은 'SPDR S&P500'입니다. 자산운용사는 스테이트 스트리트(State Street)이며, 연간 수수료는 0.09%, 운용자산은 4,200억 달러 정도입니다. 보유종목의 구성은 기술주 24.15%, 금융주 14.19%, 헬스케어 13.06%로 QQQ에 비해 다양한 산업군에 분산되어 있음을 알 수 있습니다. SPY에 포함된 상위 10종목을 보면 애플 5.9%, 마이크로소프트 5.6%, 아마존 4.05% 등으로 여러 산업에 비교적 골고루 걸쳐 있습니다.

QQQ와 SPY를 비교하면 운용수수료는 QQQ가 2배 정도 비싸며 운용자산 규모는 SPY가 2배 정도 크다는 것을 알 수 있습니다. QQQ는 SPY보다 성장성이 높은 기술주 비중이 높은 만큼 주가의 등락도 심한 편입니다. 높은 성장성을 원하면 QQQ, 안정성을 희망하면 SPY 투자가 상대적으로 유리합니다.

③ DIA

다우존스산업지수를 추종하는 ETF입니다. 참고로 다우존스지수는 미국 시장을 대표하는 대형주 30개로 이뤄져 있습니다. DIA 운용사는 스테이트 스트리트(State Street)이며, 티커명은 DIA, 시가총액은 34조 원 정도입니다. 운용보수는 연 0.16%인데, 0.09%인 SPY보다 높고, 0.2%인 QQQ보다 낮습니다. DIA는 월 배당을 실시하는 큰 장점을 가지고 있습니다. 연간 배당수익률은 1.78%로서 포함하고 있는 종목은 금융서비스 20.42%, 헬스케어 17.79%, 테크놀로지 16.90% 등으로 광범위합니다.

DIA에 포함된 상위 기업으로는 1위 유나이티드헬스, 2위 골드만삭스, 3위 홈디포, 4위 마이크로소프트, 5위 암젠 등으로 다른 대형 ETF와 차이가 있습니다. QQQ에 비하면 성장성이 낮지만 꾸준히 우상향하고 있어 배당수익을 희망하는 안정적인 투자자들에게 인기가 높습니다.

미국 ETF, 어떻게 투자할까?

국내 투자자가 미국 ETF에 투자하는 법은 크게 2가지가 있습니다. 첫째 QQQ나 SPY같은 미국 ETF를 직접 매수(직구)하는 방안이고, 두 번째는 국내에 상장한 해외주식형 ETF에 투자하는 방법입니다. 두 방식의 장단점이 나뉘므로 어느 방식이 좋다고는 말할 수 없습니다. 다만 미국증시 투자가 환전문제 등으로 복잡하게 여겨진다면 국내에 상장된 미국 ETF 투자가 좀 더 수월할 수 있습니다. 거래비용과 보수, 세금 등을 감안할 경우 국내에 상장된 미국 ETF에 투자하는 것이 '직구'보다 유리하다고 알려져 있습니다.

① 국내 ETF를 통한 미국 ETF 투자

TIGER(미래에셋자산), KODEX(삼성) 등 국내 자산운용사에서 내놓은 미국 ETF를 사면 국내증시에서 매매하는 방식 그대로 손쉽게 투자할 수 있습니다. 거래편의성이 높다는 말입니다. 해외에 투자하는 국내 ETF 명세서는 네이버를 통해 쉽게 확인할 수 있습니다. 국내증시에 상장된 미국 ETF는 삼성전자 주식을 사는 것과 동일하게 거래할 수 있습니다. 환전문제나 환매수수료도 따로 없이 증권사 HTS나 MTS를 통해 거래하면 됩니다. 종목명에서 ETF를 검색하면 나오는 '미국나스닥100' '미국S&P500' 등이 그것입니다. 국내 ETF를 통해 투자하는 방법은 접근성이 좋고, 환율변동에 따른 리스크를 없앨 수 있습니다. 또한 연간 700만 원까지 세액공제가 가능한 연금저축펀드나 IRP를 ETF로 운용하면 수익금에 대해 원래 세율인 15.4% 대신 3.3~5.5%의 연금소득세만 내면 됩니다.

② 미국 ETF에 직접투자

미국 ETF에 직접투자하기 위해서는 미국 주식투자 때와 마찬가지로 해외거래가 가능한 증권계좌를 개설해야 합니다. 증권사는 거래수수료와 환율우대 여부 등을 참고해서 선택하면 됩니다. 국내 투자자들이 많이 투자하는 미국 ETF는 QQQ와 SPY 등 유명 ETF입니다. 미국 ETF를 직구할 경우 국내 증권사의 ETF를 통할 때보다 운용보수가 훨씬 저렴합니다. 운용보수는 가입기간 중 계속 발생하는 비용인 만큼 장기보유할 경우 미국 ETF 직접투자가 유리할 수 있습니다. 다만 가장 큰 부담은 환전문제인데, 원화로 투자하는 것보다는 달러로 환전한 뒤 매매하는 것이 유리합니다.

미국 ETF를 직구할 경우 연간 매매차익 250만 원 초과분에 대해 22%의 세금이 붙는 점도 알아야 합니다. 투자금의 복리효과를 보기 위해서는 잦은 매매보다는 장기투자가 바람직하다고 조병학 에프앤이노에듀 대표는 충고합니다. 특히 미국 ETF를 직접 매매할 경우 연간 운용보수는 국내보다 낮은 편이지만 매수·매도 시 발생하는 증권사수수료가 만만치 않습니다. 매매 10번이면 증권사수수료가 2~5%에 이르는 점을 감안해야 합니다. 손실과 이익을 합산해 과세하는 것은 미국 직구가 유리한 점입니다. 'A계좌 수익 1억 원, B계좌 손해 1억 원'인 경우 국내 ETF는 A계좌의 1억 원 수익에 세금을 물리지만 미국 등 해외 ETF는 두 계좌의 수익과 손실을 합쳐 0이므로 세금이 없습니다.

해외증시 투자의 시간적·기술적 어려움을 제외하고도 거래비용과 운용보수, 세금 등을 모두 감안할 때 동일한 지수를 추종한다면 미국 ETF 직구보다 국내에 상장된 ETF에 투자하는 것이 더 유리하다고 전문가들은 조언합니다.

돈나무 언니,
다시 웃을까?

돈나무 언니에 대해 독자들도 주목할 필요가 있어 보입니다.
2022년 이후에도 돈나무 언니는 새 혁신기술에 과감히 투자할 것인데,
어떤 종목들일지 글로벌 투자자들의 눈길이 집중되고 있습니다.

관상수로 유명한 장미목의 활엽수로 '돈나무'가 있습니다만, 주
식세계에서 돈나무는 캐서린 D. 우드(Catherine D. Wood) 아크인베
스트먼트(ARK Investment)의 창업자를 지칭합니다.

캐서린의 애칭인 캐시(Cathie)가 '돈(현금)'을 의미하는 캐시
(cash)와 발음이 같고 우드(wood)가 '나무'를 뜻한다는 점에 착안해
여성 CEO 캐서린 우드를 돈나무 언니(또는 돈나무 누나)라는 별칭으
로 부르는 것입니다.

캐시우드는 2014년 아크인베스트를 창업한 이후 성장주를 발굴
해 과감한 투자를 진행해 왔습니다. 세상 사람들이 아크인베스트를
통해 '액티브 ETF'의 진가를 알게 되었다고 해도 과언이 아닙니다.

'성장주의 여신'으로 불릴 정도로 '고위험·고수익' 투자를 지속
해온 캐시우드는 단맛만큼이나 쓴맛도 경험했습니다. 2020년 코로

나 위기에는 경이적인 투자수익률을 기록했지만 2021년 들어 수익률이 꺾이면서 투자자들을 오도하고 있다는 비판도 들었습니다. 세간의 찬사와 비난에도 아랑곳하지 않고 성장주에 베팅하는 '돈나무 언니'가 2020년의 영광을 다시 재현할 수 있을지 그녀의 행보가 주목됩니다.

우리가 돈나무 언니를 주목하는 이유는 단순히 투자수익률이 높아서가 아닙니다. 투자수익률로만 따지면 아크인베스트를 추월할 자산운용사는 언제든지 출현할 것입니다. 탁월한 성장주를 찾아내고 과감하게 투자를 결정하는 돈나무 언니의 지혜와 열정을 공부하자는 뜻에서 소개하는 것입니다.

2020년 최고 수익률 185% 맹위를 떨친 캐시우드

모든 전쟁에는 영웅이 출현합니다. 진폭이 상당히 컸던 2020년의 글로벌 투자전쟁에서는 캐시우드라는 영웅이 탄생했습니다. 코로나19의 대유행으로 2020년 전 세계 주식시장은 예전에 없던 폭락과 폭등을 경험했고, 그런 와중에 성장주들의 실적이 돋보였습니다. 성장주에 과감히 투자한 돈나무 언니의 자산운용사 아크인베트스의 성적은 단연 최고였습니다.

캐시우드는 아크인베스트를 설립한 2014년부터 영웅의 싹수를 나타냅니다. 전기차업체 '테슬라'를 보는 선구안이 남달랐습니다. 2017년 TV방송에 나와 당시 60달러였던 테슬라 주가가 향후 5년 안에 4천 달러를 넘어설 것이라고 호언장담했습니다. 사방에서 비웃

음이 터졌지만 불과 3년 만에 현실화되자 모두가 그녀의 혜안을 인정하기 시작했습니다(테슬라는 2021년 8월에 5분의 1로 액면분할했기에 4천 달러는 그 이후 주가로 800달러인 셈입니다. 테슬라 주가는 2021년 11월 현재 1,100달러대입니다).

돈나무 언니가 집어준 바이오 종목들의 수익률도 경이로운 수준이었습니다. 퍼시픽바이오 주가는 1년새 20배, 인바이테는 7배나 올랐습니다. 이런 기세를 타고 2020년 'ARK ETF 시리즈들'은 최고 185%에 이르는 수익률을 기록하면서 액티브 ETF 전성시대를 열었습니다.

캐시우드는 한 인터뷰에서 "왜 페이스북과 애플, 아마존, 넷플릭스, 구글 등 빅테크 주식을 사지 않느냐?"는 질문에 "빅테크는 내게 안전자산과 같다"면서 "세상의 판을 완전히 뒤집어 폭발적인 상승세를 보여줄 기업을 사냥하는 것이 내 목표다"라고 말했습니다.

아크인베스트는 2021년 1월 글로벌 ETF 순유입액 82.7억 달러를 기록하면서 세계 3대 자산운용사로 꼽히는 뱅가드와 블랙록, 스테이트 스트리트 중 뱅가드 다음으로 2위에 오르는 기염을 토하기도 했습니다. 또한 한국예탁결제원에 따르면 아크인베스트는 2021년 1월 31일 기준으로 최근 3개월간 한국인이 가장 많이 산 미국 주식 3위로 조사된 바 있습니다. 2021년 1월이 아크인베스트의 절정이었던 셈입니다.

많은 투자자들은 교주를 따르는 신도마냥 캐시우드에 환호했습니다. 돈나무 언니라는 애칭은 발음상의 유사점보다 캐시우드가 보여준 실적에 대한 칭송처럼 들렸습니다. 특히 2020년부터 2021년 초반까지 아크인베트스의 성적은 화려했습니다. 테슬라를 비롯한 성장주에 대폭 투자했고 결과는 멋진 성공이었습니다.

2021년 '아반꿀'의 굴욕

돈나무 언니는 그러나 2021년에 적잖은 손실을 입었습니다. 2021년 상반기 미국 10년물 국채금리가 1.7~1.8%로 치솟으면서 가치주들은 수혜를 입었지만 성장주들은 큰 타격을 받았는데, 성장주 위주로 투자했던 캐시우드와 아크인베스트가 이 파도에 당한 것입니다.

2021년 3월 말 야심작으로 띄운 우주항공 ETF, ARKX의 수익률이 부진한 것을 시작으로 캐시우드의 성적은 마이너스로 추락했고, 그녀에 대한 세간의 평은 하락했습니다. 그녀가 최고 탑픽으로 꼽았던 테슬라 주가의 지체와 비트코인의 약화가 결정타였습니다.

돈나무 언니에 대한 서학개미들의 칭송은 수익률 하락과 함께 원망으로 바뀝니다. 2021년 5월 한국 투자자들만도 5천억 원 가까이 보유하고 있던 ARKK ETF는 2월 대비 30% 넘게 하락했고, 투자자들 사이에서는 '아반꿀'이라는 말이 생겨났습니다. '아크인베스트와 반대로 해야 꿀수익을 얻는다'는 조롱 섞인 말입니다. 수익률에 실망한 투자자들은 아크인베스트에서 돈을 빼내기 시작했습니다.

캐시우드와 아크인베스트에 실망하기는 개인들만이 아니었습니다. 2021년 7월 JP모건은 "캐시우드가 닷컴버블의 특징을 보여주면서 투자자들을 불트랩(bull trap)에 빠뜨리고 있다"고 지적했습니다. 불트랩이란 주가가 고점인 상황에서 더 오를 것으로 기대하고 매수했지만 약세장이 시작되는 상황을 말합니다. 한마디로 캐시우드가 투자자들로 하여금 상투를 잡게 만들고 있다는 비판입니다. 그러나 이런 지적에 위축될 돈나무 언니가 아니었습니다.

다시 뛰는 돈나무 언니

캐시우드는 쉽게 꺾이지 않았습니다. 성장주에 대한 믿음을 저버리지 않았고 자신의 뚝심을 밀고 나갔습니다. 테슬라를 포함한 대형 기술주가 적잖은 조정을 받았지만 캐시우드는 눈 하나 깜짝하지 않고 저점매수에 나서 주목을 받았습니다.

중국의 성장주들에 대한 투자도 많았지만 중국 당국이 빅테크 기업들을 규제하고 나서자 미련 없이 처분하는 과감성도 보였습니다. 2021년 7월 13일 캐시우드는 "IT 대기업을 비롯한 중국 기술주는 중국정부가 막대한 영향력을 가지고 있어 시장의 평가가 원점으로 돌아갔다"고 규정한 다음 알리바바와 바이두, 텐센트 등 아크인베스트에 많은 캐시플로우를 안겨주었던 중국 기술주들을 과감히 정리했습니다. 반대로 미국 기술주의 가치는 더 높아졌다고 평가해 미국 테크기업들을 더 많이 담기 시작했습니다.

2021년 7월 이후 성장주 시대가 다시 열리면서 아크인베스트의 수익률은 상승곡선을 타는 듯 보였습니다. 하지만 미국 장기채금리 상승으로 수익률은 다시 추락했고, 급기야 9월에는 1주당 3천 달러까지 오를 것으로 본다던 테슬라 주식 3천억 원 어치를 750달러 근처에서 처분했습니다.

돈나무 언니의 미래가 장밋빛일지, 아니면 검은색일지 2021년 말 현재 시점에서는 '판단보류'입니다. 그럼에도 자신이 정한 투자 철학에 기반해 신속하고 과감하게 행동하는 돈나무 언니의 행보는 동시대 투자자들에게 깊은 통찰을 주고 있습니다.

돈나무 언니가 주목하는 '15개 미래 혁신기술'

글로벌 투자자들에게 돈나무 언니 열풍이 거센 이유는 높은 수익률 때문만은 아닙니다. 투자의 투명성이 한몫을 합니다.

월가의 대형투자업체들이 비밀주의로 일관한다면 아크인베스트는 돈이 될 만한 종목들을 찾아내 모든 투자자들에게 투명하게 공개하는 전략을 펴고 있습니다. 아크인베스트가 2017년부터 발간하고 있는 자료집 〈Big Idea 시리즈〉가 대표적인 사례입니다. 2021년 1월에 발간한 〈Big Idea 2021〉에서는 15가지 미래 유망업종을 선정해 공개했습니다.

돈나무 언니가 선정한 15가지 미래 유망업종은 '①딥러닝 ②데이터 센터 ③가상세계(메타버스 내 게임관련 결제를 중시) ④전자지갑 ⑤비트코인: 펀더멘탈 ⑥비트코인: 기관투자 ⑦전기차 ⑧자동화 설비 ⑨자율주행(로보택시) ⑩드론 배송 ⑪항공우주산업 ⑫3D 프린팅 ⑬염기서열분석기술 ⑭암 조기검진 ⑮2세대 세포·유전자 치료'입니다.

많은 시사점을 주는 내용인 만큼 독자들도 주목할 필요가 있어 보입니다. 2022년 이후에도 돈나무 언니는 새로운 혁신기술에 과감히 투자할 것인데 어떤 종목들일지 글로벌 투자자들의 눈길이 집중되고 있습니다.

8장

거인들 어깨에 올라타야
넓은 세상이 보인다

왕에게 맛있는 과일나무가 있었습니다. 왕은 과일나무를 지키기 위해 경비원 둘을 고용했습니다. 한 사람은 소경이고 또 한 사람은 절름발이였습니다. 어느 날 두 사람은 과일이 먹고 싶었습니다. 조용히 상의한 끝에, 눈이 성한 절름발이가 다리가 튼튼한 소경의 어깨 위에 올라탔습니다. 절름발이는 소경에게 방향을 지시해 과일이 있는 곳으로 안내했습니다. 두 사람은 맛있는 과일을 마음껏 먹었습니다. 화가 난 왕이 두 사람을 문초했으나 소경은 "저는 앞을 보지 못해 열매를 딸 수가 없습니다"라고 하고, 절름발이는 "저는 다리가 아파 높은 나무에 올라갈 수 없습니다"라고 해명했습니다. 왕은 결국 두 사람을 처벌하지 못했습니다. 탈무드에 나오는 이야기입니다. 두 사람의 힘과 지혜를 합치면 못할 일이 없다는 교훈을 담은 우화지만 주식투자에도 적용할 수 있는 통찰이 담겨 있습니다.

여기에서 맛있는 과일은 바로 좋은 주식이 아닐까요? 보통의 개인들이 주식투자에 실패하는 이유는, 다리(투자금)는 논외로 하더라도, 무엇보다 좋은 주식을 골라내는 눈이 없는 탓입니다. 달콤한 과일을 얻기 위해서는 튼튼한 다리와 함께 좋은 눈이 필요하듯이, 주식투자에 성공하기 위해서는 탁월한 선구안을 가진 투자 귀재들의 지혜를 빌려야 합니다.

여러 주식천재들 중에서도 '가장 좋은 눈'을 지닌 사람은 단연 워런 버핏입니다. 버핏이 말하는 주식투자의 첫 번째 규칙은 '절대로 돈을 잃지 말라'는 것입니다. 버핏의 두 번째 규칙은 '첫 번째 규칙을 절대로 잊지 말라'입니다. 잃지 않는 투자법이야말로 투자세계의 거인들이 늘 염두에 두었던 제1의 원칙입니다. 버핏은 '돈을 잃지 않기 위해' 투자할 만한 가치가 있는 기업인지를 먼저 분석하고 움직일 것을 강조합니다. 우량기업이라고 판단되면 10년 이상 장기 보유해도 좋지만 그럴 생각이 없으면 10분도 보유하지 말라고 충고합니다. 월가의 영웅으로 불리는 피터 린치 역시 '철저한 분석과 공부'를 선구안의 비결로 내세웁니다. 그는 "사람들이 부동산으로 돈을 버는 반면 주식으로는 잃는 이유가 있다. 집을 고를 때는 몇 달을 투자해 살펴보지만 주식은 몇 분 만에 매매를 끝마치기 때문이다"라는 의미심장한 말을 남겼습니다.

　워런 버핏과 피터 린치 못지않게 국내의 투자 전문가들도 깊이 있는 통찰을 제시하고 있습니다. 역동성 높은 한국증시에 대응할 맞춤형 전략을 그려준다는 점에서 국내 고수들의 투자철학은 특히 주목할 만합니다. 내공 깊은 고수들의 조언은 일반 투자자들에게 높은 단계의 눈, '절대로 돈을 잃지 않는' 성공투자의 안목(眼目)을 선물할 것입니다. 8장은 주식투자 분야 국내 고수들의 통찰력 있는 충고와 전략으로 꾸며보았습니다.

"사교육비 대신 주식에 투자하라"- 존리

주식은 계속 돈을 벌어다주는 동업자이고 나중에 자식에게 물려줄 수도 있는 평생자산인 만큼 가능한 길게 갖고 가자는 것이 존리 대표의 충고입니다.

"여윳돈 1억 원이 있다면 한꺼번에 투자하라"는 유튜브 영상은 조회수 131만 회로 머니올라 최고인기 동영상입니다. 적극적이고 과감한 투자지론을 펼치는 주인공은 존리 메리츠자산운용 대표입니다. 2020년 국내 주식시장에서 동학개미운동이 확산하는 와중에 '존봉준(존리＋전봉준)'이라는 영광스런 별명을 얻은 인물입니다.

존리는 우리가 왜 투자를 해야 하는지에 대한 통찰과 함께 어떤 투자법이 좋은지도 친절하게 설명합니다. 투자에 육하원칙이 있다면 '왜 투자를 해야 하는지?'와 '어떻게 투자해야 할지?'에 대해 답변을 하는 분입니다. 삼성화재 주식을 15년 보유해 200배를 번 전설의 투자자답게 장기투자를 권장합니다.

"금융문맹에서 탈출하라"

존리 대표는 대한민국 사회의 가장 큰 문제점으로 금융문맹을 지적합니다. 거의 질병이라고 말합니다. 금융문맹의 사전적 의미는 '금융에 대한 지식이 부족해서 돈을 제대로 관리하거나 활용하지 못하는 상태. 또는 그런 사람'을 말합니다.

우리 국민들이 금융자산에 투자할 때 가장 선호하는 대상은 은행예금이 91.5%이고, 주식은 4.4%라는 점이 금융문맹의 증거라는 것입니다. '내가 돈을 위해 일하는 것이 아니라 돈이 나를 위해 일해야 한다는 것을 깨닫는 것'이 금융문맹 탈출의 시작이라고 존리 대표는 말합니다.

그러면서 돈이 일하게 만드는 가장 현실적인 방법은 주식투자라고 덧붙입니다. 주식투자는 좋은 기업과의 동업으로서 기업의 성장성에 올라타는 일이기 때문에 최우선적으로 권한다고 말합니다. 주식투자는 개인만이 아니라 국가에도 도움이 됩니다. 금융에 돈이 돌아야 기업이 살아나고, 국가경제도 장기적으로 성장할 수 있다는 것입니다. 존리 대표의 말입니다.

"대표적인 금융문맹의 나라는 일본입니다. 일본은 제조업을 통해 상당한 돈을 벌었지만 금융에 대한 이해가 부족했기에 그 자금이 금융자산으로 투입되지 못했습니다. 일본인이 제조업으로 번 돈은 부동산과 은행예금에 들어갔습니다. 그러니까 일하지 않는 돈이 된 거죠. 경제가 선순환하기 위해서는 금융에 돈이 들어가서 새로운 기업을 창출하고 기업을 건강하게 키워야 되는데 일본은 자금이 부동산과 예금에 묶였던 거죠. 그래서 아무리 돈을 찍어내도 민간기업이 살아나지 않고 계속 침체되는 것입니다.

지난 30년간 일본이 겪었던 일인데 한국도 지금 일본이 걸었던 길을 가고 있습니다. 금융문맹에서 탈출하는 게 너무도 중요하고 시급한 일입니다."

유동성 홍수시대에 살고 있는 만큼 나의 돈을 지키기 위해서라도 주식투자는 필수라는 것입니다. 그런데 주식투자를 하려면 여유자금이 필요하겠죠? 당장 사교육비부터 끊고 좋은 기업에 꾸준하게 투자할 것을 권합니다. 일하지 않는 돈인 부동산을 끼고 있는 것도 잘못이라면서 월세를 살 각오로 부동산에 묶인 자금을 증시로 돌리라고 촉구합니다.

"사교육 대신 주식계좌를 만들어주라"

대한민국 부모들은 자식에게 재산을 물려주기보다는 교육을 시키는 것이 낫다고 믿습니다. 그러나 존리 대표의 생각은 다릅니다.

"자녀들한테 재산을 주는 것보다 물고기 잡는 걸 가르쳐주는 게 중요하잖아요. 그런데 공부를 물고기 잡는 법이라고 생각하는 게 잘못입니다. 그게 금융문맹의 대표적인 사례입니다. 자녀들이 금융을 알고 투자를 하게 만들어야죠.

사교육으로 자녀가 물고기를 잡는 법을 배운 게 아니라 단순히 국영수 성적 올리는 법을 배운 것입니다. 옛날 과거시험 공부하듯이 말입니다. 상당수 노인층이 노후준비를 못한 이유가 자녀들에게 들인 사교육비 때문이라고 해요. 사교육비 투입은 부모들만 잘못되는 것이 아니라 자녀에게도 도움이 안 됩니다.

만약 자녀에게 주식계좌를 만들어주고 사교육비를 주식에 투자했다면 아이는 20~30년 후 큰돈을 가질 수도 있고 창업도 할 수 있어요. 그런데도 옆집에서 비싼 학원 보낸다고 덩달아 좋은 학원에 보내는 건 돈을 무의미하게 써버리는 거죠. 그 돈이 증시에 투자되고 금융자본으로 활용되어야 새로운 기업이 생기게 되고, 자녀들이 창업도 하게 됩니다.

미국도 미성년자는 주식계좌를 만들 수 없어 부모들이 대신 만들어줍니다. 트러스트라는 제도가 있어요. 미국의 유태인들은 왜 부자가 되느냐? 13세 때 성인식을 하는데 이젠 어른이 되었으니 스스로 책임지라고 하면서 가족들이 돈을 모아줍니다. 5천만~6천만 원쯤 되는 돈을 주면서 투자하라고 가르칩니다.

유태인이든 일반 미국인이든 어려서부터 자연스럽게 주식이 무엇인지, 투자가 어떤 것인지를 접하는데 한국은 정반대예요. 오히려 주식하면 안 된다고 가르칩니다. 주식을 안 하고 어떻게 부자가 될 수 있을까요?

주식투자를 하는 것보다 하지 않는 게 위험합니다. 한국도 이제 깰 때가 왔어요. 자녀들에게 주식계좌를 만들어주고 어려서부터 투자하는 습관을 키워줘야 합니다. 국영수 성적을 올리기 위해 쓰는 사교육비부터 투자금으로 돌려야 합니다."

"401K식 장기적립식 투자가 최고"

서두에서 언급했듯이 존리 대표는 '왜 투자를 해야 하는가?'와 함께 '어떻게 투자할까?'에 대해서도 답변을 합니다. 한마디로 "적립식 장기투자가 정답"이라는 지론입니다.

미국의 퇴직연금제도인 401K의 장기적립식 투자방법을 모델로 삼고 있습니다. 401K는 레이건 대통령 시절인 1981년에 도입된 퇴직연금제도로서 월급여의 10%까지 주식형펀드에 투자하면 세금혜택을 줍니다. 60세가 되어야 찾을 수 있으며, 그 이전에 찾을 경우 세금을 강하게 매깁니다.

한마디로 401K는 장기투자와 복리효과를 발휘하면서 직장인들이 노후에 자본가가 될 수 있도록 유도하는 제도입니다. 일반인들이 적립식 주식투자로 백만장자가 될 수 있는 구조이기에 미국은 거대한 자금이 계속 주식시장으로 유입되고 있습니다. 존리 대표의 말은 계속 이어집니다.

"미국 주식시장은 강물이 넘치듯이 돈이 들어오는 시스템을 만들었습니다. 가장 중요한 것이 401K 퇴직연금입니다. 입사하자마자 봉급의 10%를 뗍니다. 60세까지 이 돈은 없다고 생각합니다. 그러면 세금을 깎아주죠. 만약 1만 달러를 넣으면 회사가 절반인 5천 달러를 납입하므로 가입 안할 이유가 없죠. 401K가 미국을 엄청난 나라로 만들었습니다. 자본시장에 돈이 넘쳐 나니 새로운 기업생태계가 생긴 거죠. 페이스북·구글·애플 같은 창의적인 기업들이 만들어질 수 있었던 것입니다.

한국에도 IRP 같은 퇴직연금이 있지만 원금보장이라는 이름으로 대부분 주식보다 은행예금으로 들어가 있습니다. 그것도 금융문맹입니다. 돈이 일하게 하는 것을 모르는 것입니다. 사실 은행예금이 가장 위험한 돈입니다. 갈수록 가치가 떨어지잖아요. 돈이 일하게 해야 하는데 그런 인식이 부족한 거죠. 이제 한국은 시간이 없어요. 일본의 모델을 따라갈 거냐, 유태인의 모델을 따라갈 거냐를 결정해야 해요."

그래서 존 리 대표는 매달 일정한 금액을 꾸준히 주식시장에 투입할 것을 제안합니다. 주가가 오르면 투입된 자금의 가치가 올라서 좋고, 주가가 내리면 같은 돈으로 더 많은 주식을 살 수 있으니 나쁘지 않다는 것입니다. 장기적립식 투자의 가장 큰 장점은 복리효과입니다. 투자로 늘어난 수익금이 재투자되기 때문입니다. 특히 장기투자는 복리의 효과를 극대화할 수 있습니다.

적립식투자가 아니더라도 존 리 대표는 가능한 오랫동안 주식을 갖고 있어야 한다는 지론입니다. 주식은 10~20% 벌 목적으로 하는 것이 아니라 기업의 일부를 가진다는 개념으로 투자해야 한다는 것입니다. 조금 올랐다고 파는 것은 카지노게임 같은 도박이지 투자(invest)가 아니라는 것입니다. 게임식으로 매매하다 보면 돈을 잃을 수밖에 없다고 말합니다.

"주식은 왕도가 없습니다. 좋은 회사 아니면 좋은 펀드를 골라서 꾸준하게 투자해서 오랜기간이 지나면 부자가 되는 간단한 원리입니다. 그런데 사람들은 빨리 부자가 되고 싶다는 생각에 샀다 팔았다 하다가 실패합니다."

기업을 잘 모르는 개인들로서는 특정종목에 직접투자하기보다는 펀드투자가 더 안전하다고 존 리 대표는 권유합니다.

주식을 팔아야 할 예외적인 상황은?

주식은 가능한 오래 보유해야 한다는 것이 존 리 대표의 투자지론입니다. 주가가 내릴 것 같아서 판다는 것은 투자가 아니라 도박이라는 것입니다. 1990년대 저평가된 삼성화재 주식을 사고서는 15년간 보유해 200배의 수익을 올린 고수답게 가능한 우량주를 매수한 다음 10년, 20년 묻어둘 것을 제안합니다.

그렇지만 주식을 팔아야 할 상황도 있다고 조언합니다. 첫째, 갑자기 주가가 폭등해서 본래의 가치보다 훨씬 높은 주가가 되었을 경우입니다. 어떤 모멘텀이나 뉴스로 내재가치 이상으로 올랐을 경우에는 팔아야 한다는 것입니다.

둘째, 새로 투자하고 싶은 더 좋은 기업을 발견했을 경우입니다. 정말 좋은 혁신기업이 나타났을 때 가진 자금이 모자란다면 기존의 주식을 팔아서 현금을 확보해야 하는 것입니다.

셋째, 세상이 변해서 내가 투자한 기업이 예전의 경쟁력을 지니지 못하는 경우입니다. 강력한 경쟁자가 출연하거나 독점적인 기술력을 잃고 돈을 제대로 벌지 못할 경우에는 더 이상 가져갈 이유가 없다는 것입니다. 넷째, 회사의 경영진에 문제가 생겼을 경우입니다. 오너 집안의 싸움이 언론에 보도되는 기업 등 '동업'할 상황이 못 되는 경우에도 매도를 생각해야 합니다.

주식은 계속 돈을 벌어다주는 동업자이고 나중에 자식에게 물려줄 수도 있는 평생자산인 만큼 이런 4가지 경우를 제외하고는 가능한 길게 갖고 가자는 것이 존리 대표의 충고입니다.

주식 10년 보유, 왜 위험한가? _ 박세익

박세익 대표는 좋은 주식을 발굴해서 '적당히 들고 있다가' 적절히 처분한 다음
새로운 말(馬)을 찾아 떠나는 투자법을 제안합니다.
즉 '시대흐름에 맞는 주식'을 골라내는 선구안을 더 중시합니다.

"주식에 장기투자하는 것이 좋은가, 단기투자하는 것이 더 유리한가?" 이 질문은 사실 오래된 논란이죠. 체슬리투자자문의 박세익 대표는 장기투자를 권하는 앞서 소개한 존리 대표와 생각이 조금 다릅니다.

한국에서는 장기투자가 능사는 아니라는 것입니다. 장기투자를 해야 할 종목도 없지는 않지만, 주식을 5년, 10년 길게 보유하는 것이 오히려 위험할 수도 있다는 것입니다. 미국과 달리 시장의 색깔이 재빨리 바뀌기 때문이라는 것입니다. 그래서 좋은 주식을 발굴해서 '적당히 들고 있다가' 적절히 처분한 다음 새로운 말(馬)을 찾아 떠나는 투자법을 제안합니다. 적절할 때 사서 적당한 가격으로 파는 것을 제안하는 박세익 대표는 '시대흐름에 맞는 주식'을 골라내는 선구안을 더 중시합니다.

한전 주식을 10년을 들고 있었다면?

장기투자가 능사가 아니라는 이야기를 할 때 박세익 대표는 한전 주식을 대표적인 사례로 꼽습니다. 한전 주식은 1995년 국내증시 시가총액 1위 주식이었고 2005년 시가총액 2위, 2015년 시가총액 4위로 그럭저럭 유지를 했지만 2020년에는 10위권에서 아예 밀려났습니다.

시가총액 순위만 밀려난 게 아닙니다. 2021년 11월의 한전 주가는 2만 1~2천 원 수준입니다. 10년 전인 2011년 7월의 한전주가는 2만 6,500원 안팎이었습니다. 10년 동안 오히려 주가가 내린 것입니다. 10년간의 물가 오름세까지 감안하면 현재 주가는 더 크게 떨어진 셈입니다.

역대 시가총액 상위종목

	1995년	2005년	2015년	2020년
1위	한국전력공사	삼성전자	삼성전자	삼성전자
2위	삼성전자	한국전력	SK하이닉스	SK하이닉스
3위	포항종합제철	LG필립스LCD	현대차	삼성바이오로직스
4위	대우중공업	POSCO	한국전력	NAVER
5위	한국이동통신	SK텔레콤	삼성SDS	셀트리온
6위	LG전자	국민은행	제일모직	LG화학
7위	현대자동차	현대차	아모레퍼시픽	삼성SDI
8위	유공	KT	삼성생명	현대차
9위	신한은행	LG전자	현대모비스	카카오
10위	조흥은행	S-Oil	POSCO	LG생활건강

* 매년 5월 말 기준, 2020년은 6월 10일 기준
출처: 한국거래소

10년간 한전주식에 장기투자한 사람이 있다면 약간의 배당금 외에 적잖은 손해를 봤을 것이 분명합니다(한전은 2018~2019년에는 영업실적이 좋지 못해 배당금도 주지 못했습니다).

문제는 국내증시에서 한전주와 비슷한 사례가 너무나 많다는 점입니다. 시총 10위 이내의 상위종목도 순위가 바뀌고 주가가 하락하기 일쑤인 상황에서, 한 종목만 고집하다가는 실패할 위험이 크다는 것이 박 대표의 주장입니다.

월가의 대표적 비관론자인 '닥터둠' 마크 파버(Marc Faber) 역시 신흥국가에서 주식을 매수한 뒤 무작정 보유하는 것은 위험한 투자일 수 있다고 조언합니다. 신흥국은 성장과정에서 극심한 경기변동을 필연적으로 겪는다는 점을 이유로 듭니다. 큰 경기변동은 기업의 심한 부침을 의미하는 만큼 현재의 우량주가 수년 후에는 가치를 잃기 십상이라는 뜻입니다.

대한민국 경제는 신흥국을 벗어나 선진국에 진입했다고 할 수 있지만 경기변동 양상은 신흥국과 별로 다르지 않습니다. 국내기업은 완성품 업체보다 반도체·배터리 등 소재부품 업체가 많은데 경기에 따른 변동성이 큰 것이 특징입니다. 또한 국내시장이 작은 탓에 수출의존도가 높은데 글로벌 수출경기는 신흥국 시장 못지않게 변동성이 큽니다. 이런 이유로 국내기업의 변동성은 선진국에 비해 큰 편이며 주가의 부침도 빠른 편입니다.

"우량주와 경기주 투자법은 달리해야"

박세익 대표는 그렇다고 단기투자 예찬론자는 아닙니다. 단타매매는 물론이고 1주일 미만의 스윙매매는 초보자에게 위험하다고 말리는 편입니다. 박세익 대표는 해당종목의 시장상황을 먼저 살펴보라고 충고합니다. 시대변화를 주도하는 기업을 찾아야 한다는 것입니다. 그런 점에서 2020년의 카카오·네이버처럼 경제적 해자, 즉 경쟁사가 쉽게 넘볼 수 없는 진입장벽을 보유한 성장주는 장기투자해도 무방하다고 말합니다.

다만 박세익 대표는 강력한 경쟁력을 가진 성장주라도 무조건 장기투자를 하기보다는 주가가 빠르게 오르는 적절한 순간까지 가져갔다면 차익실현을 할 것을 권장합니다. 예컨대 2021년 8월의 카카오는 PBR이 11배인데, 대부분의 혁신기업 주가가 PBR 11~12배에서 멈췄다는 사실을 감안하면 고점에 도달했다고 판단한다는 것입니다. 그러면 카카오에서 차익을 실현한 다음 또 다른 우량주를 찾아 새로운 주식사냥을 떠나야 한다고 권고합니다.

"우량한 주식은 금방 사고파는 게 아니라 10년, 20년 끌고 가야 한다고 얘기하시는 분들도 많잖아요. 워런 버핏은 주식을 사서 10년 보유할 생각이 아니면 사지 말라고 했잖아요. 그러면 워런 버핏은 과연 10년 보유를 하나요? 10년 보유 안합니다. 워런 버핏은 2월에도 애플을 팔았었고요. 3분기 보고서에도 애플을 팔았다고 나옵니다. 적절히 차익을 실현한다는 것입니다. (중략) 애플과 테슬라가 비록 고성장을 한다 해도 기업가치의 상승 기울기가 꺾이면 이 주식을 팔고 또 다른 50%, 100% 오를 종목을 사는 것이 효율성 측면에서 더 좋기 때문에 워런 버핏은 팔았다고 생각합니다."(머니올라 2020년 12월 30일)

박세익 대표는 성장주와 달리 경기에 민감한 주식은 1~2년 사이클을 보면서 차익을 실현해야 한다고 말합니다. 국내경제는 수출주도형 산업구조이기 때문에 글로벌 경기변동에 따라서 업종별 매출과 순이익이 수년마다 주기적으로 등락을 거듭하는 만큼 시장의 주도주가 계속 달라진다는 것입니다. 즉 '철강 → 조선 → 자동차 → 화학 → 정유' 등으로 강세업종이 바뀌는 경기순환의 흐름을 감안한 투자가 적절하다는 것입니다.

경기민감주는 흐름을 잘 타면 엄청난 수익을 안겨줍니다. 2009년 차화정(자동차·화학·정유) 장세 당시 200~300%의 상승장 이후 조정이 왔던 점을 염두에 둬야 한다는 것입니다. 주가는 경기를 선반영하는 만큼 지금 좋은 업종보다 6개월쯤 뒤에 좋아질 섹터를 찾아가며 1년 이하의 주기로 포트폴리오를 변경하는 것이 필요하다고 박세익 대표는 말합니다.

주식투자 성공의 열쇠는?

박세익 대표는 "주식시장은 눈에 보이지 않는 미래를 누가 정확하게 예측했느냐에 따라 보상을 주는 곳"이라고 말합니다. 미래를 제대로 예측만 하면 큰돈을 벌 수 있다는 것이 주식투자의 최대 매력이라는 것입니다. 문제는 미래를 예측하는 노하우입니다. 그래서 어떤 종목에 투자하기에 앞에서 해당기업의 가치를 먼저 체크하라고 권유합니다.

내가 투자하려는 기업이 확장국면에 위치해 있는지 수축국면에 있는지, 제품 수명주기의 관점에서 볼 때 성장기인지 쇠퇴기인지 파악하는 일이 중요하다고 말합니다. 그런 맥락에서 "주식투자자는 새로운 트렌드와 변화의 시작점을 잡아야 한다"고 강조합니다.

그런데 이 같은 변화는 지극히 상식적인 데서 찾을 수 있다고 말합니다. 피터 린치(Peter Lynch)의 책『이기는 투자』제 1장에 나오는 '성 아그네스 학교의 기적' 이야기도 같은 맥락입니다. 성 아그네스의 초등학교 어린이들이 만든 '가상 투자 포트폴리오'가 유명 펀드의 수익률보다도 더 높은 이유를 알아보니 어린이들은 '인기 높은 예쁜 볼펜을 만든 회사'의 주식을 사려고 했다는 것입니다. 한마디로 주식투자자는 '변화의 사냥꾼'이 되어야 하는데 새로운 시대변화를 포착하는 눈은 지극히 상식적이어야 한다는 것입니다.

주식 성공투자의 심리학

박세익 대표가 말하는 주식투자의 심리학은 '착함과 느긋함'입니다. 착한 마음으로 주식을 하라고 강조합니다. 주식의 바닥과 천장은 누구도 알 수 없으므로 바닥에서 사서 꼭지에서 팔려고 하지는 말라는 것입니다. "생선머리는 고양이에게 주라"는 말처럼 내가 다 먹겠다는 것이 아니라 내가 판 주식을 산 누군가도 먹을 게 있다고 생각하는 수준에서 사고팔자는 것입니다. 다른 사람도 기회를 가지도록 하자는 착한 마음으로 주식을 하면 반드시 성공할 수 있다는 것입니다.

욕심과 함께 덜어내야 할 심리는 조급함이라고 말합니다. 2천 개 이상의 종목이 급등락하는 상황에서 오르는 주식을 보면서 '나도 살 수 있었는데' 하며 탄식하거나 '그 때 팔 걸' 하는 식의 조급함이 실패를 부른다는 것입니다.

스포츠에서 공격할 때가 있고 수비할 때가 있듯이 주식은 수익률관리와 위기관리가 중요하다는 것입니다. 특히 2020년 주식을 시작한 동학개미들은 매우 좋은 시장에서 공격적인 투자를 시작한 만큼 수비도 할 줄 아는 느긋함을 가지자고 촉구합니다. 자신 없는 약세장에서는 잠시 투자를 접고 기다리는 것도 투자라는 것입니다. 애매한 주식은 과감하게 비워 현금을 마련하고 1년 정도 묻어둘 만한 주식은 잊고 지내는 여유가 성공투자의 지름길이라고 충고합니다.

"6개월 앞을 내다보고
낚시하듯 투자하라" - 염승환

반박자 먼저 투자하고 기다린다면 수익은 그리 어렵지 않습니다.
깊이 있는 공부, 빠른 투자 결정, 인내심. 이 3박자를 잘 갖춘 투자자가
시장을 이기는 투자자라고 염승환 이사는 강조합니다.

"해당기업의 6개월 앞을 내다봐야 한다"

이베스트투자증권의 염승환 이사는 엄청난 기업 공부를 통해 국내증시에 상장된 2,400여 개 종목 대부분의 특징과 장단점을 숙지하고 있고, 하루에도 수십 개씩 쏟아지는 애널리스트들의 보고서를 거의 모두 읽어보면서 투자의 눈을 높였습니다. 그런 다음 자신이 습득한 기업 관련 정보들을 방송이나 유튜브를 통해 개인투자자들에게 충실하게 전해주고 있습니다. '염블리'라는 애칭은 그래서 생겨났습니다.

염승환 이사는 투자하고자 하는 종목과 해당 기업이 포함된 산업에 대한 정보습득을 강조합니다. '떠오르는 성장주인가, 경기민감주인가, 고배당주인가?'를 파악한 다음 해당기업의 주식이 오르고 내릴 '재료'를 숙지해야 투자에 성공할 수 있다고 말합니다. 개인투

자자들로서는 수많은 기업을 충분히 파악하기가 쉽지 않은 만큼 자신이 잘 아는 분야나 좋아하는 업종의 기업 몇 개를 정해 집중적인 공부를 할 것을 권장합니다.

경제나 주식 관련 유튜브의 시청도 강조합니다. 관심을 가진 기업에 대한 정보를 알게 되면 시간에 따라 변화하는 주가흐름의 특징을 간파할 수 있고 사전에 길목을 지키는 투자가 가능해진다고 조언합니다. "6개월 앞을 내다보고 낚시하라"는 것이 염승환식 투자법의 골자입니다.

주식은 기업에 투자하는 것입니다. 주가는 기업의 미래가치를 항상 선반영합니다. 그런데 기업은 늘 변화합니다. 고성장이 몇 년간 이어지다가 어느 순간 저성장으로 전환하기도 하며 적자에서 흑자로 방향을 틀기도 합니다. 살아 있는 생명체처럼 기업은 강하게 진화하기도 하고, 퇴보해서 소멸되기도 합니다. 그래서 투자의 기회가 발생하고 투자자들이 수익을 낼 수 있는 것입니다. 따라서 산업과 기업의 변화와 해당업체의 미래상을 재빨리 캐치해내는 것이 투자에서 가장 중요하다고 염승환 이사는 강조합니다.

물론 그 변화를 알아냈다고 해서 무조건 수익을 올린다는 것은 아닙니다. 주가가 변화의 흐름을 감지하고 먼저 올랐을 수도 있습니다. 이미 올랐거나 한창 오르는 주식을 추격매수할 것이 아니라 주가가 상승하기 전에, 다른 투자자들이 주목하기에 앞서 낚싯대를 드리우고 대어를 낚을 준비를 하고 있어야 합니다. 6개월 앞의 기업환경과 실력을 감안해서 미리 투자를 해야 한다는 것입니다.

"길목을 미리 지켜야 토끼를 잡을 수 있다"

토끼사냥은 수백 명의 몰이꾼이 큰 산을 포위해서 사냥감을 몰아가는 방법도 있지만 비용과 시간이 너무 많이 듭니다. 단기간에 적은 비용으로 많은 토끼를 잡기 위해서는 토끼가 자주 출몰하는 길목을 알고 그곳에 그물을 쳐두어야 합니다.

주식투자도 마찬가지입니다. 산 속 토끼의 움직임을 미리 파악해야 쉽게 잡을 수 있는 것처럼 주목하는 기업의 제품생산과 출시일정을 알아내야 투자에 성공할 수 있습니다.

예컨대 게임회사는 신작게임이 출시되기 직전에 주가가 급등하는 특징이 있습니다. 신작 출시가 '상승 재료'인 만큼 게임종목 투자자라면 해당업체에서 언제 새로운 게임이 출시될 것인지에 대해 사전에 알고 있어야 하는 것입니다. 그래서 신작을 출시하기 수개월 전에 미리 저가매수를 하는 방식입니다.

길목을 선점하는 투자를 '모멘텀(Momentum) 투자법'이라고 말합니다. 모멘텀은 주가가 상승 또는 하락세로 얼마나 가속적인 움직임을 보이는지를 측정하는 지표인데, 구체적인 종목에 적용했을 때는 주가의 추세를 전환시키는 재료나 주가가 바뀔 수 있는 변수를 의미합니다.

예를 들어보겠습니다. 2021년 2월에 한참 코로나19가 다시 유행하고 있을 때 현대백화점, 호텔신라, 참좋은여행 같은 기업들은 최악의 시절을 보내고 있었습니다. 코로나19가 언제 끝날지 알 수 없고 실적도 좋지 않았기 때문입니다. 하지만 이스라엘을 중심으로 백신 보급이 시작되었고 미국, 유럽도 백신 스케줄이 발표되었습니다. 한국도 보급은 느렸지만 2021년 하반기에는 백신접종이 가속화될 것이란 전망들이 나오기 시작했습니다. 백신접종은 곧 코로나로 인한 거리두기 완화를 의미합니다. 해외여행도 가능할 수 있다는 신호입니다. 하지만 누구도 관심은 없었습니다. 그 시기가 언제일지 모르고 투자를 해봐야 지겨울 것이 뻔했기 때문입니다. 그런데 4월까지 부진하던 유통주와 여행주는 5월에 백신보급 확대, 거리두기 완화 기대감으로 주가가 급등하기 시작합니다. 일부 여행주는 2배 이상 상승했고, 대형유통주도 30% 가까이 급등했습니다. 2월에는 멀게만 느껴졌던 미래가 보다 구체적으로 다가오자 주가는 강하게 반응을 했습니다.

DDR5라는 반도체 신제품 관련주도 마찬가지입니다. 6년 만에 DDR4에서 DDR5로 세대교체를 했는데, DDR5는 새로운 기술이 적용된 반도체입니다. 기존 제품과는 다르기에 기판에서도 변화가 생기게 되고, 제품테스트도 새롭게 해야 합니다. 2021년 6월에 'DDR5가 2021년 12월경 출시된다'는 기사들이 나왔습니다. 이는 반드시 다가올 미래입니다.

다만 기다리기 지루하고 12월이면 6개월이나 남았기에 많은 투자자들은 이를 무시했습니다. 하지만 현명한 투자자들은 이런 정보를 지나치지 않았습니다. 심텍과 아비코전자 같은 수혜주들이 8월부터 주가가 급등하기 시작합니다. DDR5 출시 시기가 점차 가까워지자 반응을 한 것입니다.

이처럼 토끼의 움직임을 미리 알고 길목을 지키면 적은 수고로 더 많은 토끼를 잡을 수 있습니다. 길목을 미리 지키는 투자법, 모멘텀 투자는 해당종목의 호재성 재료를 포착하고 6개월 전 저가에 미리 매수하는 정보력이 필요합니다.

"재료가 노출되면 미련 없이 떠나자"

모멘텀 투자법은 기업의 실적이나 역량에 비해 더 높은 수익률을 얻을 수도 있는 방법이지만 조심할 점도 많습니다. 특히 해당 모멘텀이 언제부터 힘을 발휘하고 언제쯤 소멸될지를 반드시 체크하라고 조언합니다.

예컨대 2021년 4월의 카카오 액면분할은 일시적 모멘텀으로서 분할이 이뤄진 이후에는 급속히 효과가 사라지는 단기호재인 만큼 액면분할이 실행되기 이전에는 샀다가 액면분할이 시행될 즈음에는 팔아야 한다는 것입니다. 모멘텀은 재료가 노출된 이후부터 주가가 하락하는 특징이 있습니다. 그래서 "소문에 사고 뉴스에 팔라"는 격언이 나온 것입니다. 소문을 듣고 사기 위한 실력이 필요하며, 뉴스화되면서 재료가 노출될 즈음에는 매도를 할 수 있어야 합니다.

염블리가 추천하는 산업은?

염승환 이사는 종목분석의 대가답게 구체적인 산업과 기업에 대한 추천도 마다하지 않습니다. 한마디로 '찍어주는 주식전문가'입니다. 신재생에너지와 항공우주, 자율주행차, 메타버스 등이 2021년 말 현재 떠오르는 유망산업이며 이런 산업에 속한 기업들 중에서 재무적으로 탄탄한 일등주를 선택하면 무난히 성공할 수 있다고 말합니다.

주식투자로 수익을 내는 것은 쉽지 않습니다. 하지만 평소에 꾸준히 산업과 기업에 대해 깊이 있게 리서치하고 미래에 어떤 일이 벌어질지를 남들보다 반박자 빨리 포착해서 남보다 먼저 투자하고 기다리기만 한다면 수익을 내는 것은 그리 어렵지 않을 것입니다. '깊이 있는 공부, 빠른 투자 결정, 인내심'이라는 3박자를 잘 갖춘 투자자가 시장을 이기는 투자자라고 염승환 이사는 강조합니다.

주린이도 돈 버는
3대 원칙 _ 박민수

박민수식 주식매매의 원칙은 모두 10가지인데, 그 중에서 3가지만 제대로 지키면
주린이도 충분히 돈을 벌 수 있다고 강조합니다.
계란을 한 바구니에 많이 담지 않는다는 것이 핵심입니다.

샌드타이거샤크(Sand tiger shark), 모래범상어라는 다소 특이한 필명을 지닌 박민수 작가는 3천만 원의 종잣돈을 7년간 투자해 8억 원의 수익을 올린, 여의도 금융 관련기관 종사자입니다. 그도 처음 주식투자를 할 때는 계속 까먹기만 했다는데 자신의 문제가 뭔지 곰 곰이 생각해보니 '생각 없는 투자'를 하고 '전략 없이 매매'하고 있 더랍니다. 그래서 나름의 원칙을 세워 새롭게 투자를 진행했고, 그 결과는 대성공이었습니다.

『마흔 살에 시작하는 주식 공부 5일 완성』이라는 책을 펴낸 박민 수 작가가 내세우는 주식투자의 원칙은 세계적 명성을 지닌 거장들 이 말하는 '투자 철학'과 비교할 때 테크닉적인 요소가 강하지만 실 질적인 도움이 될 수 있을 것 같습니다. 박민수식 주식매매의 원칙 은 모두 10가지인데 그중에서 3가지만 제대로 지키면 주식초보자도 충분히 돈을 벌 수 있다고 강조합니다. 계란을 한 바구니에 많이 담지 않는다는 것이 핵심입니다.

박민수의 '주식 매매 10원칙'

박민수 작가는 모두 10가지의 주식매매 원칙을 제시하고 있습니다. 조금 많긴 해도 읽어볼 만한 내용들입니다.

1원칙은 '손절매란 없다'입니다. 손절매가 없으면 손해구간이 곧 투자기회가 된다는 것입니다. 2원칙은 '실적·배당기반 저평가 회사에 집중하자'입니다. 미래 PER과 시가배당률에 기반을 두고 저평가 회사를 찾아야 한다는 것입니다.

3원칙은 '기술적 분석은 몰라도 괜찮다'입니다. 거래량과 캔들, 이동평균선 등 기초적인 개념 외 온종일 시세판에 매달리는 기술적 분석에서 벗어나자고 제안합니다.

4원칙은 '충동구매는 사절한다'입니다. 감성적 욕망을 억누르고 이성적 분석을 먼저 할 것을 촉구합니다. '한 달에 3일 이내로만 투자하자'는 5원칙도 흥미롭습니다. 과열된 머리를 식히면서 쉬어가는 투자가 필요하다고 말합니다.

6원칙은 '3종목 이내로만 투자한다'입니다. 많은 계란을 한 바구니에 담으면 복잡하고 위험한 만큼 한번에 3종목 이내로 심플하게 투자할 것을 제안합니다. 7원칙은 '최대 투자 규모는 연봉을 넘지 않는다'입니다.

8원칙은 '항상 분할매수 분할매도 한다'입니다. 올인투자는 리스크가 큰 만큼 나눠 사고 나눠 파는 기법입니다. 9원칙은 '외국인·기관투자자는 투자의 동행자로 여기자'인데 이들이 대량 순매수하는 종목에 관심을 두자는 것입니다. 10원칙은 '수익난 날은 시세판을 끄자'입니다. 수익을 올리면 승리감에 평정심을 잃고 충동투자하기 쉬운 만큼 스스로를 통제하는 방법입니다.

주린이도 돈 버는 원칙① _ 손절매란 없다

주식 매매 10원칙을 살펴보면 모두가 합리적인 제안이지만 그 중에서도 3가지가 핵심입니다. 누구나 지킬 수 있고 반드시 지켜야 하는 3대 원칙, 주식 초보자도 돈 버는 3대 원칙이 특히 중요합니다.

첫 번째가 '손절매란 없다'입니다. 주식전문가나 기관들은 목표가와 손절가를 정해두고 투자에 임하지만 개인이 손절매를 습관화하면 전략적인 분석 없이 기계적인 단기 트레이딩에 머물게 된다고 충고합니다. 좋다고 판단해서 고른 종목이 손해가 났다면 추가매수 전략으로 접근을 해야 한다고 말합니다.

많이 내린 종목은 추가매수 대신 손절매를 하고 다른 종목으로 수익을 내는 것이 기회비용 차원에서 옳다는 주장에 대해서는 "다른 종목에 가서 수익을 낼 것이라면 이미 매수한 종목에서 수익을 내는 것이 낫다"고 반박합니다. 다른 종목에서 수익을 낸다는 보장이 없을 뿐만 아니라, 기존 보유종목은 자신이 이미 공부해서 많이 아는 장점이 있는 데다 값이 싸진 만큼 가격매력도 있다는 점을 적극 활용하라는 것입니다.

주린이도 돈 버는 원칙② _ 분할매수·분할매도

둘째는 분할매수·분할매도입니다. 한꺼번에 투자할 경우 금액이 크니 잘되면 수익이 더 커질 수도 있지만, 잘못하면 손해가 커집니다. 한 번에 돈을 쏟아부으면 추가매수할 여력도 없어집니다. 인간은 실수하는 존재인데 소위 '몰빵투자'를 하게 되면 실수를 만회할 길이 없습니다. 투자종목 상당수는 처음부터 수익이 나지 않는 만큼 분할매수는 실수를 만회하는 현명한 투자법입니다. 첫 매수는 총 목표의 절반을 넘기는 일이 없어야 합니다. 그래서 일단 30~50%만 매수하는데 수익이 나면 수익을 즐기고, 손해가 나면 추가매수를 할 수 있습니다.

주가가 하락할 경우에도 분할매수를 하면 평균매수단가(평단가)가 낮아지게 됩니다. 분할매수 못지않게 중요한 것이 분할매도입니다. 주식투자에서 내가 산 종목이 많이 내렸을 때보다 내가 판 종목이 많이 올랐을 때 심리적 타격이 더 크다는 말도 있습니다. 내린 종목은 내가 보유하고 있으니 오를 때 팔 수 있는 '기회'가 있는 반면, 팔고난 뒤에 오른 종목은 '실수를 만회할 기회'가 없어지기 때문입니다. 그래서 절반 정도만 매도하고 절반은 계속 보유하는 분할매도는 심리적 불편을 줄여줘 장기투자에 도움이 됩니다.

예컨대 8만 원에 산 주식의 절반을 10만 원에 팔았는데 주가가 9만 원으로 하락하면 절반의 수익을 실현했으므로 다행입니다. 10만 원에 판 주식이 11만 원으로 오른 경우에도 절반의 이익이 발생한 만큼 불편할 이유가 없습니다. 이런 심리분석을 곁들인 걸 보면 모래범상어라는 필명과 달리 꼼꼼한 성격인 것 같습니다. 분할매도는 절반을 파는 방식도 있지만 3분의 1만 먼저 팔고 3분의 2는 가져가는 방식도 가능합니다. 분할매수와 분할매도는 계란을 한바구니에 담지 않고 나눠 담아서 투자실패의 위험을 분산하는 방법입니다.

주린이도 돈 버는 원칙③ _ 배당주 투자

셋째는 현금을 늘 보유하고 있어야 변동성에 대비할 수 있다는 점인데 이런 차원에서 배당주 투자를 강조합니다. 전쟁터로 비유되는 증시에서 현금은 곧 총탄인데, 현금을 넉넉히 보유할 수는 없는 만큼 배당주 투자로 배당수익과 실탄확보라는 두 마리 토끼를 잡자는 제안입니다.

특정기업의 모멘텀에 대한 지식이나 기술적 분석력이 약한 초보 투자자일수록 배당주는 적절한 투자처가 될 수 있습니다. 배당주는 주가가 안정적이므로 시장이 급락할 때도 쉽게 매도할 수 있습니다. 배당주를 팔아 현금화한 자금으로 저평가된 우량주에 재투자하면 '꿩먹고 알먹고'가 가능하다고 박민수 작가는 제안합니다.

'246 추가매수 전법'과 '433·235 투자법'

분할매수와 분할매도를 강조하는 박민수 작가는 구체적인 추가매수 전략으로 246과 433·235라는 흥미로운 전법을 제안합니다.

246전법은 내가 산 종목이 20%, 40%, 60% 하락했을 때마다 추가매수하는 기법입니다. 한 주에 1만 원짜리 주식을 샀는데 8,000원,

6,000원, 4,000원이 되었을 때 추가매수하는 것입니다. 1만 원 가던 주식이 4천 원으로 60% 하락할 경우 매수를 포기하는 투자자도 많지만 2.5배나 싼 가격에 주식을 사는 기회로 여겨야 한다고 말합니다.

다만 자신이 고른 종목이 우량주라는 확신이 있어야 가능한 투자법입니다. 좋은 주식이 크게 하락한 것이 종목 자체의 문제가 아니라 수급 차질이나 전체 시장이 약화된 탓이라면 60% 하락한 종목을 산다는 것은 인생을 바꿔줄 절호의 기회라는 것입니다. 2020년 3~4월 코로나19로 인한 주가폭락은 246식 추가매수의 좋은 사례라고 말합니다.

433·235 전법은 축구감독의 투자법에 비유됩니다. 축구감독은 우리팀이 상대팀보다 강할 경우 공격수를 4명 배치하는 반면, 상대가 강팀이면 공격수는 2명만 배치하고 수비수를 강화합니다. 이런 것처럼 강세장이어서 나의 득점(수익) 찬스가 많을 경우에는 공격수(단기급등주)를 40% 배치(투자)합니다. 미드필드진은 장기적으로 가져갈 성장주를 30% 정도 배치하고, 수비수는 현금이나 현금화 가능한 배당주를 30% 정도 담는 것이 바로 433 전법입니다.

반면 약세장이라면 공격수격인 단기급등주는 20%, 미드필드 성격의 성장주를 30% 배치하는 대신 수비수에 해당하는 현금과 배당주 비중을 50%로 높이는 것이 235 전법이 유리합니다. 433과 235 전법 모두, 현금이나 현금화 가능한 배당주 비중을 30~50% 정도 높게 쌓아두어야 한다는 것이 '원칙에 기반한 투자'를 강조하는 박민수 작가의 충고입니다.

"시간을 이기는 돈이
부자 만든다"- 김승호, 조병학

의미 있는 주식투자를 하려면 1억 원 정도의 종잣돈은 필수입니다.
김승호 회장이 제시하는 종잣돈 만들기의 5가지 규칙은
청년층 등 초보투자자들에게 의미 있는 통찰을 제시합니다.

부자가 되는 최선의 선택, 주식투자

『돈의 속성』저자인 김승호 회장은 '시간을 이기는 투자'를 강조합니다. 스스로의 노동으로 돈을 버는 것은 한계가 분명한 만큼 내가 밤에 자는 동안에도 돈이 돈을 벌어야 한다는 것입니다. 그래서 "시간을 이기는 돈이 부자를 만든다"고 강조합니다. 비슷한 맥락에서 『돈의 비밀』을 출간한 조병학 에프앤이노에듀 대표는 "돈이 일하게 하라"고 강조합니다. 돈이 나를 위해 일하도록 만드는 비결은 바로 복리의 마법입니다. 스노우볼(snowball), 눈덩이처럼 불어나는 복리의 효과를 알고 복리의 마법을 활용하는 것이 바로 돈이 일하게 만드는 것이고, 시간을 이기는 투자법입니다.

김승호 회장은 부자가 되는 3가지 방안을 말합니다. 첫째는 상속, 둘째는 복권, 셋째는 사업이나 투자의 성공입니다. 그런데 상속은 부모가 부자가 아니면 의미가 없고, 복권은 당첨 비율이 낮은 데다 설령 성공해도 돈의 성질이 나빠 오래도록 부자로 살 확률은 거의 없습니다. 그러므로 대다수 사람들이 부자가 되기 위해서는 사업이나 투자에서 성공하는 방법뿐인데, 사업을 잘하기란 쉬운 일이 아닙니다. 결국 남은 길은 타인의 성공에 함께 올라타는 주식투자인데 이 방법은 직접 창업보다 안전합니다. 다른 사람이 성공한 회사의 주식을 나눠가지면 회사가 커질수록 주식가치가 올라가고 배당도 받을 수 있으니 능력이 좋은 경영자와 동업하는 셈입니다.

돈을 버는 방법을 3가지로 구분한 조병학 에프앤이노에듀 대표의 논리도 김승호 회장과 일맥상통합니다. 첫째로 자신의 시간을 팔아 버는 근로소득 방법이 있고, 둘째는 사업을 해서 돈을 버는 방법입니다. 사업은 결국 타인(근로자)의 시간을 조직해 돈을 버는 셈입니다. 세 번째는 만들어진 돈을 자본이 일하는 시스템에 얹어 돈이 돈을 벌게 하는 방법인데 '투자를 통한 수익창출'입니다. 조병학 대표는 "투자를 통한 수익창출이 가장 안전하고 나은 돈벌이 방법"이라고 설명합니다.

결국 일반인이 부자가 될 수 있는 최선의 선택은 좋은 기업을 찾아 그 회사의 주식이나 채권에 투자하는 것, 다시 말해 돈이 일하게 하도록 만드는 방법이라는 것입니다. 회사가 성장할수록 주식의 가치는 오르게 되고 투자자는 그 과실을 공유하는 방식입니다. 자신이 쉬는 시간에도 투자한 기업은 계속 움직여 돈을 벌어다주는, 즉 돈이 돈을 벌어주는 원리입니다. 미국주식 투자를 강조하는 조병학 대표는 "S&P500 기업들의 연평균 수익률은 12%인데, 이는 곧 S&P500 기업의 주식을 산 사람들은 자신의 노동력에 대한 보상 외에 매년 12%의 투자소득을 추가로 갖는 것을 의미한다"고 말합니다.

복리의 비밀과 72의 법칙

주식이 평범한 개인을 부자로 만들어주는 핵심적인 원리는 바로 복리의 비밀입니다. 복리는 중복을 의미하는 한자 '복(復)'에 이자를 뜻하는 '리(利)'가 합쳐진 단어로서 원금과 이자 모두에 이자가 붙는 것을 말합니다. 그리고 이자의 이자에 또 이자가 붙는 원리입니다. 복리는 이자가 이자를 부르는 것이고 원금이 계속 커지기에 돈이 스스로 빠르게 증식합니다. 복리는 투자기간이 길어질수록 원리금이 기하급수적으로 증가하는 마법을 발휘합니다. 복리를 내편으로 만드는가, 적으로 만드는가에 따라 재산의 정도가 달라진다고 김승호 회장은 강조합니다.

복리에 올라탄 투자자는 빠르게 자산가가 될 수 있습니다. 이 자율이나 수익률이 복리로 적용될 경우 자산이 2배로 늘어나는 데 소요되는 시간은 손쉽게 계산되는데 바로 '72의 법칙'입니다. 72를 해당 이율로 나눌 경우 대략 원금의 2배가 되는 기간이 산출되는 것을 말합니다. 예컨대 복리이자가 10%일 경우 자산이 2배로 되는 기간은 '72/10=7.2년'입니다. 72의 법칙은 주식투자에도 적용됩니다.

주식투자야말로 복리의 마법에 올라타는 가장 좋은 방법입니다. 주식투자를 통해 번 수익금을 원금에 더해 재투자하거나 주식투자로 받은 배당금을 기존 투자금에 더해 재투자할 경우 투자규모가 빠르게 늘어나는 복리효과를 누리는 것입니다. 주식을 장기투자할 경우 복리의 효과는 더욱 커지게 됩니다.

주식으로 수익 내는 사람들의 3가지 특징

주식투자는 일반인이 부자가 될 수 있는 최선의 방법이지만 성공하는 경우보다 실패하는 사람이 더 많은 것이 사실입니다. 김승호 회장은 주식투자로 성공하기 위해서는 다음의 3가지 조건을 갖추어야 한다고 분석합니다.

첫째, 자신을 경영자로 생각합니다. 주주가 된다는 것은 그 기업의 주인이 되는 것입니다. 그 회사의 주식을 보유하는 것은 동업자가 되는 것인 만큼, 회계장부와 보고서를 충실히 읽어 올바른 정보를 취득하고 기업가치를 분명히 판단하는 것은 필수입니다. 들어갈 때도 자신의 정보와 판단을 믿고 투자하고, 팔 때도 자신이 정한 적절한 가격기준에 도달할 때까지 기다려 떠납니다. 가격변동을 보고 수시로 들락거리는 매매는 하지 않습니다.

둘째, 보유하고 있는 돈이 품질이 좋은 돈입니다. 빌린 돈이거나 조만간 다른 곳에 써야 할 돈이 아니라 여유 있는 자금으로 투자한다는 뜻입니다. 시간에 쫓기는 돈이 아니라 시간을 이길 수 있는 돈이어야 투자에 성공할 수 있다는 말입니다.

셋째, 싸게 살 때까지 기다립니다. "진정한 투자는 팔 때를 잘 아는 것이 아니라 살 때를 잘 아는 것이다"라는 게 김승호 회장의 지론입니다. 그래서 크게 성공할 회사를 아직 크지 않았을 때부터 골라 오래 기다리는 '인내'와 폭락장의 공포 속에서 가격이 내린 주식을 모으는 '용기'가 필요하다고 말합니다. 폭락이나 불경기는 훌륭한 투자자에게 큰 기회라고 강조합니다. 주식투자는 시간을 이기는 온전한 자기자본으로, 스스로의 판단을 믿는 사람들이, 성장의 결실을 독식하는 시장입니다.

"1등 아니면 2등, 3등은 버린다"

복리효과 덕분에 누구나 부자가 될 수 있는 주식투자이지만 투자의 원칙이 바로서야 성공할 수 있습니다. 이런 점에서 김승호 회장의 주식투자 원칙은 간단하면서도 시사하는 바가 있습니다. "1등 아니면 2등, 하지만 3등은 버린다"입니다. 좋은 부동산 투자법이 해당 도시에서 가장 비싼 지역을 고르는 것처럼 해당 업계의 1등 주식을 사는 것이 올바른 주식투자법이라는 것입니다.

어떤 업종이든 한 분야에서 1등이 되면 대체로 망하지 않습니다. 1등은 가격결정권이라는 막강한 무기가 있는 만큼 시장에 위기가 와도 리딩기업의 특권을 활용해 업계를 장악할 수 있다는 것입니다. 그래서 업계 1등 기업을 골라 매달 일정한 주식을 구매하는 것이 부자가 되는 지름길이라고 말합니다.

1등을 넘보는 2등도 주목합니다. 1등을 괴롭히는 2등 기업은 늙은 사자를 대신할 젊은 사자가 될 수 있기 때문입니다. 하지만 3등에는 냉정합니다. 주식투자에서 3등이 설 자리는 없다고 강조합니다.

종잣돈 1억 원을 만드는 5가지 규칙

국내 주식시장에서 의미 있는 투자가 이루어지기 위해서는 1억 원 정도의 종잣돈은 필수입니다. 작은 돈으로는 이익이나 손해가 발생해도 별다른 보람이나 충격이 적어 관심을 가질 수 없기 때문입니다. 김승호 회장이 제시하는 종잣돈 만들기의 5가지 규칙은 청년층 등 초보투자자들에게 의미 있는 통찰을 제시합니다.

> 첫째, 1억 원을 모으겠다고 마음먹는다.
> 둘째, 1억 원을 모으겠다고 책상 앞에 써붙인다.
> 셋째, 신용카드를 잘라버린다.
> 넷째, 통장을 용도에 따라 몇 개로 나누어 만든다.
> 다섯째, 1천만 원을 먼저 만든다.

이 5가지 규칙 가운데서 핵심은 마지막, 목표액 1억 원의 10분의 1을 먼저 만드는 일입니다. 첫 번째 1천만 원을 모으는 과정에서 요령과 재미가 생기고 추가수입도 생기는 만큼 두 번째 1천만 원은 첫 1천만 원보다 만들기가 쉬워집니다.

이것이 1억 원을 모으는 지름길이며, 1억 원을 모아 투자한 사람은 자기 노력에 더해 돈이 일하게 함으로써 두 번째 1억 원을 더 빨리 모으게 되고 복리의 효과까지 발휘하게 되면서 남보다 먼저 부자의 삶을 살아갈 수 있다고 강조합니다.

"주식투자는 역발상이다" - 김동환

위기국면에서 과감한 투자로 부의 기회를 잡은
'삼프로TV' 김동환 대표의 인생 궤적은
역발상투자의 성공사례라고 하겠습니다.

"어떻게 주식으로 부자가 될 수 있는가?" 투자자들의 오랜 질문에 대해 김동환 삼프로TV 대표는 "주식투자는 대중과 반대로 움직일 때 돈을 벌 수 있다"고 답합니다. 이른바 성동격서(聲東擊西), 즉 역발상 투자를 강조합니다.

역발상 투자는 국내외 수많은 주식의 대가들이 강조해온 것으로 김동환 대표가 지적재산권을 가진 말은 아닙니다. 하지만 모두가 위험하다고 말할 때가 사실은 부의 기회였음을 김동환 대표는 삶의 체험으로 확인해주고 있습니다.

김동환 대표의 투자인생이 성공할 수 있었던 원동력은 활황 때는 주식을 팔고, 위기 때는 과감히 매수한 데서 찾을 수 있습니다. 반드시 본업을 지켜야 하고 인생의 궤적에 따라 투자도 달라져야 한다는 김동환식 투자철학이 통찰력과 설득력을 가지는 배경입니다.

본업을 지켜 위기에 기회를 잡다

김동환 대표는 구독자 161만 명에 이르는 경제 유튜브 채널 〈삼프로TV〉의 대표이자 진행자로 유명합니다. 투자자들의 성원과 관심에 힘입어 증권시장에도 강력한 영향력을 지닌 인물입니다. 특히 투자인생에서도 성공한 까닭에 개인투자자들의 부러움과 지지를 받고 있습니다.

김동환 대표는 자신의 인생에서 3번의 기회가 왔고, 이를 잘 잡아 성공할 수 있었노라고 털어놓습니다. 첫 번째는 IMF 외환위기 직전인 1997년 7월, 증권사에 근무하다가 영국으로 MBA 유학을 떠난 시기입니다. 공부에 전념하기 위해서는 주식투자가 어렵다고 판단해 갖고 있던 주식을 모두 처분합니다. 빚을 갚고 집 한 채를 사두고 영국으로 떠났습니다. 주식투자 과정에서 졌던 빚을 갚고 마련한 부동산 자금이 이후 김동환 대표가 투자할 수 있었던 시드머니(종잣돈)가 됩니다.

두 번째 위기이자 기회는 2008년 글로벌 금융위기 시절입니다. 2005년부터 2008년까지 3년간 미국으로 건너가 사업을 벌였지만 그다지 성공하지 못했습니다. 자기사업이라는 본업에 충실하기 위해 현대중공업 주식을 5만 원에 팔았는데, 1년 6개월 후에 50만 원으로 10배나 오르는 쓴맛을 경험하기도 했습니다. 그러다가 2008년 귀국 후 다시 증권사에 들어갔고, 글로벌 금융위기로 주식이 폭락할 때 우량주들을 집중매수해서 사업에서 잃은 손실을 벌충할 수 있었습니다.

세 번째는 2020년 코로나 경제위기와 관련이 있습니다. 2019년 시작한 유튜브 채널 삼프로TV에 충실하기 위해 보유중이던 주식 상당 부분을 처분합니다. 덕분에 2020년 2~3월 코로나 확산에 따른 급락장을 맞았을 때에는 현금을 확보한 상태였기에 값싼 주식을 새로 담을 수 있었습니다.

우리의 긴 인생에서는 공부를 할 때가 있고 사업을 할 시기도 있습니다. 주식투자는 평생할 수 있는 일이지만 자신의 본업을 훼손해가며 동업할 필요는 없다는 것이 김동환 대표의 투자철학입니다.

그 결과 3번의 경제위기 때마다 김동환 대표는 부(富)를 늘리는 기회를 잡을 수 있었습니다. 본업에 충실하기 위해 위기 직전에 투자금액을 줄여놓은 데 따른 행운과 함께 위기가 도래했을 때마다 과감한 투자를 실행하는 감각과 용기가 있었기에 가능했던 일입니다.

생애주기를 감안한 투자법

본업을 지키는 투자철학을 강조하는 만큼 김동환 대표는 생애주기에 따라서 투자법도 달라져야 한다고 말합니다. 즉 젊은층과 노년층의 투자는 같을 수가 없다는 이야기입니다.

20~30대는 수입이 늘어나는 시기이므로 공격적인 투자를 해도 무방합니다. 설령 마이너스 수익이 나도 회복할 시간적 여유가 있고, 수입 또한 증가하는 시기이므로 큰 문제가 없다는 것입니다.

청년층이 본격적인 투자에 나서기 전에 먼저 필요한 것은 시드머니를 마련하는 일입니다. 시드머니는 본인이 모으고 싶은 금융자산 목표금액의 10% 정도가 적당합니다. 10억 원 이상을 목표로 하는 사람들이 많은 만큼 적어도 1억 원의 시드머니는 모아야 한다는 것입니다. 그러다가 40대 후반이 되면서부터는 수입 대비 지출이 늘어나므로 차츰 보수적인 투자를 할 것을 권장합니다. 특히 50~60대는 직장에서의 고정수입이 끊어지기 시작하는 시기이므로 정기적으로 확정된 현금흐름을 만드는 투자가 필요합니다. 그래서 연금소득이나 이자소득을 얻는 투자법을 선택하거나 주식은 배당소득을 받을 수 있는 기업을 주목하는 것이 더 안전하다고 권장합니다.

성동격서, 역발상 투자의 중요성

김동환 대표는 2021년의 투자를 성동격서(聲東擊西)라고 정의했습니다. 동쪽이 시끄러울 때 서쪽을 치는 전략처럼, 대중의 관심이 몰린 자산에 편중하는 투자에서 벗어나자는 말입니다. 주식투자도 대중이 환호하는 종목만 보지 말고 중소형주나 소외된 종목도 잘 챙겨보자고 말합니다. 진짜 보석은 어두운 곳에 숨어 있는 경우가 많기 때문입니다. 모두가 BBIG나 테슬라에 환호할 때 코로나 피해주에 투자해 고수익을 올린 고수들도 많습니다.

주식은 대중과 반대로 움직여야 돈을 벌 수 있다는 것입니다. 성동격서는 역발상투자와 일맥상통합니다. 역발상투자는 수많은 주식의 구루(Guru)들이 언급한 바 있습니다. 켄 피셔는 『역발상 주식투자』라는 책을 썼고, 투자의 전설로 불리는 앤서니 볼턴은 "주식시장에 선혈이 낭자할 때 사고 웃음소리가 넘쳐날 때 팔아라"고 말했습니다.

2008년 96세로 타계한 전설적인 투자가 존 템플턴은 "위기는 기회다"라는 명판을 걸어두며 역발상 투자를 강조했고, 워런 버핏과 피터 린치 등 주식계의 세계적 거인들 모두 남들은 거들떠보지도 않던 종목을 싼값에 매수해 기다리다 대중이 몰려들 때 팔아서 고수익을 올린 역발상 투자를 했다는 공통점이 있습니다. 시장이 좋을 때 주식을 팔았다가 위기국면에서 과감한 투자로 수익을 올린 김동환 대표의 투자인생 궤적 또한 역발상 투자의 성공사례라고 하겠습니다.

개인들의 시간이 다가오고 있다

흔히들 개인투자자들은 기관이나 외국인에 비해 자금과 정보가 부족해 성과를 올리기에 절대적으로 불리하다고 말합니다. 그러나 지금은 꼭 그렇지 않다는 것이 김동환 대표의 분석입니다. 개인들에게 유리한 시간이 다가오고 있다는 것입니다.

우선 국내 투자환경이 개인들에게 유리하게 바뀌어가고 있습니다. 국내기업의 평균 멀티플이 PER 10배 이하에서 13~14배로 높아지면서 이른바 '코리아 디스카운트'가 해소되고 있습니다.

코스피 시가총액 상위기업들의 글로벌 경쟁력도 막강합니다. 시총 1위 그룹에는 삼성전자와 SK하이닉스라는 세계 1, 2위의 반도체 업체가 자리 잡고 있고, 시총 2위권 그룹에는 네이버와 카카오 등 인터넷 플랫폼기업과 삼성바이오로직스, 셀트리온 등 바이오기업이 포진해 있습니다. 전기차와 자율주행차의 등장으로 자동차산업 100년의 역사가 뒤바뀌는 순간에 세계 2차전지 시장을 주도하는 배터리 셀3사(LG에너지솔루션, 삼성SDI, SK온)와 현대차, 기아차가 질주하는 모양새입니다. 개인들이 쉽게 투자할 대상이 늘었다는 말입니다. 이런 상황에서 인터넷과 모바일 시대가 되면서 서로 연계된 개인투자자들 사이에 '집단지성'이 생겨났고, 유튜브를 비롯한 수많은 경제채널들이 출현하면서 스마트한 개인이라면 정보 측면에서 기관이나 외국인에게 불리할 이유가 사라졌습니다.

반면 규정에 따른 운용을 할 수밖에 없는 기관투자가들이 상대적으로 불리해졌습니다. 예를 들어 2020년 3월에 코로나19 사태가 터졌을 때 기관과 외국인(대부분이 투자기관 자금)들은 많이 팔았습니다. 로스컷(loss cut), 즉 손절매 규정으로 인해 눈물의 매도를 했습니다. 팔기 싫었지만 무조건 팔아야 하기 때문입니다. 그때 개인투자자들이 그 물량을 고스란히 받았습니다. 삼성전자가 4만 원대로 내려갔을 때 기관과 외국인은 시스템 매도로 팔았지만 현명한 개인들은 저가매수했습니다. 삼성전자는 망하지 않는다는 판단에서 4만 원 이하에서 충분히 매수하고 수익을 올렸던 것입니다. 코로나 확산 등으로 증시가 한동안 부진을 겪고 있지만, 개인의 시간이 다가올수록 주식투자를 통해 부의 기회를 잡는 스마트한 개인들이 점점 늘어날 것으로 기대됩니다.

우리는 머니올라로
매일 100만 원씩 번다

부의 설계를 알아가는 긴 여행이 끝났습니다. 부자가 되기 위해 일반인들이 꼭 알아야 할 내용을 담았습니다.

이 책 전체를 한 문장으로 요약하면 다음과 같습니다. "월 500만 원 3층 연금 토대부터 쌓고 경제와 돈의 흐름을 공부해 주식과 부동산에 투자하라." 이 문장이 어떤 의미인지 이해하셨나요? 그렇다면 부의 설계를 어떻게 할지 방향과 방법을 깨닫게 되신 것입니다.

그 다음 단계가 더 중요합니다. 행동에 나서야 합니다. 연금을 직접 구성하고 주식이든 부동산이든 일단 투자의 세계에 발을 들여놓으시길 바랍니다. 소액이라도 그 세계에 들어가야 관심을 갖게 되고, 공부를 하게 되고, 경제흐름도 보입니다. 그래야 돈을 벌 기회를 잡게 됩니다.

돈을 벌 기회는 누구에게나 옵니다. 다만 본인이 그 기회를 포착할 지식과 시야를 갖추고 있느냐 없느냐에 따라 그 기회를 움켜잡아 부자가 될 수도 있고, 그렇지 않을 수도 있습니다. 아는 만큼 보이고 보이는 만큼 기회를 잡을 수 있습니다. 필자가 경제 유튜브 '머니올라'를 하면서 얻은 소중한 교훈입니다.

경제 유튜브 '머니올라'는 2020년 7월부터 시작했습니다. 미지의 세계로 출발하는 뗏목이었습니다. 처음에는 일주일에 한 번 녹화했고, 녹화본 전체를 한번에 올렸습니다. 시행착오를 거치며 다양한 시도를 했습니다. 일주일에 두세 번 녹화를 하고, 주제별로 나눠서 업로드했습니다. 영역도 계속 확장했습니다. 6개월 후 10만을 돌파해서 실버버튼을 받았고, 그로부터 1년 후에는 40만 명을 돌파했습니다. 구독자 1천 명을 넘으면서부터는 중간광고를 싣게 되었고 수익도 나오기 시작했습니다.

지금부터는 머니올라가 어떻게 구독자를 늘렸는지, 하루에 100만 원씩 버는 수익구조를 어떻게 만들었는지, 그리고 조회수를 늘리는 팁 등 다양한 노하우를 알려드리겠습니다.

유튜브 채널의 3가지 광고

우선 머니올라의 수익구조부터 설명 드리겠습니다. 유튜브 채널은 기본적으로 광고에서 수익이 발생합니다. 수익을 내는 광고는 크게 3가지입니다.

본영상 시작 전과 끝에 무조건 붙는 '프리롤' 광고와 '포스트롤' 광고가 있는데, 이 2가지 광고는 유튜브 측에서 붙입니다. 그리고 본영상 재생 중에 붙는 중간광고인 '미드롤'이 있는데, 이 '미드롤' 광고는 유튜브 채널 운영자가 임의로 붙일 수 있습니다. 한 개부터 수십 개까지 원하는 대로 삽입할 수 있습니다. 하지만 너무 많이 붙이면 시청자들이 싫어합니다. 시청흐름이 끊기기 때문입니다. 그래서 머니올라는 10분에 한 개꼴로 붙였습니다. 20분짜리면 2개를, 30분짜리면 3개를 붙였습니다.

광고와 관련해 CPM(Cost Per Mille)이라는 중요한 지표가 있습니다. 이용자에게 1천 회 광고가 노출되었을 때 광고주가 지불한 비용인데요, 액수가 클수록 돈을 많이 벌게 됩니다. 머니올라는 10개월 평균 9,050원을 기록했습니다. KBS 전체 유튜브 채널 120여 개 가운데 상위 10위 안에 드는 수준입니다.

머니올라의 실제 수익이 궁금하실 텐데요, 편의상 이 책을 집필하고 있을 때까지 집계된 10개월 동안의 수익으로 집계했습니다. 2020년 12월부터 2021년 9월까지입니다. 총 2억 8천여 만 원, 하루 평균 약 100만 원의 수익을 기록했습니다.

구독자 40만 명 만들기, '탐색'와 '추천'의 비밀

유튜브 채널은 구독자 1천 명을 모을 때까지가 시간이 많이 걸립니다. 1천 명이 일종의 종잣돈인 셈입니다. 1천 명이 되면 커뮤니티 섹터가 별도로 생겨서 각종 행사 등을 공지할 수 있습니다. 중간 광고도 붙일 수 있는데요, 동영상 길이가 10분 이상이어야 합니다.

구독자를 늘리려면 탐색과 추천이라는 유튜브 특유의 알고리즘을 이해하고 활용해야 합니다. 유튜브 이용자들은 대부분 탐색과 추천을 통해 동영상에 노출되고 채널에 진입하기 때문입니다.

우선 탐색부터 설명하겠습니다. 사용자가 유튜브를 실행했을 때 나타나는 첫 화면이 있습니다. 이 첫 화면에 다양한 유튜브 동영상이 뜨는데요, 어떤 동영상을 클릭했을 때 탐색을 통해 트래픽이 일어났다고 합니다. 이 첫 화면에 뜨는 동영상들은 사용자의 평소 취향을 반영합니다. 스포츠를 좋아하는지, 경제 프로그램을 좋아하는지, 영화를 좋아하는지에 따라 해당 동영상들이 주로 뜹니다. 기존에 시청했던 동영상과 구독한 채널, 검색기록 등을 토대로 유튜브가 첫 화면에 관련 동영상들을 띄워주는 것입니다.

두 번째는 추천입니다. 특정 동영상을 클릭하면 이와 유사하거나 관련 있는 동영상들이 PC에서는 오른쪽에, 스마트폰에서는 하단

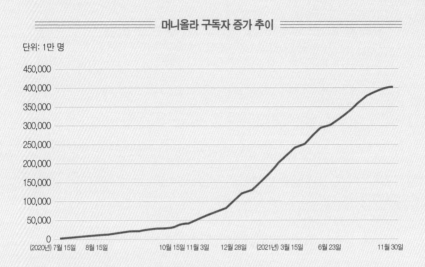

머니올라 구독자 증가 추이

단위: 1만 명

450,000
400,000
350,000
300,000
250,000
200,000
150,000
100,000
50,000
0

(2020년) 7월 15일 8월 15일   10월 15일 11월 3일 12월 28일 (2021년) 3월 15일   6월 23일   11월 30일

에 길게 나타납니다. 이 동영상을 클릭해서 해당 채널로 들어가면 '추천'에 의해 트래픽이 일어났다고 합니다. 과거 시청기록과 클릭해서 보고 있는 동영상과의 연관성을 고려해 유튜브가 구성해주는 것입니다.

그렇다면 이런 탐색과 추천에 자신의 유튜브가 노출되게 하려면 어떻게 해야 할까요? 핵심은 댓글입니다. 댓글을 통해 시청자들과 끊임없이 소통해야 합니다. 필자는 머니올라 동영상에 댓글을 단 이용자들에게 '좋아요' 클릭과 꼼꼼한 답변을 통해 계속 소통을 했습니다. 댓글에 댓글도 달아줬습니다. 이럴 경우 유튜브 알고리즘에 의해 이용자와 머니올라가 긴밀하게 연결되어 있는 것으로 인식해서 탐색과 추천에 노출시켜 줍니다.

구독자를 급증시켜주는 일종의 고속도로가 있는데, 유튜브 인기 동영상입니다. 유튜브 전체 동영상 가운데 50개를 별도로 모아놓은 것으로, 짧은 시간에 조회수가 급증했을 때 이 리스트에 올라갑니다. 이 리스트에 올라가 있는 동안 수많은 사람들에게 노출되기 때문에 조회수가 폭발적으로 늘어나는 효과가 있습니다. 특히 구독자 수가 적을 때 조회수가 급증하면 인기동영상에 당첨될 확률이 높아집니다. 머니올라 출연자 중에는 염승환 이사, 박세익 대표, 김영익 교수 등이 여러 차례 인기동영상에 오른 스타였습니다.

섬네일(thumbnail)도 빼놓을 수 없는 핵심요인입니다. 머니올라 섬네일은 출연자 얼굴을 오른쪽에 배치하고 관련 그림과 자막은 왼쪽에 배치합니다. 여기서 가장 중요한 것은 자막입니다. 유튜브 시청자는 대개 0.01초 만에 클릭을 할지 안 할지를 선택합니다. 시청자의 클릭을 유도하지 못하면 그 동영상은 내용을 보여줄 기회조차 상실하게 됩니다.

머니올라 최고의 조회수 130만 회를 돌파한 동영상은 존리 대표의 '여윳돈 1억 있다면? 한꺼번에 투자하라'인데요, 조회수가 높게 나온 건 99% 섬네일 덕분이라고 생각합니다. 간결하면서도 궁금증을 유발하는 자막이 핵심인 만큼 머니올라에서는 매 동영상마다 후보 4, 5개를 놓고 팀원들이 투표를 통해 최선의 자막을 결정합니다.

시청자가 왕이다, 모든 요소를 시청자 중심으로

머니올라 시청자층은 성별로 보면 남성이 57.8%, 여성이 42.3%입니다. 연령대별로 보면 35세 이상이 93.3%를 차지했습니다.

머니올라 시청자들은 주로 평일에는 오후 6시 이후, 토요일과 일요일에는 오후 3시 이후 주로 시청하는 것으로 나타났습니다. 여기에 맞게 평일에는 오후 5시, 주말에는 오후 3시에 동영상을 업로드했습니다. 시청자들이 유튜브 시청에 할애할 수 있는 시간이 한정된 점을 고려해 한 편당 30분 안팎으로 편집했습니다.

내용과 형식 역시 시청자 위주로 구성했습니다. 우선 주제는 다양한 경제 현안으로 선정했습니다. 글로벌 경제와 증시, 부동산, 연금, 건강보험, 세금 등 시청자들이 관심을 가질 만한 주제로 정했습니다. 전문가 역시 실력과 전달력을 겸비한 분들을 모셨습니다. 질문지는 진행자와 작가가 함께 작성했고, 여러 차례 검증하며 치밀하게 정리했습니다.

머니올라가 특히 신경 쓴 점은 자막입니다. 전체 녹화본을 프리뷰한 후 내용 자막을 최대한 많이 배치했습니다. 오디오를 듣지 않고도 내용을 이해할 수 있도록 흐름에 맞게 정리했고 한눈에 들어올 수 있도록 간결하게 뽑았습니다.

"시청자가 왕이다."

머니올라는 이 사실을 기억하며, 앞으로도 계속 초심을 유지할 것입니다.

■ 독자 여러분의 소중한 원고를 기다립니다

메이트북스는 독자 여러분의 소중한 원고를 기다리고 있습니다. 집필을 끝냈거나 집필중인 원고가 있으신 분은 khg0109@hanmail.net으로 원고의 간단한 기획의도와 개요, 연락처 등과 함께 보내주시면 최대한 빨리 검토한 후에 연락드리겠습니다. 머뭇거리지 마시고 언제라도 메이트북스의 문을 두드리시면 반갑게 맞이하겠습니다.

■ 메이트북스 SNS는 보물창고입니다

메이트북스 홈페이지 matebooks.co.kr

홈페이지에 회원가입을 하시면 신속한 도서정보 및
출간도서에는 없는 미공개 원고를 보실 수 있습니다.

메이트북스 유튜브 bit.ly/2qXrcUb

활발하게 업로드되는 저자의 인터뷰, 책 소개 동영상을 통해 책에서는 접할 수 없었던 입체적인 정보들을 경험하실 수 있습니다.

메이트북스 블로그 blog.naver.com/1n1media

1분 전문가 칼럼, 화제의 책, 화제의 동영상 등 독자 여러분을 위해 다양한 콘텐츠를 매일 올리고 있습니다.

메이트북스 네이버 포스트 post.naver.com/1n1media

도서 내용을 재구성해 만든 블로그형, 카드뉴스형 포스트를 통해 유익하고 통찰력 있는 정보들을 경험하실 수 있습니다.

STEP 1. 네이버 검색창 옆의 카메라 모양 아이콘을 누르세요.   STEP 2. 스마트렌즈를 통해 각 QR코드를 스캔하시면 됩니다.
STEP 3. 팝업창을 누르시면 메이트북스의 SNS가 나옵니다.